VEM ÄR HAN?

Seth Erlandsson

VEM ÄR HAN?

Den verklige Jesus
från Nasaret

XP MEDIA

Bibelcitaten är hämtade ur Svenska Folkbibeln

Omslag och sättning: XP Media
Tryck och bokbinderi: AIT Trykk Otta AS, 2007

ISBN 978-91-89299-45-0

Bokförlaget XP Media
Albatrossvägen 36, 136 66 Haninge
Tel 08-741 26 01
www.xpmedia.org

Innehåll

Inledning . . . . sid 6

1. Jesus i tid och rum. . . . . sid 10

2. Vem är Jesus enligt Nya testamentet? . . . . sid 24

3. Vem är Jesus enligt utombibliska källor?. . . . . sid 92

4. Vem är Jesus enligt bibelforskare? . . . . sid 100

5. Evangeliernas likheter och olikheter . . . . sid 127

6. Jesus och de gnostiska evangelierna . . . . sid 149

7. Jesus och Gamla testamentet . . . . sid 163

8. Jesus och Guds rike . . . . sid 179

9. Jesus som tjänare . . . . sid 202

10. Jesu relation till Fadern och Anden . . . . .sid 211

11. Olika syn på Jesus – varför? . . . . sid 218

12. Den verklige Jesus från Nasaret
– en sammanfattning . . . . sid 234

Person- och sakregister . . . . sid 243

Fler böcker . . . . sid 248

Inledning

När något har hänt frågar vi ofta nyfiket: Vad hände? Finns det några vittnen till händelsen? Om så är fallet, vad såg och hörde de? Vem eller vilka är inblandade i händelsen? Vi är nyfikna på vilka de är, varifrån de kommer och vad de sysslar med.

Detsamma borde gälla om de händelser där Jesus är huvudpersonen. Vad hände? Vem är egentligen Jesus? Vad har han sagt och gjort? Hur uppfattar olika människor honom? Finns det några vittnen? Vad påstår ögonvittnena att de har sett och hört?

Det kan vara frustrerande när det inte finns några vittnen till en händelse. Man tvingas då att i stor utsträckning gissa eller spekulera om vilka de inblandade var och vad de gjorde. När det gäller Jesus och vad han sagt och gjort finns det i Nya testamentet en rad vittnesmål, både från personer som dagligen umgicks med Jesus och sådana som bara vid vissa tillfällen kom i kontakt med honom, bl.a. myndighetspersoner. Det finns all anledning att ta reda på vad dessa vittnen har att säga om Jesus, oberoende av om vi är skeptiska till deras vittnesmål eller inte.

Ändå yttrar sig många om vem Jesus är och vad han har gjort som om det inte skulle finnas några vittnesmål från ögonvittnen. Det har skrivits många Jesusböcker som innehåller alla möjliga fria spekulationer om Jesus och vad som hände, utan att ögonvittnenas vittnesmål får komma till tals. Hur kan det komma sig?

Jag tror mig veta svaret. De vittnesmål som Nya testamentet förmedlar inkluderar berättelser om under, och vittnen som har sett övernaturliga ting kan inte vara trovärdiga, menar man. På förhand utesluts att Jesus var en unik person med övernaturlig förmåga. De under han sägs ha utfört inför många vittnen måste därför antingen vara inbillningar eller fromma påhitt eller ha naturliga förklaringar. Ja, så måste det vara, även om man inte har några bevis för att så är fallet.

Modern vetenskap utesluter Gud och övernaturlig kausalitet som verkliga faktorer i historien, inte därför att den *vet* att Gud inte finns utan därför att den inte kommer åt och kan testa Gud och gudomlig kausalitet. Detta har lett till att moderna och upplysta människor anses bara kunna tro på sådant som är inomvärldsligt möjligt. Utgår man från *en sådan tro, dvs. en naturalistisk verklighetssyn,* måste bibeltexter som förutsätter Guds övernaturliga uppenbarelse och ingripande i historien på förhand underkännas som sanningsvittnen.

Men om nu ögonvittnena har sett det de säger sig ha sett och hört det de säger sig ha hört? Om det inte bara är fråga om några enstaka vittnesmål utan en stor mängd som alla är samstämmiga? Om t.o.m. Jesu fiender vid några tillfällen tvingas konstatera att det inte går att förneka vad så många såg hända, vad gör vi då? Kan vi på förhand avvisa en hel rad ögonvittnen som lögnare utan att ha andra vittnesmål som visar att de ljuger?

När man vid en rättegång ställer frågan ”Vad hände egentligen?”, hur går man då till väga? Frågar man inte om det finns några ögonvittnen? Lyssnar man inte först och främst på dem? Det gör man, även när man ställer sig undrande inför vissa utsagor, och inga ögonvittnen avfärdas på förhand som otillförlitliga. För att kunna underkänna flera ögonvittnens samstämmiga vittnesmål måste man ha mycket starka skäl. I regel krävs att det finns andra ögonvittnen som gör det troligt att dessa samstämmiga vittnesmål är påhittade.

Lena Einhorn medger ärligt i sin senaste bok: ”Givetvis går det inte att utesluta att det var just så (att Jesus – Guds Son

– dog på korset och sedan uppstod från de döda), och att Jesus verkligen var gudomlig."[1] Men hon ser det ändå som "en förutsättning för att titta på den *historiska* gestalten Jesus" "att man, åtminstone tillfälligt, bortser från religiös tro, och möjligen även tanken på Jesus som gudomlig".[2] Bakom ordet "förutsättning" ligger tanken att den *historiske* Jesus inte samtidigt kan vara Jesus *Kristus*, den himmelske Människosonen, eftersom modern vetenskap bara räknar med inomvärldsliga händelser och personer som historiska.

Ivern att bara diskutera och ta med i beräkningen sådant som kan vara historiskt enligt en naturalistisk filosofi har lett till att senare tiders Jesusböcker ofta saknar en saklig redogörelse för vem Jesus är *enligt ögonvittnenas vittnesmål*. I stället lanseras omgående nya eller nygamla spekulationer och teorier. Det är tragiskt att ett rikt källmaterial med många samstämmiga ögonvittnesrapporter inte får komma till tals. *Dessutom är det väl viktigt både för troende och för tvivlare att sätta sig in i vad kristen tro bygger på och vad tvivlare betvivlar, om man nu är intresserad av att veta sanningen om Jesus.*

Den här boken vill inte vara en i raden av fantasieggande spekulationer. Att presentera Jesus som en mänsklig Superstar (Jesus Christ Superstar), som Maria Magdalenas älskare och make (Da Vinci-koden), som en homosexuell bland andra homosexuella (Ecce homo-utställningen) eller som en revolutionär lik Che Guevara fångar mångas intresse eller, som Paulus uttrycker det, "kliar i öronen". Men det innebär att man utan saklig grund bortser från ögonvittnenas vittnesmål. Att bortse från dessa och i stället ägna sig åt spekulationer går inte för sig i en rättegång. Enligt min mening går det inte heller för sig om man verkligen vill veta vem Jesus är och vad han har uträttat.

---

[1] *Vad hände på vägen till Damaskus? På spaning efter den verklige Jesus från Nasaret* (2006), s. 208.

[2] Einhorn, s. 11.

I bokens första kapitel sätts Jesus in i sitt historiska sammanhang. Kan tiden för hans födelse, offentliga verksamhet, död och uppståndelse fastställas, och i vilket sammanhang ägde de många omtalade händelserna rum? I nästa kapitel får ögonvittnena besvara frågan: *"Vem är han?"* Utförligt får de som säger sig ha varit med och med egna ögon och öron sett och hört vad som hände komma till tals. De återkommer ständigt till den grundläggande frågan VEM? och VAD? Vem är han och vad uträttar han? Därför innehåller denna bok en sammanställning av bibelcitat som i stor utsträckning får tala för sig själva.

Många har undrat om Jesus finns omnämnd i utombibliska källor. Därför ägnar jag ett kapitel åt denna fråga och ett annat kapitel åt vad bibelforskare har att säga om Jesus. En diskussion av de nytestamentliga evangelieskrifternas karaktär, likheter och olikheter får också ett eget kapitel, liksom den syn på Jesus som förmedlas av de gnostiska evangelierna. Förutsägelserna i Gamla testamentet om en kommande Messias och Jesu förhållande till Gamla testamentet måste också få komma till tals i en bok som denna, likaså Jesu undervisning om Guds rike, hans uppdrag som en "tjänare" och hans person som Guds Son i relation till Fadern och den helige Ande. Slutligen ställs frågan: Varför finns det olika syn på Jesus och vem är den verklige Jesus från Nasaret?

Enligt min mening yttrar sig många om Jesus utan att ha satt sig in i vad ögonvittnena säger om honom. Som försvar för egna rekonstruktionsförsök har man gjort gällande att det är omöjligt att få en klar och enhetlig bild av Jesus utifrån Nya testamentet. Därför har jag funnit det angeläget att utförligt sammanställa det bibliska vittnesbördet om vem han är och vad han har gjort, så kan var och en konstatera om Bibelns presentation av Jesus är klar eller oklar, enhetlig eller oenhetlig. Många har ställt frågan "Vem är han?". Det är min förhoppning att denna bok ska underlätta för läsaren att finna svaret.

Kapitel 1

Jesus i tid och rum

Det är inte lätt att datera Jesu födelse med hundraprocentig säkerhet. Den tidpunkt som vår nuvarande tideräkning utgår ifrån bygger på otillförlitliga beräkningar av munken Dionysius Exiguus på 500-talet e.Kr. Hur och när denna tideräkning infördes och hur det kommer sig att den anger tidpunkten för Kristi födelse minst fyra år för sent, återkommer jag till nedan. Jag ska här försöka sammanfatta vad som har betydelse för en tidsbestämning av Jesu födelse och hans offentliga verksamhet och hur en sådan tidsbestämning kan se ut.

Tiden för Herodes den stores död

Vi vet att Herodes den store dog strax före påsken år 4 före vår tideräkning. Enligt den judiske historieskrivaren Flavius Josefus (37-ca 100 e.Kr.) inföll den 15:e Nisan detta år den 12 april (*Antiquitates* 17,8.1 och 17,9.3)[3] och kort före Herodes död inträffade en månförmörkelse (*Ant.* 17,6.4) som enligt astronomer ägde rum natten mellan den 12 och 13 mars (jfr *Ant.* 17,8.1). Herodes har alltså dött i slutet av mars eller i början av april. Då var Jesus redan född. Eftersom Jesu omskärelse, hans frambärande i templet, besöket av österländska stjärntydare, flykten till Egypten och morden på de oskyldiga barnen i Betlehem ägde rum mellan Jesu födelse och Herodes död kring den 1 april år 4 före vår tideräkning, kan Jesus se-

[3] Josefus *Antiquitates judaicae* (judarnas gamla historia) innehåller 20 böcker och sträcker sig från skapelsen till författarens egen tid, ca 100 e.Kr.

nast ha fötts i början av år 4 f.Kr. Jag tror att han föddes i slutet av år 5 f.Kr. (se nedan).

Tiden för Johannes Döparens födelse

Enligt Lukas 1:5 tjänstgjorde Johannes Döparens far Sakarias i Abias prästavdelning. Prästerna var enligt 1 Krönikeboken 24 indelade i 24 avdelningar som var och en tjänstgjorde i tur och ordning två gånger per år, en vecka åt gången. Abias prästavdelning var enligt 1 Krön. 24:10 den 8:e i ordningen. Enligt Talmud (judarnas stora efterbibliska skriftsamling) var Jojarib, den 1:a prästavdelningen (1 Krön. 24:7), i tjänst när templet förstördes den 9:e i månaden Ab år 70 e.Kr., dvs. den 4 augusti. Tack vare denna information går det att räkna ut att Abias prästavdelning år 6 f.Kr. var i tjänst den 17-23 april och sedan den 3-9 oktober. Alltså blev Johannes till sannolikt mot slutet av april eller i mitten av oktober år 6 f.Kr., eftersom Johannes hustru Elisabet blev havande "någon tid därefter" (Luk. 1:24). Nu berättar Lukas (1:26) att när Elisabet var i "sjätte månaden" blev jungfru Maria havande med Jesus. Sålunda blev Maria havande när Elisabet hade varit gravid i minst fem månader, dvs. antingen i oktober år 6 f.Kr. eller i april år 5 f.Kr. Johannes föddes 3-4 månader senare, dvs. antingen i början av januari eller i början av juli år 5 f.Kr. Jesus, som föddes 5-6 månader senare, bör alltså ha fötts antingen i slutet av juni eller i slutet av december år 5 f.Kr.

Det är alltså fullt möjligt att Jesus föddes just den 25 december. Om så är fallet skedde Jesu omskärelse den 1 januari år 4 f.Kr. och 33 dagar senare, den 3 februari samma år, bars Jesus fram i templet i Jerusalem (Luk. 2:22ff; 3 Mos. 12:3-4). Någon gång därefter, kanske i mitten av februari, kom de österländska stjärntydarna och frågade efter "judarnas nyfödde konung" (Matt. 2:1ff). Nu bodde Maria och Josef inte längre i det stall där Jesus föddes och där de fick besök av herdarna, utan i ett hus (Luk. 2:11). Omedelbart efter stjärntydarnas besök flydde Josef med Maria och Jesus till Egypten för att undgå den ursinnige Herodes illdåd. I sitt försök att döda Jesus lät Herodes mörda alla pojkar i Betlehem med omnejd som var två år och därunder (Matt. 2:16ff).

Vistelsen i Egypten blev kortvarig. Redan kring den 1 april dog Herodes, och Josef kunde nu ta med sig Jesus och Maria och återvända till Israels land. Men eftersom Arkelaus, som var mycket grym och hade det sämsta ryktet av alla Herodes söner, tog över makten i Judeen, vågade Josef inte återvända till Betlehem utan flyttade tillbaka till Nasaret i Galileen (Matt. 2:19ff).

Stjärnkonjugationen år 7 f.Kr.

År 7 f.Kr. hände något ovanligt: Planeterna Jupiter och Saturnus sammanstrålade i fiskens stjärnbild inte mindre än tre gånger (i maj, oktober och december). Många har satt detta fenomen i samband med den stjärna som de österländska stjärntydarna hade sett gå upp och tolkat som ett tecken på att en kung skulle födas åt judarna. I sin bok "The Life and Times of Jesus the Messiah" (3 uppl. 1886, s. 211f) nämner Alfred Edersheim bl.a. följande: Judisk förväntan på en Messias var förbunden med en märklig och speciell stjärnkonjugation som skulle föregå Messias födelse. I en av de mindre midrasherna, som ingår i det verk på sex volymer som publicerats av Jellinek under titeln "Beth ha-Midrash" (Leipzig och Wien 1853-1878), står det att en stjärna i öster ska visa sig *två år* före Messias födelse (vol. III, s. 8). Bo Reicke skriver i "Svenskt Bibliskt Uppslagsverk", vol. II, col.1406: "Antika planetkalendrar ge vid handen, att Jupiter i Orienten betraktades som världshärskarens stjärna, Saturnus som Palestinas, och Fiskarnas stjärnbild som den yttersta tidens tecken."

Matteus berättar att Herodes i hemlighet kallade till sig stjärntydarna och "frågade ut dem om när stjärnan hade visat sig" (2:7). När Herodes sedan försökte döda Messias, som han tydligen uppfattade som en jordisk konkurrent, lät han döda alla pojkar i Betlehemområdet som var "två år och därunder"

(2:16). Men varför lät han döda pojkar på upp till *två* år, när han var ute efter "judarnas *nyfödde* konung"? Är denna stora marginal bara ett vittnesbörd om Herodes hänsynslösa grymhet? Eller kan det vara så att stjärntydarna berättat om vad de sett *två* år tidigare? Tyder stjärntydarnas ankomst till Jerusalem två år efter Jupiters och Saturnus konjugation att de kände till den judiska förväntan om att Messias skulle födas två år efter en märklig stjärnas uppgång? Vi vet inte säkert. Men så mycket kan vi säga: Den stjärna som plötsligt visade sig för stjärntydarna när de var på väg till Betlehem (2:9) och som de sätter i förbindelse med den stjärna de tidigare sett, har ingen naturlig förklaring. Om den stjärna som de tidigare sett eventuellt var stjärnkonjugationen Jupiter-Saturnus, så var den stjärna som nu visade sig en övernaturlig hjälp från Gud. Den inte bara gick framför dem, den stannade dessutom över Betlehem, så att de kunde finna honom som de sökte, "judarnas nyfödde konung", den utlovade Messias.

Tiden för skattskrivningen

Jesus föddes i samband med en romersk skattskrivning som ägde rum när Kvirinius var kejsar Augustus särskilde representant i den östra delen av Romarriket. Enligt Josefus ägde en skattskrivning rum i Judeen år 6 e.Kr. och vi vet av andra källor att Kvirinius var kejserlig legat i Syrien år 6-9 e.Kr. Menar Lukas genom att nämna Kvirinius i samband med födelseberättelsen i Lukas 2 att Jesus föddes först år 6 e.Kr.? Inte alls. Denna senare skattskrivning nämner Lukas i Apostlagärningarna 5:37 och han är noga med att skilja den från skattskrivningen när Jesus föddes. Om den skattskrivning som ägde rum vid Jesu födelse skriver han nämligen: "Detta var den *första* skattskrivningen" (Luk. 2:2). Kvirinius var av allt att döma i tjänst både vid den första och andra skattskrivningen. Enligt den romerske historikern Tacitus (*Annales* 3,48)[4] valdes Kvirinius till konsul över Syrien redan år 12 f.Kr. Omkring år

[4] Tacitus levde ca 55-117 e.Kr. Hans stora historieverk *Annales* omfattar 16 böcker men finns inte bevarat i sin helhet.

7 f.Kr utnämndes han till kejserlig legat i Syrien tillsammans med Varus. Efter en del andra uppdrag fr.o.m. år 1 f.Kr. utsågs han på nytt som legat i Syrien år 6 e.Kr.[5]

Kejsar Tiberius 15:e regeringsår

"Under kejsar Tiberius femtonde regeringsår, när Pontius Pilatus var landshövding över Judeen", fick Johannes Döparen Guds kallelse att "bana väg för Herren" (Luk 3:1ff). Augustus dog den 19 augusti år 14 e.Kr. Men i början av år 12 e.Kr. utsåg han sin styvson Tiberius till sin samregent (*collega imperii*) med kejsartitel.[6] Därmed börjar Johannes Döparen sin verksamhet år 26 e.Kr., "Tiberius femtonde regeringsår". Pontius Pilatus var då "prefekt" i provinsen Judeen. Hans ämbetstid omfattade åren 26-36 e.Kr.

Tiden när Jesu offentliga verksamhet började

Johannes Döparen "gick omkring i hela trakten vid Jordan och förkunnade omvändelsens dop till syndernas förlåtelse" (Luk. 3:3). Han sa bl.a.: "Jag döper er i vatten till omvändelse, men den som kommer efter mig är starkare än jag. Jag är inte ens värd att ta av honom hans sandaler" (Matt. 3:11). "Jesus kom från Galileen till Johannes vid Jordan för att döpas av honom" (Matt. 3:13). Detta skedde sannolikt i december år 26 e.Kr. eller i början av januari år 27 e.Kr. Det blev inledningen till Jesu offentliga verksamhet. "Jesus var omkring trettio år när han började sin gärning", skriver Lukas (3:23). Det stämmer om Jesus föddes i december år 5 f.Kr. Man bör då veta att vår tideräkning inte har något år 0, utan efter 1 f.Kr. följer 1

---

[5] Jag har uppehållit mig ganska utförligt vid Kvirinius, eftersom många menat att uppgiften i Luk. 2:2 inte går att förena med uppgiften i Matteus 2 om att Jesus föddes medan Herodes den store ännu levde. Se nu senast Lena Einhorn, s. 54: "Om man utgår från Lukasevangeliet föddes alltså Jesus tidigast år 6 efter vår tideräknings början." "Det är alltså omöjligt att Jesus föddes både under Herodes den stores tid och under Quirinius tid."

[6] Såväl noten i Folkbibeln som i Bibel 2000 angående Tiberius regeringstid bör justeras till 12-37 e.Kr.

e.Kr. I början av år 27 e.Kr. var alltså Jesus 30 år (4+26). Efter en kortare tid i Judeen återvände Jesus kring mitten av februari till Galileen tillsammans med sina första lärjungar. Där deltog de i ett bröllop i Kana och där gjorde Jesus sitt första underverk (Joh. 2:11).

Året när arbetet med templet pågått i 46 år

Jesus var noga med att enligt lagen gå upp till Jerusalem vid varje påskhögtid. När påsken närmade sig i april år 27 begav han sig därför tillbaka till Judeen (Joh. 2:13). I samband med högtiden sa han att han skulle resa upp templet på tre dagar (han syftade på sin kropp, förklarar Johannes). Då fick han följande kommentar av judarna: "I fyrtiosex år har man byggt på detta tempel, och du ska resa upp det på tre dagar!" (Joh. 2:19-20). Denna kommentar är av betydelse för vår kronologi. Vi vet när Herodes den store började med ombyggnaden av tempelområdet, nämligen år 20 f.Kr. I april år 27 e.Kr. hade detta arbete pågått i 46 år. Vår kronologi blir alltså bekräftad.

Tiden för Jesu fortsatta verksamhet

Efter påskhögtiden år 27 tillbringade Jesus sommaren och hösten i Jerusalem och dess omgivningar. Först i december samma år lämnade han Judeen och begav sig via Samarien till Galileen. Att denna resa skedde i december framgår av Joh. 4:35 där det står: "Säger ni inte att det ännu är fyra månader kvar till skörden?" Skörden började i april. Efter två dagar i Samarien (Joh. 4:43), där först en samaritisk kvinna och sedan många fler samariter kom till tro på Jesus som Messias, "världens Frälsare", fortsatte Jesus till Galileen. Han "kom tillbaka till Kana i Galileen, där han hade gjort vatten till vin" (Joh. 4:46). Sedan vistades Jesus i Galileen från december år 27 till april år 28. En enda händelse rapporteras från denna tid, nämligen hur Jesus botade en kunglig tjänares son bara genom att säga: "Din son lever." "Detta var det andra tecknet. Jesus gjorde sedan han hade kommit från Judeen till Galileen" (Joh 4:54).

"Därefter inföll en av judarnas högtider, och Jesus gick till Jerusalem" (Joh. 5:1). Vilken högtid åsyftas? Det kan inte ha varit purimfesten den 14 och 15 Adar år 28, dvs. i mars. Purimfesten firades inte i templet utan kunde firas var som helst i landet. Den högtid som åsyftas måste vara en av vallfartsfesterna, och då ligger påsken närmast till hands, den högtid som överskuggar alla andra händelser i judarnas ceremoniallag. Redan under denna påsk mötte Jesus förföljelse och dödshot i Jerusalem (Joh. 5:16-18). Han fick också höra att Johannes Döparen hade kastats i fängelse, och när högtiden var över återvände han till Galileen. Innan han lämnade Jerusalem sa han till sina motståndare angående Johannes Döparen: "Han har vittnat för sanningen." "Han var en lampa som brann och lyste, och en kort tid ville ni glädja er i hans ljus" (Joh. 5:33, 35).

Tillbaka i Galileen lämnade Jesus Nasaret och bosatte sig i Kapernaum (Matt. 4:12-13). Han framträdde fr.o.m. sommaren år 28 som Galileens profet, det ljus som skulle skina i Sebulons och Naftalis land enligt profetian i Jesaja 9. "Från den tiden började Jesus predika och säga: Omvänd er, för himmelriket är nära", dvs. himmelriket är nu här (Matt. 4:17). Synoptikerna berättar mycket om Jesu verksamhet i Galileen under denna tid, dvs. från sommaren år 28 fram till påsken år 29 (den tid som förflyter mellan det som berättas i Joh. 5 och Joh. 6). När Jesus mättade fem tusen män och undervisade om Livets bröd (Joh. 6), "den mat som varar och ger evigt liv och som Människosonen ska ge er" (v. 27), var påsken nära (Joh. 6:4), dvs. påsken våren år 29. Under sommaren år 29 utsträckte Jesus sin verksamhet bl.a. till Tyrus område och återvände sedan via Sidon och Dekapolis område till Galileiska sjön (Mark. 7:31).

Under lövhyddohögtiden i oktober år 29 var Jesus på nytt i Jerusalem (Joh. 7:1-10:21) men återvände efter denna högtid till Galileen och avslutade där sin verksamhet bland ett folk som enligt Jesaja 9:2 hade sett ett stort ljus. Sedan började han resan till sin offerdöd på Golgata. När han anlände till gränsen mellan Galileen och Samarien, begav han sig till Pereen, området som låg alldeles öster om floden Jordan. Där tillbringade han vintern 29/30. I december 29 var Jesus och lärjungarna vid Jordans södra del. Därifrån gjorde han en kort resa till Jerusalem, till tempelinvigningsfesten (Joh. 10:22ff). Sedan återvände han till Pereen.

Under våren år 30 uppväckte Jesus Lasarus som "redan hade legat fyra dagar i graven" (Joh. 11:17), en handling som direkt hör samman med Jesu egen död. Många judar, som hade kommit till Maria och Marta och sett vad Jesus hade gjort, kom till tro på honom (Joh. 11:45). Därför kallade översteprästerna och fariseerna samman Stora rådet och sa: "*Vad gör vi? Den här mannen gör många tecken*. Om vi låter honom hålla på så här, kommer alla att tro på honom" (Joh. 11:47f). "Från den dagen överlade de om att döda honom. Jesus vandrade därför inte längre öppet omkring bland judarna utan begav sig bort därifrån till landsbygden nära öknen, till en stad som heter Efraim" (Joh. 11:55-56). När påsken närmade sig gick sedan Jesus via Jeriko upp till Jerusalem för att lida och dö.

Söndagen den 2 april år 30 red Jesus in i Jerusalem på en åsna, så som det var förutsagt om Messias i Sakarja 9:9: "Se, din konung kommer till dig... Han kommer ödmjuk, ridande på en åsna, på en åsninnas föl." Måndagen den 3 april renade han templet på nytt. Torsdagen den 6 april instiftade han nattvarden, förråddes, greps och fördes inför översteprästerna och Stora rådet. Tidigt på morgonen fredagen den 7 april "beslöt alla översteprästerna och folkets äldste att de skulle döda Jesus" (Matt. 27:1). De lät binda honom och förde honom till den romerske prefekten Pontius Pilatus med begäran om att denne skulle döma Jesus till döden. Pilatus avkunnade dödsdomen och redan vid niotiden (Mark. 15:25) korsfästes Jesus enligt romersk avrättningsmetod. Omkring kl. 15 sa Jesus "Det är fullbordat" och gav upp andan. Han begravdes

i en ny klippgrav nära avrättningsplatsen på Golgatakullen före sabbatens inträdande omkring kl. 18.
Tidigt söndagen den 9 april var graven tom, fastän den varit förseglad och noga bevakad. Jesus hade uppstått från de döda precis som han hade förutsagt. Några ur vaktstyrkan underrättade överstprästerna om allt som hade hänt. Men enligt Matteus kallade översteprästerna samman de äldste "och beslöt att ge soldaterna en stor summa pengar och sa: 'Säg att hans lärjungar kom på natten och rövade bort honom medan ni sov. Och om landshövdingen får höra det, ska vi tala med honom och se till att ni kan känna er helt lugna.' De tog emot pengarna och gjorde som de hade blivit tillsagda, och än i dag är detta rykte spritt bland judarna" (Matt. 28:11-15).

Enligt såväl Matteus som Markus, Lukas och Johannes visade sig Jesus för flera personer och vid flera tillfällen efter sin uppståndelse. Paulus sammanfattar: "Han visade sig för Kefas och sedan för de tolv. Därefter visade han sig för mer än femhundra bröder på en gång, av vilka de flesta ännu lever, medan några är avsomnade. Sedan visade han sig för Jakob och därefter för alla apostlarna. Allra sist visade han sig också för mig" (1 Kor. 15:5-8).

Jesu lärjungar hade inte lätt för att tro att Jesus verkligen var uppstånden. Lukas skriver: "Uppskakade och förskräckta trodde de att de såg en ande. Men han sa till dem: 'Varför är ni så förskräckta, och varför stiger det upp tvivel i era hjärtan? Se på mina händer och mina fötter att det verkligen är jag. Rör vid mig och se. En ande har inte kött och ben, som ni ser att jag har.' När han hade sagt detta, visade han dem sina händer och sina fötter" (Luk. 24:38-40). Aposteln Thomas var inte närvarande när Jesus visade sig för de andra apostlarna på uppståndelsedagens kväll. Han tvivlade på de andra apostlarnas uppgifter om att de verkligen hade sett Jesus. Men en vecka senare, söndagen den 16 april, kom Jesus på nytt till lärjungarna när också Thomas var med. Då kunde Thomas inte längre tvivla på att Jesus verkligen hade uppstått. När Jesus sa: "Räck hit ditt finger och se mina händer. Och räck hit din hand och stick den i min sida. Och tvivla inte utan tro!", svarade Thomas: "Min Herre och min Gud!" (Joh. 20:24-28).

Under fyrtio dagar efter sin uppståndelse umgicks Jesus med sina apostlar och talade med dem om Guds rike (Apg. 1:3). Torsdagen den 18 maj år 30 skedde Jesu himmelsfärd.. "De såg hur han lyftes upp, och ett moln tog honom ur deras åsyn", berättar Lukas (Apg. 1:9).

Tideräkning

För att tidsbestämma händelser har man använt sig av olika metoder. I många länder använde man sig av listor över olika städers styresmän. Så var fallet redan i det gammalassyriska riket. Går vi till Grekland och Aten, finner vi där en lista över årliga arkonter (styresmän) som går så långt tillbaka som till år 683 f.Kr. Omkring år 300 f.Kr. lanserade Timaios (en historieskrivare under antiken) ett annat kronologiskt system genom att lägga de olympiska segerlistorna till grund för dateringar. De första olympiska spelen ägde ju rum redan år 776 f.Kr. och fortsatte sedan i obruten följd vart fjärde år fram till år 394 e.Kr. Då avskaffade kejsar Theodosius dem av kristna skäl, eftersom de var tillägnade den hedniske guden Zeus. Därefter övergick man i lärda kretsar till att bruka en serie årtalscykler som kallas *indiktionen*. Denna tideräkningsmetod vann insteg i påvens kansli först på 600-talet och fick stor utbredning genom att den lärde engelske munken Beda (673-735) använde indiktionen i sina skrifter. Den blev därefter vanlig i England och i de tyska kungahoven, hos de senare fram till 1378, då *den dionysiska eller kristna eran* (se nedan) infördes.

En tideräkning som bl.a. används i Mackabeerböckerna är *den seleukidiska tideräkningen*. Den utgår från den makedoniske generalen Seleukos Nikators intåg i Babylon den 1 oktober 312 f.Kr.

Den romerske vetenskapsmannen och författaren Marcus Terentius Varro, som levde 116-27 f.Kr., lanserade en tideräkning som tog sin utgångspunkt i Roms grundläggning. Den har kallats för *den varroniska tideräkningen*. Han ansåg sig kunna fastslå att Roms grundläggning ägt rum i april år 753 f.Kr. (enligt vår nuvarande tideräkning). Efter sina årtal skrev han a.u.c., vilket betyder *ab urbe condita*, dvs. "efter stadens grundläggning".

Ganska stor spridning fick *den diocletianska tideräkningen*. Den tar sin utgångspunkt i kejsar Diocletianus trontillträde den 29 augusti 284 e.Kr. Flera östkyrkor använde sig av denna tideräkning i flera hundra år. Vid det s.k. Trullanska konciliet i Konstantinopel år 692 e.Kr. ersattes denna tideräkning av *den bysantinska eran*. Åren i denna tideräkning räknas från världens skapelse, som daterades till den 1 september 5509 f.Kr. Den bysantinska tideräkningen blev den ortodoxa kyrkans officiella tideräkning och användes bl.a. i Ryssland i drygt tusen år (fram till 1700-talet).

Den dionysiska eller kristna tideräkning som vi använder i dag fick mera allmän spridning först långt fram på medeltiden. Den togs först i bruk i påvens kansli i Vatikanen på 960-talet och fick ersätta den då använda indiktionsmetoden. Därefter spred sig den dionysiska tideräkningen till Tyskland och Frankrike. I nuvarande Spanien och Portugal infördes den först på 1300-talet och ännu senare i norra Europa. Många olika tideräkningsmetoder användes länge samtidigt.

Mannen bakom den kristna tideräkningen är en skytisk munk som bodde i Italien och hette Dionysius. Han kallades Exiguus som betyder "den lille". År 525 fick han i uppdrag av påven Johannes I att utarbeta en förbättrad metod för beräkning av tiden för påsken. Det rådde nämligen meningsmotsättningar mellan olika kyrkor om den rätta tidpunkten för påskfirandet. I samband med detta uppdrag frågade sig Dionysius: Varför använder vi den store kristendomsförföljaren Diocletianus och hans trontillträde (år 284) som utgångspunkt för vår tideräkning? (Den diocletianska tideräkningen användes nämligen i Rom på 500-talet.) Borde vi inte i stället göra Kristi födelse till utgångspunkt för vår tideräkning?

Men det var inte lätt att räkna ut tidpunkten för Kristi födelse. Dionysius Exiguus tvingades utgå från följande antaganden: 1) att Kristus dog i sitt 31:a levnadsår och 2) att hans uppståndelse på påskdagen inträffade den 25 mars. Tyvärr var dessa antaganden felaktiga och hans datering ifrågasattes bl.a. av Beda på 700-talet och förkastades av den tyske munken Regino av Prüm på 800-talet. Men under senare delen av medeltiden fick, som vi redan nämnt, den dionysiska eller kristna tideräkningen mera allmän spridning.

Den stora frågan: Vem är han?

Många undrar vem Jesus egentligen är. Jesu lärjungar undrade och förundrades. De människor som mötte honom och såg hans under undrade och förundrades. Kan han vara den utlovade Messias?

Han föddes i Betlehem i slutet av år 5 f.Kr. och fick namnet Jesus som betyder "Herren är frälsningen". Han växte upp i Nasaret i Galileen. Han började sin offentliga verksamhet i slutet av år 26 och fullbordade sitt frälsningsuppdrag genom att dö på ett kors fredagen den 7 april år 30. Enligt många vittnen besegrade han döden och lämnade graven tom tidigt på söndagsmorgonen den 9 april. Han undervisade sedan sina lärjungar i ytterligare 40 dagar, innan han återvände till sin himmelske Fader torsdagen den 18 maj år 30.

Vem är denne märklige man? De som hörde honom i Nasarets synagoga blev mycket förvånade och sa: *"Varifrån har han fått denna vishet och dessa kraftgärningar?"* (Matt. 13:54). Lärjungarna som var med honom i en båt på Gennesarets sjö när det blåste upp till full storm, greps av stor fruktan när Jesus med sitt blotta ord stillade stormen. De sa till varandra: *"Vem är han*, eftersom både vinden och sjön lyder honom?" (Mark. 4:41). När han söndagen den 2 april år 30 kom till Jerusalem "ridande på en åsna", "kom hela staden i rörelse, och man frågade: *Vem är han?*" (Matt. 21: 10). När Herodes Antipas fick höra om Jesus och allt som hände, "visste han inte vad han skulle tro". "*Vem är han som jag hör sådant om?*" (Luk. 9:7ff).

De flesta av judarnas ledare försökte avvisa Jesu under som verkliga under. När Jesus botade en blindfödd, betvivlade de att den blindfödde varit blind och fått sin syn (Joh. 9:18). När hans föräldrar bekräftade att deras son verkligen föddes blind, "kallade de för andra gången till sig mannen som hade varit blind och sa till honom: *Ge Gud äran! Vi vet att den mannen är en syndare*" (v. 24). Den blindfödde svarade: "Om han är en syndare vet jag inte. Men ett vet jag, att jag som var blind nu ser" (v. 25). De judiska ledarna kunde inte förneka att ett stort under hade skett, ändå avvisade de Jesus med följande motivering: "Vi vet att Gud har talat till Mose, men varifrån den här mannen kommer, det vet vi inte" (v. 29). Den blindföddes kommentar är belysande: "*Ja, det är det som är så märkligt. Ni vet inte varifrån han är, och han har öppnat mina ögon!* ... Aldrig någonsin har man hört att någon har öppnat ögonen på en som var född blind. *Om den mannen inte vore från Gud, kunde han ingenting göra*" (v. 30, 32-33).

"De gärningar som Fadern har gett mig att fullborda, *just de gärningar jag utför*, vittnar om att Fadern har sänt mig", sa Jesus till judarna (Joh. 5:36). Dessa gärningar skedde *öppet inför många vittnen och var svåra att förneka*. Man måste blunda för vad Jesus faktiskt har sagt och gjort för att kunna vidhålla att Jesus var en vanlig, syndig människa och inte "Messias, den levande Gudens Son". "Vi vet att han verkligen är världens Frälsare", sa många samariter sedan de genom den samaritiska kvinnans vittnesbörd om Jesus kommit till honom och lyssnat till hans ord (Joh. 4:39-42). "Den mannen var verkligen Guds Son", måste den romerske officeren vid Jesu kors medge (Mark. 15:39). När Jesus sa: "Jag och Fadern är ett", tog judarna upp stenar för att stena honom (Joh. 10:30-31). Följande kommentar av Jesus är belysande: *"Om jag inte gör min Faders gärningar, så tro mig inte. Men om jag gör dem, så tro på gärningarna, om ni inte kan tro på mig. Då ska ni förstå att Fadern är i mig och jag i Fadern"* (Joh. 10:37-38).

Kapitel 2

Vem är Jesus enligt Nya testamentet?

Ibland hävdas att Nya testamentets vittnesbörd om Jesus skulle vara osamstämmigt och motsägelsefullt och därför inte kan läggas till grund för ett svar på frågan: "Vem är Jesus enligt Nya testamentet?". Men är det sant att NT kommer med motstridiga besked om vem Jesus är? Ger Matteus *ett* vittnesbörd och andra ögonvittnen som t.ex. Johannes eller Petrus ett annat? Jag vill underlätta för läsaren att själv finna svaren på dessa frågor genom att i detta kapitel gå igenom Nya testamentet bok för bok och lyfta fram vad de olika vittnena har att säga om Jesu person – vem han egentligen är. I stor utsträckning får texterna tala för sig själva.

2.1 Vem är Jesus enligt Matteus?

Matteus vittnesbörd börjar med att understryka att *Jesus är Kristus* (det grekiska ordet för *Messias*). Första meningen börjar inte bara med orden "Detta är berättelsen om Jesus" utan med orden "Detta är berättelsen om Jesus *Kristus*". Han är "Davids son, Abrahams son" (1:1) med tydlig anknytning till Gamla testamentets profetior enligt vilka den kommande Messias är en ättling till Abraham och David. Gång på gång påpekar Matteus att Jesus uppfyller GT:s messianska profetior. Enligt Jesaja 7:14 skulle en jungfru bli havande med Messias, och det märkliga hände med jungfrun Maria att hon blev havande med Jesus på ett övernaturligt sätt, framhåller Matteus. "Innan de (Josef och Maria) hade kommit tillsammans, visade det sig att hon var havande genom den helige Ande"

(1:18). "Allt detta skedde, för att *det skulle uppfyllas som Herren hade sagt genom profeten: Se, jungfrun ska bli havande och föda en son"* (1:22). Därför bekänner den kristna kyrkan om Kristus: "vilken är avlad av den Helige Ande, född av jungfrun Maria" (Apostoliska trosbekännelsen).

I andra kapitlet berättar Matteus att stjärntydare från Östern (de vise männen) kom till Jerusalem för att tillbe "judarnas nyfödde konung". De ville uppvakta och tillbe Messias. De skriftlärda kunde upplysa om varför den nyfödde Messias inte fanns i Jerusalem. Enligt Gamla testamentet (profetian i Mika 5:2) skulle Messias födas i Betlehem (2:1-6), och så hade nu skett.

I tredje kapitlet lyfter Matteus fram Johannes Döparens vittnesbörd om Jesus: "Den som kommer efter mig är starkare än jag. Jag är inte ens värd att ta av honom hans sandaler" (3:11). Vem Jesus är belyses inte bara av Johannes döparens vittnesbörd utan enligt Matteus också av vad som hände när Jesus döptes av Johannes: Himlen öppnades och Guds Ande sänkte sig ner som en duva och kom över honom. "Och en röst från himlen sa: *Denne är min Son, den Älskade. I honom har jag min glädje"* (3:17).

I fjärde kapitlet berättar Matteus hur djävulen försökte fresta Jesus att utnyttja sin gudomliga förmåga och missbruka sin samhörighet med Gud. Men djävulens tre sluga förförelsetricks avvisades varje gång med orden "det står skrivet" (4:4, 7, 10). Frestaren lyckades inte få Guds Son att avfalla från Fadern och från Skriftens ord. Därefter betonar Matteus att Jesus är uppfyllelsen av Jesajas profetia om vad som "i kommande dagar " skulle ske i hedningarnas Galileen (Jesaja 9:1ff): "Det folk som bor i mörker skall se *ett stort ljus"* (v. 16).

När lärjungarna enligt kapitel 8 råkade ut för full storm på Galileiska sjön, gjorde Jesus så att det blev alldeles lugnt bara genom sitt ord. Då utbrast lärjungarna av häpnad: *"Vem är han?* Till och med vindarna och sjön lyder honom" (8: 27). Lärjungarna undrade vem han var, men de onda andarna visste. När Jesus mötte två besatta sydost om Galileiska sjön, skrek de: "Vad har vi med dig att göra, *du Guds Son*" (v. 29).

Senare kom Jesus till Kapernaum (kapitel 9). Då sa han till en lam man: "Dina synder är förlåtna" (9:2). Men detta skulle ju vara en upprörande hädelse belagd med dödsstraff, om Jesus inte verkligen var Gud. Ty bara Gud kan förlåta synder, och därför tänkte några skriftlärda: "Han hädar" (v. 3). Enligt Matteus kunde Jesus se in i deras hjärtan och avslöja deras tankar. Matteus skriver: "*Jesus såg deras tankar* och sa: Varför tänker ni så ont i era hjärtan? Vilket är lättast att säga: Dina synder är förlåtna, eller att säga: Stig upp och gå?" (9:4-5). Att förlåta synder kan bara Gud göra, det är sant, det är ett gudomligt under. Men det är också mänskligt omöjligt att bota en lam man! Det kan bara Gud göra. Detta sistnämnda under ägde rum inför deras ögon, det kunde kontrolleras! Jesus ville att de skulle förstå att Människosonen Jesus var Guds Son och därför kunde göra *båda* undren. Hans ord var sanning, han hädade inte. "Ni ska veta", sa Jesus, "att Människosonen har makt här på jorden att förlåta synder." Sedan sa han till den lame: "Stig upp, ta din bädd och gå hem!" Då steg mannen upp och gick hem (9:6-7). "Vilket är lättast att säga: Dina synder är förlåtna, eller att säga: Stig upp och gå?", hade Jesus frågat dem (v. 5). Den frågan skickar nu Matteus vidare till läsarna av hans bok.

Att kalla Jesus "Davids son" innebar att man var övertygad om att han var den utlovade Frälsaren, den Messias som enligt GT:s profetior skulle vara en ättling till David. Enligt Matteus 9:27 förstod två blinda vem Jesus var, till skillnad från de flesta judiska ledare. De blinda ropade nämligen till Jesus: "Förbarma dig över oss, *Davids son*!"

Vi har redan sett att Johannes döparen visste vem Jesus var när Jesus kom till Jordan för att låta döpa sig (Matteus 3). Ändå skickade Johannes döparen sina lärjungar till Jesus med följande fråga: "Är du den som skulle komma, eller ska vi vänta på någon annan?" (11:3). Man har undrat om Johannes med denna fråga ville hjälpa sina lärjungar att se vem Jesus verkligen var eller om han själv i sitt fängelse nu börjat vackla i sin tro. Vad svarade Jesus? *Som så ofta låter han Skriftens vittnesbörd ge svaret.* De frågande uppmanas att jämföra Skriftens vittnesbörd om Messias (bl.a. Jesaja 35) med vad de hörde och såg Jesus säga och göra. "Gå och berätta för Johannes vad ni hör och ser: Blinda får sin syn, lama går, spetälska blir rena, döva hör, döda uppstår och för fattiga predikas glädjens budskap" (11:4-5).

När Jesu motståndare enligt kapitel 12 angrep Jesus för hans gärningar på Guds heliga sabbatsdag, sa Jesus: "Människosonen är sabbatens Herre" (v. 8). Endast Gud är sabbatens Herre. Människosonen, dvs. Jesus, är alltså ett med Gud själv. Detta kunde Jesu motståndare fariseerna omöjligen acceptera, inte ens när Jesus genom ett under visade att han verkligen kunde göra det som bara Gud kan göra. De drog slutsatsen att Jesus måste dö, eftersom han handlade *som om han vore Gud*. "Fariseerna gick då ut och överlade om att döda honom", skriver Matteus (12:14).

När Jesus enligt kapitel 13 undervisade i sin hemstad Nasarets synagoga, häpnade åhörarna. Hur kunde han ha dessa övernaturliga förmågor när hans familj var vanliga, enkla människor? "*Varifrån har han fått denna vishet och dessa underverk?* Är det inte snickarens son? Heter inte hans mor Maria och hans bröder Jakob och Josef och Simon och Judas? Och bor inte alla hans systrar här hos oss? Varifrån har han fått allt detta?" (13:54-56). Med andra ord: Vem är han egentligen?

I kapitel 15 berättar Matteus om en kanaaneisk kvinna som bad Jesus om hjälp därför att hon var viss om att Messias kunde hjälpa också henne. Hon ropade nämligen till Jesus: "Herre, *Davids Son*, förbarma dig över mig!" (15:22).

Jesus befann sig med sina lärjungar i trakten av Caesarea Filippi vid berget Hermons fot när han enligt kapitel 16 frågade dem: *"Vem säger folket att Människosonen är?"* (16:13). Lärjungarna svarade: "Somliga säger Johannes döparen, andra Elia och andra Jeremia eller någon av profeterna." Många undrade alltså: Vem är egentligen Jesus? Man kom fram till olika svar. Då frågade Jesus: "Och ni då, vem säger ni att jag är?" (v. 15). Simon Petrus svarade: *"Du är Messias, den levande Gudens Son"* (v. 16). Detta svar är enligt Jesus det rätta svaret och därmed också den kristna kyrkans svar. "Min Fader som är i himlen" har uppenbarat detta svar för dig, sa Jesus, och prisade honom salig. Tron på Jesus som "Messias, den levande Gudens Son" är den saliggörande tron.

Exkurs: Vem är Klippan?

Jesu ord till Petrus i Matt. 16:18 har ibland missförståtts och bör därför behandlas lite utförligare. De lyder: *"Du är Petrus, och på denna klippa ska jag bygga min församling, och helvetets portar ska inte få makt över den."* Frågan gäller: Syftar orden "på denna klippa" på Petrus, så att meningen blir liktydig med "Du är Petrus och *på dig* ska jag bygga min församling". Eller syftar orden "på denna klippa" på den som Petrus just har bekänt, nämligen Jesus som "Messias, den levande Gudens Son"?

Redan sammanhanget i Matteus 16 klargör att frågeställningen inte gäller "vem är Petrus?" utan "vem är Människosonen?". När Petrus gett det rätta svaret: "Du är Messias, den levande Gudens Son", prisas Petrus "salig" tack vare detta svar. Petrus har nämligen bekänt att *Jesus är Klippan, den kristna församlingens grundval och helvetets besegrare.* "På *denna* klippa ska jag bygga min församling, och helvetets portar ska inte få makt över den." "Du är Petrus", säger Jesus, dvs. du Simon, Jona son, har också det fina namnet *Pétros* (grek.), som kan härledas från det grekiska ordet *pétra* som betyder "klippa". Du är också en sorts klippa *genom din bekän-*

nelse till Klippan Kristus. Men det är inte på dig som jag skall bygga min församling, inte *epí Pétrå* (grek.) "på Petrus", utan enligt grundtexten är det *epí távtä tä pétra* "på *denna* klippa", dvs *den som du just har bekänt som "den levande Gudens Son".*

I vår texts omedelbara fortsättning ser vi den stora skillnaden mellan den sanna Klippan, dvs. Jesus, och Petrus. Jesus förutsäger att han *måste* lida och bli dödad och att han ska uppstå på den tredje dagen (16:21). Men Petrus förstår ännu inte nödvändigheten av detta utan motsäger Jesus (v. 22). Därmed ger Petrus uttryck för "människotankar" och "inte Guds tankar" (v. 23) och visar sig ingalunda vara någon klippa att bygga på. *Endast när han tror på och bekänner sig till den sanna Klippan, "Messias, den levande Gudens Son", gör han skäl för namnet Petrus, dvs. en person som hör ihop med Klippan Jesus Kristus, en pétros som bygger på hä pétra (= Klippan).*

Enligt Nya testamentet är Skriften, dvs. Gamla testamentet, Faderns undervisning, Guds särskilda uppenbarelse. Där klargörs gång på gång *det ohållbara i att bygga på människor.* "Förlita er inte på människor, som bara har en vindpust i sin näsa" (Jes. 2:22). "Ve dem som drar i väg ner till Egypten för att få hjälp... Ty egyptierna är människor och inte Gud, deras hästar är kött och inte ande" (Jes. 31:1, 3). I GT betonas gång på gång att *endast Gud, HERREN, är den sanna Klippan. "Han är Klippan,* fullkomliga är hans gärningar, ty alla hans vägar är rätta. En trofast Gud utan svek, rättfärdig och rättvis är han" (5 Mos. 32:4). Om det avfälliga Israel heter det: "Du övergav *Klippan* som födde dig. Du glömde *Gud* som gav dig livet" (5 Mos. 32:18). Om avgudarna heter det: *"De andras klippa* är ej som *vår Klippa...* Var är deras gudar, klippan som de tog sin tillflykt till?" (5 Mos. 32:31, 37).

När psalmisten vänder sig till HERREN, använder han ofta om honom ordet "klippa" (hebreiska *tsur*, på grekiska *pétra*). Några exempel: "Hjärtligen kär har jag dig, HERRE, min starkhet, HERRE, mitt bergfäste, min borg och min räddare, min Gud, *min tillflykts klippa*, min sköld och min frälsnings horn, mitt värn" (Ps. 18:3). "Ty vem är Gud förutom HERREN, *vem är en klippa utom vår Gud*" (Ps. 18:32). "HERREN lever! Välsignad vare *min klippa*, upphöjd vare min frälsnings Gud!" (Ps. 18:47). "HERRE, *min klippa och min återlösare*" (Ps. 19:15). "Till dig, HERRE, ropar jag, *min klippa*, var ej stum mot mig" (Ps. 28:1). "Hos Gud är min frälsning och min ära, *min starka klippa*, min tillflykt har jag i Gud" (Ps. 62:8). "Om än min kropp och min själ tynar bort, så är Gud *mitt hjärtas klippa* och min del för evigt" (Ps. 73:26). "De tänkte på att Gud var *deras klippa*, att Gud, den Högste, var deras återlösare" (Ps. 78:35). "Kom, låt oss höja glädjerop till HERREN, jubel till *vår frälsnings klippa*" (Ps. 95:1).

Också profeterna talar om Gud som klippan. Ett par exempel: "Förtrösta på HERREN till evig tid, ty HERREN HERREN är *en evig klippa*" (Jes. 26:4). "Finns det någon Gud förutom mig? Nej, det finns *ingen annan klippa*, jag vet ingen" (Jes. 44:8).

Skulle nu Jesus, som ständigt hänvisar till Skriften, i Matteus 16 gå emot Skriftens vittnesbörd och hävda att någon annan än Gud är Klippan som vi ska ta vår tillflykt till och bygga på? Omöjligt. Eftersom Jesus, Människosonen, är ingen mindre än "den levande Gudens Son", dvs. ingen mindre än HERREN själv, är han den sanna Klippan. Salig är den som genom Skriften fått denna tro och förtröstan, säger Jesus till Petrus. Likväl sprids på vissa håll den allvarliga missuppfattningen att Petrus skulle vara Klippan som den kristna församlingen ska bygga på. Bibel 2000 t.ex. sprider denna missuppfattning genom att i Matt. 16:18 i strid med grundtexten lägga till ordet "Klippan" efter Petrus. Så här står det i Bibel 2000: "Och jag säger dig att du är Petrus, Klippan, och på den klippan skall jag bygga min kyrka."

Låt mig avsluta denna exkurs med att låta Petrus själv yttra sig om vem den sanna Klippan är. Är det Petrus eller Kristus vi ska komma till och lita på? Petrus svarar i sitt första brev: "Kom till *honom (Herren), den levande stenen,* som visserligen är förkastad av människor men är utvald och dyrbar inför Gud. Det står nämligen i Skriften: Se, jag lägger i Sion *en utvald, dyrbar hörnsten,* och den som tror på den ska aldrig komma på skam. För er som tror är den alltså dyrbar, men för dem som inte tror har den sten som byggnadsarbetarna kastade bort blivit en hörnsten, en stötesten och en klippa till fall" (2:4-8).

Enligt kapitel 17 tog Jesus en tid därefter med sig Petrus, Jakob och Johannes upp på ett högt berg och där klargjordes det tydligt vem Jesus var. De tre lärjungarna fick bevittna hur Jesus förvandlades inför dem: "Hans ansikte lyste som solen och hans kläder blev vita som ljuset. Och se, Mose och Elia visade sig för dem, och de samtalade med honom" (17:2-3). Under detta samtals gång sänkte sig ett lysande moln ner över dem och de hörde Faderns röst säga: *"Denne är min Son, den Älskade.* I honom har jag min glädje. Lyssna till honom" (v. 5). I sitt andra brev kommenterar Petrus denna händelse med följande ord:

Det var inte några utstuderade myter vi följde, när vi förkunnade för er vår Herre Jesu Kristi makt och hans ankomst, utan vi var ögonvittnen till Jesu majestät. Ty han blev av Gud, Fadern, ärad och förhärligad, när en röst kom till honom från den upphöjda Härligheten: "Denne är min Son, den Älskade. I honom har jag min glädje." Den rösten hörde vi själva från himlen, när vi var med honom på det heliga berget (2 Petr. 1:16-18).

Först efter Jesu uppståndelse från de döda, det allt överskuggande vittnesbördet om vem Jesus är, kunde det som Petrus, Jakob och Johannes hade bevittnat på "förklaringsberget" förstås rätt. På väg ner från berget sa därför Jesus till dem: "Tala inte om för någon vad ni har sett, *förrän Människosonen har uppstått från de döda*" (17:9).

När Jesus strax före sin död och uppståndelse red in i Jerusalem (den 10 Nisan/2 april/ år 30), ställdes enligt kapitel 21 frågan på nytt: *"Vem är han?"* (21:10). Profetian i Sakarja 9:9 om Israels konung som ska komma till Sion "ridande på en åsna, på ett åsneföl" stämde in på honom. Och folket ropade till honom: "Hosianna, Davids son! Välsignad är han som kommer i Herrens namn" (21:9). Han måste vara den store Profeten som omnämns i 5 Mos. 18:15, 18, ansåg folket. "Det är Profeten" (v. 11). Men översteprästerna och de skriftlärda blev mycket upprörda när barnen ropade på tempelplatsen: "Hosianna, Davids son" (v. 15). De ifrågasatte Jesu fullmakt att undervisa på tempelplatsen (v. 23) och ville gripa honom, när han belyste deras hållning till honom med följande ord ur Psaltaren 118: "Den sten som byggnadsarbetarna kastade bort har blivit en hörnsten. Herren har gjort den till detta, och underbar är den i våra ögon." Och han fortsatte: "Därför säger jag er att Guds rike ska tas ifrån er och ges åt ett folk som bär dess frukt" (21:42-34). Översteprästerna och fariseerna "förstod att det var om dem han talade" och de ville, som sagt, gripa honom. Men de fruktade för folket, "eftersom man ansåg att han var en profet" (v. 45-46).

I kapitel 22 tar Jesus själv upp frågan "vem?" Han vänder sig direkt till fariseerna och frågar: *"Vad anser ni om Messias? Vems son är han?"* (22:42). Svaret blev: "Davids". Då kom Jesus med följande följdfråga: "Hur kan då David, driven av Anden, kalla honom Herren (Kýrios) och säga: Herren sa till min Herre: Sätt dig på min högra sida, tills jag har lagt dina fiender under dina fötter (Ps 110:1). *Om nu David kallar honom Herren, hur kan då Messias vara Davids son?"* (v. 43-45). Vad skulle nu fariseerna svara? Talade inte Ps. 110:1 emot deras förnekelse av att "Davids son", dvs. Messias, var Davids Herre, dvs. Gud? Därför svarade de med tystnad. "Ingen kunde svara honom ett ord", skriver Matteus (22:46).

När Jesus sent på kvällen den 14 Nisan (6 april år 30) greps i Getsemane trädgård, ville en lärjunge enligt kapitel 26 försvara honom med ett svärd. Då sa Jesus: "Menar du att jag inte kan be min Fader att han nu sänder till min tjänst mer än tolv legioner änglar? Men hur skulle då Skrifterna uppfyllas, som säger att detta måste ske?" (26:53-54). Vid samma tillfälle sa Jesus till folkhopen: *"Allt detta har skett för att profeternas skrifter skulle uppfyllas"* (v. 56).

Senare samma kväll ställdes Jesus inför judarnas högsta ledning Stora rådet. När Jesus teg inför alla falska anklagelser och vittnesmål, reste sig översteprästen och sa till honom: "Svarar du inget på det som dessa vittnar mot dig? ... Jag besvär dig vid den levande Guden, att du säger oss om du är *Messias, Guds Son."* Då sa Jesus: "Du själv sa det. Men jag säger er: Härefter ska ni se Människosonen sitta på Maktens högra sida och komma på himlens skyar" (26: 62-64). Reaktionen på Jesu svar blev våldsam. Matteus skriver: "Då rev översteprästen sönder sina kläder och sa: 'Han har hädat. Behöver vi några fler vittnen? Se, ni har nu hört hädelsen. Vad anser ni?' De svarade: Han är skyldig till döden. Och de spottade honom i ansiktet och slog honom med knytnävarna. Andra gav honom piskrapp och ropade: *Profetera för oss, Messias*! Vem var det som slog dig?" (26:65-68).

Sedan Jesus dömts till döden av judarnas högsta ledning, fördes han tidigt på fredagsmorgonen den 7 april till den romerska ockupationsmaktens högsta representant. Kapitel 27 berättar om förhöret inför landshövdingen Pontius Pilatus, romersk prefekt över Judeen åren 26-36. När Pilatus ställde frågan *"Är du judarnas konung?"*, svarade Jesus: "Du själv säger det" (27:11). Matteus berättar att Pilatus inte fann Jesus skyldig till något brott, men han kunde inte stå emot den folkmassa som övertalats av översteprästerna och judarnas ledare att kräva att Jesus dömdes till döden. När Pilatus frågade dem: "Vad ska jag då göra med *Jesus, som kallas Messias*?", svarade alla enligt Matteus: "Korsfäst honom! Han frågade: Vad har han gjort för ont? Men de skrek ännu högre: Korsfäst honom! Då Pilatus såg att ingenting hjälpte utan att oväsendet bara ökade, tog han vatten och tvättade sina händer i folkets åsyn och sa: Jag är oskyldig till denne mans blod. Ni får själva svara för det" (27:22-24).

Det brott den dödsdömde anklagats för skrevs på en tavla över den korsfästes huvud. Över Jesu huvud stod det skrivet: "Detta är Jesus, *judarnas konung*" (27:37). När Jesus hängde på korset smädades han med bl.a. följande ord: "Du som bryter ner templet och bygger upp det på tre dagar, hjälp dig själv, om du är *Guds Son*, och stig ner från korset!" (v. 40). "Andra har han hjälpt. Sig själv kan han inte hjälpa. Han är *Israels konung*. Han må nu stiga ner från korset, så ska vi tro på honom. Han litar på Gud. Nu får Gud rädda honom, om han har honom kär. *Han har ju sagt: Jag är Guds Son*" (v. 42-43).

I samma ögonblick som Jesus gav upp andan blev det enligt Matteus en jordbävning. "När officeren och de som tillsammans med honom bevakade Jesus såg jordbävningen och det som hände, blev de mycket förskräckta och sa: *Denne var verkligen Guds Son*" (27:54).

På lördagen den 8 april, dagen efter korsfästelsen, samlades översteprästerna och fariseerna hos Pilatus. Orsaken var enligt Matteus följande: "Herre, vi har kommit att tänka på vad den där villoläraren sa, medan han ännu levde: Efter tre dagar ska jag uppstå. Ge därför befallning om att graven blir säkert stängd fram till tredje dagen, så att hans lärjungar inte kommer och stjäl hans kropp och sedan säger till folket att han har uppstått från de döda. Då blir det sista bedrägeriet värre än det första" (27:63-64). Då tilldelade Pilatus dem en vaktstyrka.

"De gick och bevakade graven och beseglade stenen. De satte också ut vakten" (v. 66).

I sitt sista kapitel berättar Matteus om *uppståndelsens under.* Tidigt i gryningen söndagen den 17 Nisan (den 9 april år 30) "blev det en stor jordbävning, ty en Herrens ängel steg ner från himlen" (28:2). Ängelns uppgift var att rulla bort stenen framför gravens ingång så att kvinnorna som kom för att besöka graven kunde se att graven nu var tom. Ängeln sa till kvinnorna: "Var inte förskräckta! *Jag vet att ni söker Jesus, den korsfäste. Han är inte här. Han har uppstått, så som han har sagt. Kom och se platsen där han låg!*" (28:5-6). Hur reagerade vaktstyrkan då? "Vakterna skakade av skräck för honom och blev som döda" när de såg ängeln vars utseende var "som blixten" (v. 3-4).

Matteus berättar att kvinnorna uppfylldes av både fruktan och glädje och skyndade sig bort från graven för att meddela lärjungarna att Jesus "har uppstått från de döda". Då kom Jesus emot dem och hälsade dem med samma ord som ängeln strax innan: "Var inte förskräckta!" Men inte bara kvinnorna skyndade in i staden för att berätta vad som hänt utan också några av vakterna. Matteus berättar: "Medan de var på väg, kom några ur vaktstyrkan in i staden och *underrättade översteprästerna om allt som hade hänt*" (28:11). Men judarnas ledare kunde inte acceptera att förklaringen till den tomma graven var att Jesus hade uppstått. "Dessa samlades med de äldste och beslöt att ge soldaterna en stor summa pengar och sa: Säg: hans lärjungar kom på natten och rövade bort honom medan vi sov. Och om landshövdingen får höra det, ska vi tala med honom och se till att ni kan känna er helt lugna" (v. 12-14). Soldaterna från vaktstyrkan "tog emot pengarna och gjorde som de hade blivit tillsagda" (v. 15). Enligt Matteus vittnesmål måste Jesu fiender använda sig av en medveten lögn för att underminera det stora beviset för att Jesus verkligen är Guds Son: att Jesus verkligen uppstod från de döda, det mänskligt sett omöjliga - men inte för Gud.

Jag har nu låtit Matteus vittnesmål om Jesus komma till tals. Råder det någon tvekan om vad det innehåller? Ytterst tydligt och med en rad hänvisningar till vad Jesus sagt och gjort belyser han frågan "vem är han?"

2.2 Vem är Jesus enligt Markus?

Redan i Markusevangeliets första kapitel och första vers klargör Markus tydligt vad hans bok handlar om, nämligen "*Jesus Kristus, Guds Son*" (1:1). Därefter hänvisar också Markus till Gamla testamentets profetior. Enligt Skriften skulle en Guds budbärare bereda väg för *Messias*, bana väg för "*Herren*" (v. 2-3). Denne budbärare, framhåller han, var Johannes Döparen (v. 4) och "Jesus Kristus, Guds Son" är alltså ingen mindre än "Herren". I linje med detta förkunnade Johannes Döparen: "Efter mig kommer den som är starkare än jag, och jag är inte ens värd att böja mig ner och knyta upp hans sandalremmar" (v. 7). Markus hänvisar också liksom Matteus till vad som hände vid Jesu dop. "En röst kom från himlen: *Du är min Son, den Älskade*. I dig har jag min glädje" (v. 11).

I andra kapitlet ställs frågan: "Vem kan förlåta synder?" Svaret är: "Det kan ingen utom Gud" (2:7). Eftersom de skriftlärda inte kunde tänka sig att Jesus var Gud, betraktade de hans syndaförlåtelse som hädelse. Men då gör Jesus ytterligare ett under, det som ingen utom Gud kan göra: Han botar en lam man med sitt blotta ord. Till de skriftlärda som menade att hans syndaförlåtelse var hädelse sa han: "Vilket är lättast, att säga till den lame: Dina synder är förlåtna, eller att säga: Stig upp, ta din bädd och gå? *Men det skall ni veta att Människosonen har makt på jorden att förlåta synder*. Och han sa till den lame: Till dig säger jag: Stig upp, ta din bädd och gå hem! Då steg mannen upp, tog genast sin bädd och gick ut *inför allas ögon*" (v. 9-12). "Inför allas ögon" gjorde Jesus det som bara Gud kan göra.[7]

I kapitel 3 berättar Markus att Jesu underverk inte ledde till att fariseerna började inse vem Jesus var. I stället hände följande: "Fariseerna gick ut och började genast överlägga med herodianerna om att röja honom ur vägen" (3:6). Att Jesus botade sjuka på sabbaten ansågs som ett oerhört brott. En del skriftlärda hävdade t.o.m. att Jesus var "besatt av Beelsebul" och att han drev ut de onda andarna "med hjälp av de onda andarnas furste" (v. 22).

I kapitel 4 ställs på nytt frågan: "Vem är han?" Markus liksom Matteus berättar hur Jesus och hans lärjungar råkade ut för en häftig stormby på sjön Gennesaret "och vågorna slog in i båten så att den höll på att fyllas" (4:37). När Jesus räddade dem genom att med sitt blotta ord stilla stormen, "greps de av stor fruktan och sa till varandra: *Vem är han, eftersom både vinden och sjön lyder honom?*" (v. 41).

Också Markus nämner att de onda andarna visste vem Jesus var. Enligt kapitel 5 sprang en man som var besatt av en ond ande fram mot Jesus, föll ner för honom och skrek: "Vad har jag med dig att göra, *Jesus, den högste Gudens Son*? Jag besvär dig vid Gud: Plåga mig inte!" (5:6-7). Sedan den besatte mannen blivit botad av Jesus fick han följande uppmaning av honom: "Gå hem till de dina och berätta för dem allt vad *Herren* har gjort med dig och hur han förbarmade sig över dig" (v. 19). Jesu gärning är alltså Guds gärning. I samma kapitel berättar Markus om två märkliga underverk: bara genom några få ord botade Jesus en kvinna som hade haft blödningar i tolv år (v. 34) och han uppväckte synagogföreståndaren Jairus döda dotter (v. 41-42).

Liksom Matteus (13:53f) berättar Markus hur människorna i Jesu hemstad Nasaret blev konfunderade och häpna över Jesu

---

[7] Jesus använder ofta termen "Människosonen" om sig själv, eftersom det så tydligt framgår av Daniel 7:13f att Människosonen kommer från himlen och att han har ett evigt rike.

höga visdom och kraftgärningar (på grekiska *dynámeis*). "Var får han detta ifrån, och vad är det för visdom han har fått, så att han kan göra sådana mäktiga gärningar med sina händer?" (6:2). Med andra ord: Hur ska Jesu visdom och underverk förklaras? *Vem är han egentligen?* "Är det inte snickaren, Marias son och bror till Jakob och Joses och Judas och Simon? Bor inte hans systrar här hos oss?" (6:3).

I sin hemstad möttes Jesus av misstro, men på andra håll väckte hans underverk stor förundran och tillit. När Jesus enligt kapitel 7 botade en dövstum bara genom ordet "effatá!" som betyder "öppna dig!" (7:32-35), blev folk utom sig av häpnad och sa: "Allt han har gjort är gott! De döva får han att höra och de stumma att tala" (v. 37).

I kapitel 8 nämner Markus Petrus svar på frågan: "Vem säger människorna att jag är?" (8:27): *"Du är Messias"* (v. 29). Eftersom människorna, inklusive Jesu lärjungar, hade svårt att förstå att Messias, den störste av alla konungar, inte var en jordisk kung för ett jordiskt rike utan en himmelsk kung i ett himmelskt rike, förbjöd Jesus lärjungarna att sprida ut att han var Messias (v. 30). Jesus använde i stället termen *Människosonen* om sig själv och undervisade lärjungarna om att *"Människosonen måste lida mycket och förkastas av de äldste och översteprästerna och de skriftlärda och att han måste dödas och uppstå efter tre dagar"* (8:31). Markus fortsätter: "Rakt på sak talade han om detta. Då tog Petrus honom till sig och började ivrigt säga emot honom. Men Jesus vände sig om, såg på sina lärjungar och tillrättavisade Petrus med orden: Gå bort ifrån mig, Satan! Det du tänker är inte Guds tankar utan människotankar" (8:32-33). Här ställer Jesus Guds tankar och människotankar emot varandra. Att Messias inte kommer med kunglig prakt för att vara kung i ett världsligt rike utan för att lida och dö för människornas synder var främmande för det mänskliga förnuftet, likaså Messias uppståndelse på tredje dagen. Petrus måste lära sig att inte försöka korrigera Guds tankar med människoförnuftets tankar.

Enligt Jesus ska Människosonen komma "i sin Faders härlighet" först på den yttersta dagen, till dom för "den som skäms för mig och mina ord" (8:38). Men Jesu gudomliga härlighet syns glimtvis också under hans förnedringstid (dvs. från konceptionen och födelsen i Betlehem till döden på korset), bl.a. vid den enastående uppenbarelsen på förklaringsberget. Den sistnämnda händelsen berättar Markus om i sitt nionde kapitel. Jesus, som måste lida och dö för människornas synders skull, var ingen mindre än Guds egen älskade Son (9:7). Hans lidande och död berodde inte på egna synder utan på människornas. Petrus, Jakob och Johannes fick på förklaringsberget se honom i samtal med Mose och Elia och i kläder som var "skinande vita, så vita som ingen tygberedare på jorden kan göra några kläder" (9:3-4). Men av Markus berättelse framgår att trots uppenbarelsen på förklaringsberget och trots Jesu många underverk och predikningar hade lärjungarna svårt att förstå Jesu frälsningsuppdrag. När Jesus upprepade: "Människosonen ska utlämnas i människors händer, och de kommer att döda honom, och efter tre dagar ska han uppstå" (9:31), var detta ofattbart för lärjungarna. Markus skriver: "De förstod inte vad han sa och vågade inte fråga honom" (9:32).

Svårigheten att förstå Jesu person och uppdrag hörde enligt Markus samman med människans svårighet att förstå hur hon ska komma in i Guds rike. Enligt kapitel 10 sa Jesus: *"Mina barn, hur svårt är det inte att komma in i Guds rike! Det är lättare för en kamel att komma igenom ett synålsöga än för en rik att komma in i Guds rike"* (10:24-25). Lärjungarnas reaktion på dessa ord av Jesus är belysande: "Vem kan då bli frälst?" (v. 26). Jesus svarade: "För människor är det omöjligt, men inte för Gud. Ty för Gud är allting möjligt" (v. 27). Markus säger omedelbart före detta grundläggande svar: "Jesus *såg på dem* och sa: …" Jesus såg framför sig lärjungar som trots hans undervisning ännu var så styrda av människotankar att de inte kunde förstå att självfrälsning var omöjlig på grund av människans synd. De förstod inte att han som såg på dem och talade till dem var deras enda frälsning.

"Åt honom (Människosonen) gavs makt och ära (härlighet) och rike, och alla folk och stammar och språk måste tjäna honom", lyder profetian i Daniel 7:14. Kanske är det med anledning av detta bibelställe som Jakob och Johannes sa följande till Jesus enligt Markus 10:37: "Låt den ene av oss få sitta på din högra sida *i din härlighet* och den andre på din vänstra." "Ni vet inte vad ni ber om", svarade Jesus (v. 38). Först måste Människosonen lida och dö i människornas ställe. "Människosonen har inte kommit för att bli betjänad utan för att tjäna och *ge sitt liv till lösen* för många", framhöll Jesus för de vilsna lärjungarna (v. 45). Utan Människosonens friköpande, hans ställföreträdande försoningslidande och död, kan syndare inte få del av *den förlorade härligheten, Guds och Människosonens rike*. Paulus uttrycker samma sanning med följande ord: "Alla har syndat och saknar *härligheten från Gud*, och de står som rättfärdiga utan att ha förtjänat det, av hans nåd, därför att *Kristus Jesus har friköpt dem*" (Rom 3:23-24).

I kapitel 11 berättar Markus hur Jesus vid sitt intåg i Jerusalem röjer sin gudomliga förmåga genom att säga till två av sina lärjungar: "Gå till byn som ligger framför er. Så snart ni kommer in i den, ska ni finna ett åsneföl som är bundet och som ännu ingen har suttit på. Lös det och led hit det. Om någon frågar varför ni gör så, ska ni svara: *Herren* behöver det. Och ägaren ska genast sända hit det" (11:2-3).

När Jesus sedan kom ridande på detta åsneföl ropade människor före och efter honom: "Hosianna! Välsignad är han som kommer i Herrens namn. Välsignad är vår fader Davids rike som kommer. Hosianna i höjden!" (11:9-10). Enligt profetian i Sakarja 9:9 skulle den utlovade Messiaskonungen komma "ridande på en åsna, på en åsninnas föl". Men förstod alla vilket slags kung Jesus var och vilket slags Davidsrike som kom med honom? Uppenbarligen inte. Snart skulle man skrika, hetsade av översteprästerna: "Korsfäst honom!" (Mark. 15:11-13).

Jesus kom till Jerusalem några dagar före sin korsfästelse och gick enligt Markus in på tempelplatsen och undervisade. Han drev ut dem som sålde och köpte där och sa: "Är det inte skrivet: *Mitt hus* ska kallas ett bönens hus för alla folk? Men ni har gjort det till ett rövarnäste" (11:17). Jesus grep in som om han vore Gud själv och templet *hans* hus. Översteprästerna och de skriftlärda undrade över hur Jesus kunde framträda på detta sätt. "Vad har du för fullmakt att göra detta?" (v. 28).

När Jesus undervisade i templet, ställde han enligt Markus 12 följande fråga: "Hur kan de skriftlärda säga att Messias är *Davids son*? David har själv sagt genom den helige Ande: Herren sade till *min Herre*: Sätt dig på min högra sida, tills jag har lagt dina fiender under dina fötter. *David kallar honom Herren. Hur kan Messias då vara Davids son?*" (12:35-37). De skriftlärda hade förstått att Messias skulle vara "Davids son", men de kunde inte förlika sig med att Messias samtidigt var "Herren", dvs. Gud.

Av kapitel 13 framgår att Jesus likt Gud känner framtiden. Han vet vad som kommer att hända med det magnifika templet: "Här ska inte sten lämnas på sten, utan allt kommer att brytas ner" (13:2). Synden i den här världen gör att den inte kan bli ett stabilt fredsrike: "Folk ska resa sig mot folk och rike mot rike. Det ska bli jordbävningar på många platser, och det ska uppstå hungersnöd" (v. 8). "Falska messiasgestalter och falska profeter ska träda fram och göra tecken och under för att om möjligt leda de utvalda vilse. Men var på er vakt! *Jag har sagt er allt i förväg*" (v. 22f). "Himmel och jord ska förgå, men mina ord ska inte förgå" (v. 31). "Solen ska förmörkas och månen ska inte ge sitt sken. Stjärnorna ska falla från himlen, och himlens krafter ska skakas. *Då ska man få se Människosonen komma bland molnen med stor makt och härlighet*" (v. 24-26).

Vid sin sista påskalammsmåltid förklarade Jesus återigen att Människosonen enligt Skriften måste offra sitt liv (14:21). "Människosonen ska utlämnas i syndarnas händer" (v. 41).

Hans utgjutna blod är "förbundsblodet" (v. 24) och han ska uppstå igen (v. 28). När Jesus blivit förd till översteprästen och Stora rådet, frågade översteprästen honom: "*Är du Messias, den Välsignades son?*" Jesus svarade: "*Jag Är*. Och ni ska få se Människosonen sitta på Maktens högra sida och komma bland himlens moln" (14:61f). När Jesus på detta sätt bekräftade att han var *både Messias, Guds Son, och Herren själv* ("Jag Är") som kommit från himlen, rev översteprästen sönder sina kläder och sa: "*Behöver vi några fler vittnen? Ni har hört hädelsen*" (v. 63f). Det råder alltså ingen tvekan om att Jesus förklarade sig vara både Gud och människa i en person. Det visar översteprästens reaktion. Att som människa göra anspråk på att vara Gud var enligt översteprästen en ohygglig hädelse som måste medföra dödsstraff.

När Jesus dagen därpå hängde fastspikad på ett kors, hånade översteprästerna och de skriftlärda honom och sa: "Andra har han hjälpt, sig själv kan han inte hjälpa. *Messias, Israels konung*, han borde nu stiga ner från korset, så att vi får se det och tro" (15:31f). Men inte alla tvivlade på att Jesus verkligen var Messias, Guds Son. Markus skriver att Jesus "med hög röst" gav upp andan, och han fortsätter: "När officeren som stod mitt emot honom såg att han gav upp andan på ett sådant sätt, sa han: *Den mannen var verkligen Guds Son*" (15:39).

Liksom de övriga evangelisterna avslutar Markus sitt evangelium med att berätta om Jesu uppståndelse (kapitel 16). När några kvinnor mycket tidigt på söndagsmorgonen kom till graven, fick de se att den stora stenen framför gravens port var bortrullad och inne i graven såg de en ung man, klädd i en lång vit dräkt, som sa till dem: "Var inte förskräckta! Ni söker Jesus från Nasaret, den korsfäste. *Han är uppstånden, han är inte här. Se, här är platsen där de lade honom*" (16:2-6). Sedan visade sig Jesus för Maria från Magdala, därefter för Emauslärjungarna och sedan "för de elva när de låg till bords, och han förebrådde dem deras otro och hårda hjärtan, då de inte hade trott på dem som hade sett honom uppstånden" (16:14).

Den kristna uppståndelsetron är alltså, enligt Markus, inte en följd av att lärjungarna var så godtrogna.

Vi har nu tagit del av Markus vittnesmål om Jesus. Vittnar han annorlunda om vem Jesus är än Matteus? Ett ja på den frågan är obegripligt. Lika entydigt som Matteus vittnar Markus om att Jesus är den utlovade Messias, Guds unike Son och som sådan sann Gud och sann människa i en person.

2.3 Vem är Jesus enligt Lukas?

Lukas betonar i inledningen till sitt evangelium att hans bok grundar sig på "vad de som redan från början var ögonvittnen och ordets tjänare har meddelat oss" (1:2). Jag har "noga efterforskat allt från början" (1:3).

Först berättar Lukas om Johannes Döparen, om hans födelse och uppdrag som vägröjare för Jesus. Johannes Döparen ska "omvända många av Israels barn till Herren, deras Gud. Han ska gå framför *honom* (alltså framför "Herren, deras Gud") i Elias ande och kraft" (1:16f). Uppgiften att bana väg för Messias är liktydigt med att gå framför *Herren* (jämför med orden i Jesaja 40:3 och adventspsalmen "Bereden väg för Herren").

När Johannes Döparens mor Elisabet var i sjätte månaden fick en jungfru som hette Maria detta unika budskap från ängeln Gabriel: "*Du ska bli havande och föda en son*, och du ska ge honom namnet *Jesus*. Han ska bli stor och kallas *den Högstes Son*" (1:26-32). "Han ska vara *konung över Jakobs hus för evigt*, och *hans rike ska aldrig få något slut*" (v. 33). Maria undrade hur detta skulle kunna ske, när ingen man hade rört henne. Lukas återger Gabriels svar: "Den helige Ande ska komma över dig, och den Högstes kraft ska vila över dig. Därför ska också barnet kallas *heligt och Guds Son*" (v. 35). När Maria på detta sätt genom Guds övernaturliga ingripande blivit havande och hon strax därefter besökte den gravida Elisabet, sa Elisabet bl.a.: "Varför händer detta mig, att *min Herres mor* kommer till mig?" (v. 43). Elisabet har sålunda enligt Lukas fått uppenbarat för sig att fostret i Marias mage inte bara är ett människobarn utan *Herren* själv. Detsamma betonar Johannes Döparens far Sakarias, när han uppfylld av den helige Ande profeterade om sin nyfödde son: "Du barn ska kallas den Högstes profet. Ty du ska gå före *Herren* och bana väg för honom" (1:76) (jämför med profetian i Mal. 3:1).

I sitt andra kapitel berättar Lukas om Jesu födelse. Vem är då denne som har fötts av en jungfru i ett stall i Betlehem? Lukas besvarar frågan genom att citera ängelns ord till herdarna den natt Jesus föddes: "Jag bär bud till er om en stor glädje för hela folket. Ty i dag har *en Frälsare* blivit född åt er i Davids stad, och *han är Messias, Herren*" (2:10f).

När Jesus var 40 dagar gammal förde Josef och Maria honom till Jerusalem "för att bära fram honom inför Herren", berättar Lukas (2:22). När då den gamle Simeon, som "väntade på Israels tröst", fick se barnet Jesus, tog han det i sina armar och sa: "Mina ögon har sett *din frälsning*, som du har berett att skådas av alla folk, *ett ljus som ska uppenbaras för hedningarna och en härlighet för ditt folk Israel*" (2:30-32). Den gamle Simeon förbinder barnet Jesus med profetian i Jesaja 49:6.

Cirka 30 år senare började Jesus sin offentliga verksamhet och Johannes Döparen banade väg för Jesus. Då gick enligt Lukas följande ord i Jesaja 40:3-5 i uppfyllelse: "En röst ropar i öknen: Bana väg för *Herren*, gör stigarna raka för honom... Alla människor ska se *Guds frälsning*" (3:4-6). När folket "undrade i sina hjärtan om inte Johannes kunde vara Messias", gav Johannes följande besked: "Det kommer *en som är starkare än jag*, och jag är inte ens värd att knyta upp hans sandalremmar" (v. 15f).

Också vid Jesu dop blev det tydligt vem Jesus var enligt Lukas: "Medan han bad, öppnades himlen och den helige Ande sänkte sig ner över honom i en duvas skepnad. Och från himlen kom en röst: *Du är min Son den Älskade. I dig har jag min glädje*" (3:21f).

I kapitel 4 berättar Lukas liksom Matteus hur djävulen försökte få Jesus på fall genom att få honom att missbruka sin gudomlighet. Han sa till Jesus i två av frestelserna: "*Är du Guds Son*, så befall att den här stenen blir bröd." "*Är du Guds Son*, så kasta dig ner härifrån!" (4:3, 9).

När Jesus i Nasarets synagoga läst profetian i Jesaja 61:1f sa han: "I dag har detta skriftställe gått i uppfyllelse inför er som lyssnar" (4:21). Men åhörarna trodde honom inte: "Är inte han Josefs son?" (v. 22). Då visade Jesus med några exempel från Gamla testamentet vilka allvarliga konsekvenser otron får. Han hänvisade bl.a. till att ingen av de spetälska i Israel blev renad på Elisas tid utom en enda, och han var syrier. När de hörde detta blev alla i synagogan ursinniga och de drev bort honom från staden och försökte t.o.m. döda honom (4:25-29).

Senare infann sig Jesus i Kapernaums synagoga och talade där "med makt och myndighet". Då skrek en man i synagogan "som hade en oren ande": "Vad har vi med dig att göra, Jesus från Nasaret? Har du kommit för att fördärva oss? *Jag vet vem du är, du Guds Helige*" (4:33-34). Jesus drev med sitt blotta ord ut den onde anden ur mannen och alla blev mycket häpna och sa till varandra: "Vad är det med hans ord? Med makt och myndighet befaller han de orena andarna, och de far ut" (v. 35-36). Flera gånger berättar Lukas liksom övriga evangelister att de onda andarna visste att Jesus var Guds Son (se t.ex. 4:41).

Simon hade en gång arbetat hela natten utan att få någon fisk, men på Jesu befallning la han ut näten igen och fick då "en så stor mängd fisk att näten höll på att gå sönder". Då förstod han sin litenhet och Jesu storhet. Han föll ner för Jesus och sa: "Gå bort ifrån mig, *Herre*, jag är en syndig människa" (5:5-8).

Jesus mötte inte bara otro. Lukas berättar: En spetälsk man föll en gång ner inför Jesus och bad: "Herre, om du vill kan du göra mig ren" (5:12). Han betvivlade inte Jesu gudomliga förmåga. En annan gång var en lam man och hans medhjälpare så ivriga i sin tro på Jesu gudomliga makt, att medhjälparna tog sig förbi folkmassan genom att fira ner den lame från taket mellan takstenarna. När Jesus sa till den lame: "Min vän, du har fått förlåtelse för dina synder", tänkte de skriftlärda och fariseerna: "Vad är det för en hädare? Vem kan förlåta synder? *Det kan ingen utom Gud*" (5:19-21). De kunde inte tänka sig att Jesus var Gud. Då ställde Jesus följande fråga: "Vilket är lättast att säga: Du har fått förlåtelse för dina synder eller att säga: Stig upp och gå! Men ni ska veta att Människosonen har makt här på jorden att förlåta synder." Sedan sa Jesus till den lame: "Stig upp, ta din bår och gå hem!" och den lame "reste sig i allas åsyn och gick hem, under det att han prisade Gud" (5:23-26). Jesus visade sin gudomliga makt och därmed att han också hade makt att förlåta synder. Detta ledde vid ett annat tillfälle till följande fråga: "*Vem är den här mannen,* som till och med förlåter synder?" (7:49). När han senare visade sin makt över stormen sa t.o.m. lärjungarna till varandra: "*Vem är han?* Både vindarna och vattnet befaller han, och de lyder honom" (8:25).

Lukas berättar också om en hednisk officer som inför Jesu närvaro såg sin egen litenhet och ovärdighet. "Jag är inte värd att du går in under mitt tak... Men *säg ett ord, så blir min tjänare frisk*" (7:6-7). Ingen annan än Gud kan skapa och bota bara genom att säga ett ord! Jesus kommenterade officerens tro med orden: "Inte ens i Israel har jag funnit en så stark tro" (7:9).

När Jesus uppväckte änkans son i Nain från döden, skriver Lukas att "alla greps av fruktan och prisade Gud och sa: *En stor profet har trätt fram ibland oss*, och *Gud har besökt sitt folk*" (7:16). Det är betecknande att Lukas använder ordet "Herren" om Jesus i detta sammanhang: "När *Herren* fick se henne, förbarmade han sig över henne" (7:13).

Johannes döparen sände sina lärjungar till Jesus med frågan: "Är du den som skulle komma, eller ska vi vänta på någon annan?" Då svarade Jesus enligt Lukas genom att hänvisa till profetiorna om Messias i Jesaja 35:5f och 61:1: "Gå och berätta för Johannes vad ni har sett och hört: Blinda ser, lama går, spetälska blir rena, döva hör, döda uppstår (se Jes. 35:5f), och för fattiga predikas glädjens budskap (se Jes. 61:1)" (7:19-22). Johannes Döparen var inte vilken profet som helst. Enligt Jesus var han "ännu mer än en profet. Det är om honom det står skrivet: Se, jag sänder *min budbärare* framför dig, och *han ska bereda vägen för dig*" (7:26-27).

Som Lukas redan nämnt insåg de onda andarna vem Jesus var. En man som var besatt av onda andar skrek åt honom: "Vad har jag med dig att göra, *Jesus, den högste Gudens Son*?" (8:28). Men folket var inte lika klarsynt. Jesus frågade en gång sina lärjungar: "Vem säger folket att jag är? De svarade: Johannes Döparen, andra säger Elia och andra att någon av de gamla profeterna har uppstått. Han sa till dem: Och ni, vem säger ni att jag är? Petrus svarade: Du är *Guds Messias*" (9:18-20).

Också landsfursten Herodes (tetrarken Herodes Antipas) ställde sig frågan: "Vem är han?" När han fick höra om Jesu övernaturliga gärningar, sa han: "Johannes har jag halshuggit. *Vem är han som jag hör sådant om?*" "Och Herodes ville gärna träffa Jesus" (9:7ff).

Lukas berättar hur Jesus flera gånger förutsa sin död och uppståndelse: "Människosonen måste lida mycket och förkastas av de äldste och översteprästerna och de skriftlärda. Han måste dödas och på tredje dagen uppväckas" (9:22). Jesus förutsa också sin återkomst i härlighet på den yttersta dagen: "Den som skäms för mig och mina ord, honom ska Människosonen skämmas för, *när han kommer i sin och sin Faders och de heliga änglarnas härlighet*" (9:26).

Enligt Lukas lät Jesus tre av sina lärjungar, Petrus, Johannes och Jakob, vid ett tillfälle blicka in i Guds härlighetsrike och se Jesus i sin härlighet. Medan Jesus bad "förvandlades hans ansikte och hans kläder blev skinande vita. Och se, två män samtalade med honom. Det var Mose och Elia och de visade sig i härlighet och talade om hans bortgång, som han skulle fullborda i Jerusalem." De såg "Jesu härlighet och de båda männen som stod där tillsammans med honom" och Petrus sa till Jesus: "Mästare, det är gott för oss att vara här. Låt oss göra tre hyddor, en åt dig, en åt Mose och en åt Elia." Medan Petrus talade kom ett moln och sänkte sig ner över dem. "Ur molnet kom en röst: *Denne är min Son, den Utvalde, lyssna till honom!*" (9:27-35).

Jesu intima samhörighet med Fadern framgår av flera ställen hos Lukas. Enligt 10:16 sa Jesus: "Den som förkastar mig, han förkastar honom som har sänt mig." Och enligt 10:22: "Allt har min Fader överlämnat åt mig. Och ingen vet vem Sonen är utom Fadern, och ingen vet vem Fadern är utom Sonen och den som Sonen vill uppenbara honom för."

Gång på gång skriver Lukas "Herren" när han berättar om Jesus. Några exempel: Martas syster Maria "satte sig vid *Herrens* fötter och lyssnade till hans ord" (10:39). När en farisé blev förvånad över att Jesus inte tvättade sig före måltiden, skriver Lukas: "Men *Herren* sa till honom: Ni fariseer rengör utsidan av bägare och fat, men ert inre är fullt av girighet och ondska" (11:39). När Sackeus som "ville se vem Jesus var" fick Jesus som gäst, muttrade många förargat: "Han har tagit in hos en syndare." Då skriver Lukas: "Men Sackeus stod där och sa till *Herren* ..." (19:8). I samband med Jesu intåg i Jerusalem dagarna före korsfästelsen, sa han till två av sina lärjungar: "Gå till byn rakt framför er. När ni kommer in i den ska ni finna ett åsneföl, som står där bundet och som ännu ingen har suttit på. Lös det och led hit det. Och om någon frågar er varför ni löser det, ska ni svara: *Herren* behöver det" (19:30-31).

Jesus red in i Jerusalem på en åsna och "hela skaran av lärjungar" hyllade honom som *"konungen i Herrens namn"*. Några fariseer protesterade och krävde att Jesus skulle säga åt dem att tiga. Men Jesus svarade dem: "Jag säger er att om de tiger, kommer stenarna att ropa" (19:37-40).

Lukas, liksom Matteus och Markus, uppmärksammar Jesu fråga till de skriftlärda: Hur kan Messias vara både Davids son, dvs. en människa, och samtidigt Herren, dvs. Gud? Folkets ledare blev svarslösa inför denna fråga. De var ju klara över att Messias var Davids son. Ändå kallar David honom i Psaltaren 110:1 för "min Herre" (20:41-44).

I samband med nattvarden frågade Jesus de lärjungar som hade tvistat om vem som var störst: "Vem är störst, den som ligger till bords eller den som tjänar? Är det inte den som ligger till bords? Och ändå är jag här mitt ibland er som en tjänare" (22:27). Därefter sa Jesus i anslutning till profetian i Daniel 7:27: *"Jag överlämnar riket åt er,* liksom min Fader har överlämnat det åt mig. Ni ska få äta och dricka vid mitt bord i mitt rike" (22:29). Han som kom som en fattig tjänare för att ge sitt liv som lösen för människorna *hade ett evigt rike.* Han var den himmelske Människosonen som Daniel hade profeterat om. När Judas förrådde honom, sa han: "Judas, förråder du *Människosonen* med en kyss" (22:48). Jesus hade tidigare talat om Människosonens återkomst vid den yttersta domen (21:25ff) och sagt att "himmel och jord ska förgå" men inte hans ord (21:33), och de bör be om kraft att kunna bestå vid Människosonens återkomst (21:36). Han talade om sin död i samband med nattvarden och sa: *"Människosonen* går bort som det är bestämt, men ve den människa, genom vilken han blir förrådd" (22:22). När Jesus förhördes inför judarnas Stora råd, svarade Jesus på frågan "Är du Messias?" genom att hänvisa till profetian i Daniel 7: "Härefter ska Människosonen sitta på Guds, den Allsmäktiges, högra sida" (22:67-69). "Då frågade alla: 'Är du alltså *Guds Son*?' Han svarade dem: 'Ni själva säger att *Jag Är*.' De sa: 'Behöver vi något mer vittnesmål? *Vi har själva hört det från hans egen mun*'" (22:70-71).

När sedan judarnas Stora råd lät föra honom till den romerske prefekten Pontius Pilatus för att få Jesus dömd till döden, framfördes följande anklagelse enligt Lukas: "Vi har funnit att den här mannen förleder vårt folk, förbjuder oss betala skatt till kejsaren och säger att han är *Messias, en konung*" (23:1-2).

Lukas berättar också att medlemmarna i Stora rådet hånade Jesus när han dömts till döden och hängde fastspikad på korset. De sa: "Andra har han hjälpt. Nu får han hjälpa sig själv, om han är *Guds Messias, den Utvalde*" (23:35).

Om Jesus verkligen var Guds Son, den himmelske Människosonen, måste hans förutsägelser om sin uppståndelse på tredje dagen gå i uppfyllelse. Det var också vad som hände enligt Lukas (kap. 24). Tidigt på söndagsmorgonen fann de kvinnor som kom till graven med välluktande kryddor att graven var tom. Två män i skinande vita kläder visade sig för dem och sa: "*Varför söker ni den levande bland de döda?* Han är inte här, han har uppstått. Kom ihåg vad han sa till er, medan han ännu var i Galileen. Han sa att Människosonen måste utlämnas i syndiga människors händer och korsfästas och uppstå på tredje dagen." "Då kom de ihåg hans ord", tillägger Lukas (24:5-8). När kvinnorna berättade allt detta för de elva apostlarna "och för alla de andra", avvisades deras berättelse "som tomt prat, och de trodde inte på dem". Men när Petrus kom rusande till graven, såg han att den endast innehöll "linnebindlarna" (24:11-12). Därefter visade sig den uppståndne Jesus för två lärjungar som var på väg till Emmaus och sa till dem bl.a.: "Så oförståndiga ni är och *tröga till att tro på allt som profeterna har sagt*. Måste inte Messias lida detta för att gå in i sin härlighet?

Och han började med Mose och alla profeterna och *förklarade för dem vad som var sagt om honom i alla Skrifterna"* (24:25-27).

Sedan de två Emmauslärjungarna återvänt till Jerusalem och till de andra lärjungarna och dessa samtalade om vad som hänt, "stod Jesus själv mitt ibland dem och sa: Frid vare med er" (24:36). Men lärjungarna kunde inte tro att det verkligen var Jesus. "Uppskakade och förskräckta trodde de att de såg en ande. Men han sa till dem: Varför är ni så förskräckta, och varför stiger det upp tvivel i era hjärtan? *Se på mina händer och mina fötter att det verkligen är jag*. Rör vid mig och se. *En ande har inte kött och ben, som ni ser att jag har*. När han hade sagt detta, visade han dem sina händer och sina fötter" (24:37-40). För att ytterligare tydliggöra för dem att han inte bara var en ande, tog han en bit av den stekta fisk de hade och åt inför deras ögon (24:42-43).

Därefter sa Jesus till dem: "Detta är vad jag sa till er, medan jag ännu var hos er. *Allt måste uppfyllas som är skrivet om mig i Mose lag, hos profeterna och i psalmerna"* (24:44). Det som hade skett var sålunda helt i överensstämmelse med vad Jesus och Gamla testamentets skrifter hade förutsagt om Messias och frälsningen. Lärjungarna behövde hjälp av Jesus att förstå det. Lukas skriver: "Sedan öppnade han deras sinnen, så att de förstod Skrifterna. Och han sa till dem: Det står skrivet att Messias ska lida och på tredje dagen uppstå från de döda, och att omvändelse och syndernas förlåtelse ska predikas i hans namn för alla folk, med början i Jerusalem. *Ni är själva vittnen om detta*. Och se, jag ska sända er vad min Fader har lovat. Men ni ska stanna här i staden, tills ni har blivit beklädda med kraft från höjden" (24:45-49).

Lukas avslutar sitt evangelium med att berätta vad som hände i Betania (40 dagar efter Jesu uppståndelse enligt vad Lukas berättar i sin boks andra del, Apostlagärningarna 1:3). Där välsignade Jesus sina lärjungar. "Och medan han välsignade dem, skildes han från dem och *blev upptagen till himlen*. De tillbad honom och vände tillbaka till Jerusalem i stor glädje" (24:51-52).

Sammanfattningsvis kan vi konstatera att Lukas vittnar lika tydligt som Matteus och Markus om att Jesus är Guds unike Son, den i Gamla testamentet utlovade Messias, alla syndares Frälsare. Som sådan är han både en syndfri människa och ingen mindre än Herren själv.

2.4 Vem är Jesus enligt Johannes?

Johannes börjar sitt evangelium med en magnifik inledning om Jesus som ett med Gud själv. Johannes kallar honom "Ordet" och skriver: "I begynnelsen var Ordet, och Ordet var hos Gud, och *Ordet var Gud*. Han var i begynnelsen hos Gud. *Genom honom har allt blivit till*, och utan honom har inget blivit till, som är till" (1:1-2). Johannes kallar Jesus också "det sanna ljuset" (v. 9) som kom till världen, men "världen kände honom inte" (v. 10). Ja, inte ens "hans egna" tog emot honom, "men åt alla som tog emot honom gav han rätt att bli Guds barn, åt dem som tror på hans namn" (v. 11-12).

När Jesus blev till i jungfru Marias moderliv och föddes av henne som en människa, var det enligt Johannes "Ordet som blev kött och bodde bland oss" (1:14). Också Johannes citerar Johannes Döparens vittnesbörd om Jesus: "Det var om honom jag sa: Han som kommer efter mig är före mig, eftersom han fanns före mig" (v. 15). När präster och leviter från Jerusalem frågade Johannes Döparen vem han var, svarade han med profeten Jesajas ord: "Jag är rösten som ropar i öknen: Gör vägen rak för *Herren*!" (v. 23). "Mitt ibland er står en som ni inte känner, han som kommer efter mig. Jag är inte värd att knyta upp remmen på hans sandaler" (v. 26f). Nästa dag såg han Jesus komma, och han sa: "Se *Guds lamm*, som tar bort världens synd. Det var om honom jag sa: Efter mig kommer en man som är före mig, ty han fanns till före mig. Och jag kände honom inte. Men för att han skulle uppenbaras för Israel har jag kommit och döper i vatten" (v. 29-31).

Johannes återger också Johannes Döparens ögonvittnesskildring av Jesu dop: "Jag såg Anden komma ner som en duva från himlen och bli kvar över honom. Jag kände honom inte, men han som sände mig att döpa i vatten sa till mig: Den som du ser Anden komma ner och bli kvar över, han är den som döper i den helige Ande. *Och jag har sett det och har vittnat att han är Guds Son*" (1:32-34).

Att Jesus är den i Gamla testamentet utlovade Messias och Guds Son upprepas av aposteln Johannes gång på gång. Han berättar att Andreas sa till sin bror Simon: "Vi har funnit *Messias*" (1:41). Filippus sa till Natanael: *"Den som Mose har skrivit om i lagen och som profeterna har skrivit om*, honom har vi funnit, Jesus, Josefs son, från Nasaret" (v. 45). Jesus uppenbarade för Natanael sin gudomliga förmåga med orden: "Innan Filippus kallade på dig, såg jag dig där du var under fikonträdet" (v. 48). Då sa Natanael: *"Rabbi, du är Guds Son, du är Israels konung"* (v. 49).

I kapitel 2 berättar Johannes om Jesu första underverk som han gjorde i Kana i Galileen i samband med ett bröllop (2:1-11). Vinet hade tagit slut och Jesu mor Maria vände sig till Jesus med orden: "De har inget vin." Då befallde Jesus att man skulle fylla sex stenkrukor med vatten, krukor som rymde cirka hundra liter var. Sedan befallde Jesus att man skulle ösa upp och bära in det till värden. "Värden smakade på vattnet, som nu hade blivit vin, och han visste inte varifrån det kom. Men tjänarna som hade öst upp vattnet visste det." Värden kallade på brudgummen och sa: "Varenda människa sätter först fram det goda vinet, och det som är sämre när gästerna börjar bli druckna. Du har sparat det goda vinet ända till nu." *Genom detta "tecken" uppenbarade Jesus "sin härlighet"*, framhåller Johannes, "och hans lärjungar trodde på honom" (v. 11).

I kapitel 3 berättar Johannes om Jesu samtal med Nikodemus, en av medlemmarna i judarnas Stora råd. Jesus gav Nikodemus en grundlig undervisning om sin person och sin uppgift. Jesus var Människosonen som hade kommit ner från himlen (3:13). "Och liksom Mose upphöjde ormen i öknen, så måste Människosonen bli upphöjd, för att var och en som tror på honom ska ha evigt liv. Ty så älskade Gud världen att han utgav *sin enfödde Son,* för att den som tror på honom inte ska gå förlorad utan ha evigt liv" (v. 14-16).

I slutet av detta tredje kapitel återger Johannes följande vittnesbörd från Johannes Döparen: "Ingen människa kan ta emot något utan att det ges henne från himlen. Ni kan själva vittna om att jag sa: *Jag är inte Messias. Jag är sänd framför honom"* (3:27-28). Kapitlet avslutas med orden: "Den som Gud har sänt talar Guds ord. Gud ger honom sin Ande utan att mäta. *Fadern älskar Sonen, och allt har han lagt i hans hand. Den som tror Sonen har evigt liv.* Den som inte lyder Sonen ska inte se livet, utan Guds vrede blir kvar över honom" (v. 34-36).

I kapitel 4 redogör Johannes för Jesu samtal med den samaritiska kvinnan vid Jakobs brunn i staden Sykar, nära det nutida Nablus. Vad sa Jesus till henne som gjorde att hon till sist blev övertygad om att Jesus var Messias? Han sa bl.a.: "Om du kände till Guds gåva och *vem det är som säger till dig: Ge mig att dricka,* då skulle du ha bett honom, och han skulle ha gett dig levande vatten" (4:10). "Var och en som dricker av det här vattnet blir törstig igen. Men den som dricker av det vatten jag ger honom ska aldrig någonsin törsta" (v. 13-14).

När kvinnan på Jesu uppmaning att hämta sin man svarade: "Jag har ingen man", sa Jesus: "Du har rätt när du säger att du inte har någon man. Fem män har du haft, och den du har nu är inte din man. Det du sa är sant" (4:16-18). Nu stod det helt klart för kvinnan att Jesus inte var vilken judisk man som helst. Han visste ju sådant som ingen vanlig människa av sig själv kunde veta. Kunde han vara den Messias som var utlovad? "När han kommer, ska han förkunna allt för oss" (v. 25). Jesus bekräftade då att han var den utlovade Messias, och kvinnan blev nu så ivrig att hon ställde ifrån sig vattenkrukan och gick tillbaka in i staden och sa till folket: "Kom och se en man som har sagt mig allt vad jag har gjort. Han kanske är Messias" (v. 29).

Johannes summerar resultatet av samtalet vid Jakobs brunn så här: "Många samariter från den staden kom till tro på honom genom kvinnans ord, då hon vittnade: Han har sagt mig allt vad jag har gjort" (4:39). Och när samariterna kom ut till Jesus för att lyssna till honom, kom många fler till tro "på grund av hans ord" (v. 41). Och de sa till kvinnan: "Nu tror vi inte längre bara för dina ords skull. *Vi har själva hört honom och vet att han verkligen är världens Frälsare*" (v. 42).

Men Jesus mötte inte bara tro utan också förföljelse. Johannes berättar i sitt femte kapitel hur Jesus botade en man som varit sjuk i trettioåtta år. Jesus sa till den sjuke: "Stig upp, ta din bädd och gå!" (5:8). "Genast blev mannen frisk och tog sin bädd och gick. Men det var sabbat den dagen och judarna sa till mannen som hade blivit botad: Det är sabbat. Du får inte bära din bädd" (v. 9-10). När judarna fick veta att Jesus hade gjort honom frisk och sagt åt honom att ta sin bädd och gå, började de förfölja Jesus, "eftersom han gjorde sådant på en sabbat" (v. 16). Men Jesus sa till sina förföljare: *"Min Fader verkar ännu i denna stund. Så verkar även jag."* "Då blev judarna ännu ivrigare att döda honom" (v. 17f). Varför? *"Eftersom han inte bara upphävde sabbaten utan också sa att Gud var hans Fader och gjorde sig själv lik Gud"* (v. 18).

Judarnas ledare kunde inte acceptera att Jesus var Guds Son och ett med Fadern. Gång på gång försökte Jesus enligt Johannes få dem att förstå vem han var. Enligt Johannes 5:19-47 gav Jesus dem mycket grundlig undervisning om sin enhet med Fadern:

Sonen kan inte göra något av sig själv, utan endast det han ser Fadern göra. Ty vad Fadern gör, det gör Sonen. Fadern älskar Sonen och visar honom allt vad han själv gör, och större gärningar än dessa ska han visa honom, så att ni kommer att häpna. Ty liksom Fadern uppväcker de döda och ger dem liv, så ger Sonen liv åt vilka han vill. Inte heller dömer Fadern någon, utan hela domen har han överlämnat åt Sonen, för att alla ska ära Sonen liksom de ärar Fadern. Den som inte ärar Sonen ärar inte heller Fadern, som har sänt honom. Amen, amen, jag säger er: Den som hör mina ord och tror på honom som har sänt mig, han har evigt liv och kommer inte under domen utan har övergått från döden till livet. ... De gärningar jag utför vittnar om att Fadern har sänt mig. Fadern som har sänt mig har vittnat om mig. Hans röst har ni aldrig hört, och hans gestalt har ni aldrig sett, och hans ord har inte förblivit i er, eftersom ni inte tror på den som han har sänt. Ni forskar i Skrifterna, därför att ni tror att ni har evigt liv i dem, och det är dessa som vittnar om mig. Men ni vill inte komma till mig för att få liv. ... Om ni trodde Mose, skulle ni tro på mig, ty om mig har han skrivit. Men tror ni inte hans skrifter, hur ska ni då kunna tro mina ord?

Enligt kapitel 6 blev judarna mycket upprörda över Jesu ord: *"Jag är det bröd som har kommit ner från himlen"* (6:41). Jesus hade nämligen sagt: "Det är inte Mose som har gett er brödet från himlen, utan det är min Fader som ger er *det sanna brödet från himlen*. Guds bröd är det bröd som kommer ner från himlen och ger världen liv. ... Jag är livets bröd. Den som kommer till mig ska aldrig hungra, och den som tror på mig ska aldrig någonsin törsta. ... Jag har inte kommit ner från himlen för att göra min vilja utan hans vilja som har sänt mig" (v. 32-38). "Judarna var mycket förargade över att han hade sagt: Jag är det bröd som har kommit ner från himlen. De sa: Den här Jesus, är han inte Josefs son, och känner inte *vi* hans far och mor? Hur kan han då säga: Jag har kommit ner från himlen? Jesus svarade: Var inte så upprörda. Ingen kan komma till mig, om inte Fadern som har sänt mig drar honom, och jag ska låta honom uppstå på den yttersta dagen. ... Jag är det bröd som ger liv, det bröd som har kommit ner från himlen. Den som äter av det brödet ska leva i evighet" (v. 41-51).

I kapitel 7 berättar Johannes: "Bland folket kom många till tro på honom, och de sa: När Messias kommer, ska väl han göra fler tecken än den här mannen har gjort? Fariseerna hörde att folk sa detta om honom. Då skickade översteprästerna och fariseerna ut tempelvakter för att gripa honom. Jesus sa: *Ännu en kort tid är jag hos er, innan jag går till honom som har sänt mig"* (7:31-33). "Några ur folkhopen som hade hört hans ord sa: Han är verkligen Profeten. Andra sa: Han är Messias, och andra: Inte kommer väl Messias från Galileen? *Säger inte Skriften att Messias ska komma av Davids släkt och från Betlehem, den stad där David bodde?* Så uppstod för hans skull delade meningar bland folket. Några ville gripa honom, men ingen gjorde det. Tempelvakterna kom tillbaka till översteprästerna och fariseerna, som frågade dem: Varför har ni inte fört hit honom? De svarade: Aldrig har någon människa talat som han" (v. 40-46).

Enligt kapitel 8 frågade fariseerna Jesus: "Var är din Fader?" Jesus svarade: "Ni känner varken mig eller min Fader. *Om ni kände mig, skulle ni känna min Fader"* (8:19). Jesus sa också: "Ni är nerifrån, *jag är ovanifrån.* Ni är av den här världen, *jag är inte av den här världen.* Därför sa jag till er att ni kommer att dö i era synder. Ty om ni inte tror att *Jag Är,* ska ni dö i era synder" (v. 23-24). Namnet "Jag Är" är enligt 2 Mosebok 3:14 Guds namn. Jesus hävdar alltså att han är Gud. Han är "Jag Är", alltså av samma väsen som Fadern. "När ni har upphöjt Människosonen, ska ni förstå att *Jag Är* (dvs. ett med Fadern) och att jag inte gör något av mig själv utan talar vad Fadern har lärt mig" (v. 28).

När Jesu motståndare hänvisade till att de var Abrahams barn, sa Jesus enligt Johannes: "Om ni vore Abrahams barn, skulle ni göra Abrahams gärningar. Men nu vill ni döda mig, en man som har sagt er sanningen, som jag har hört av Gud. Så handlade inte Abraham. Ni gör er faders gärningar." "Vi är inte födda i äktenskapsbrott. Vi har bara *en* fader, Gud", blev svaret (8:39-41). Då sa Jesus: "Vore Gud er Fader, skulle ni älska mig, eftersom jag har utgått från Gud och kommer från honom. Jag har inte kommit av mig själv, utan han har sänt mig. Varför förstår ni inte vad jag säger? Därför att ni inte kan lyssna till mitt ord. Ni har djävulen till er fader. Och vad er fader har begär till, det vill ni göra. Han har varit en mördare från början och har aldrig stått på sanningens sida, eftersom sanning inte finns i honom. När han talar lögn, talar han av sitt eget, ty han är en lögnare, ja, lögnens fader" (v. 42-44).

Konflikten med judarnas ledare gällde alltså Jesu person, vem han är. Jesu judiska motståndare tyckte att Jesu ord om hans enhet med Fadern var hädelse och de kunde inte ta till sig Jesu hårda dom över deras otro. "Har vi inte rätt när vi säger att du är en samarit och har en ond ande?" frågade de (8:48). Jesus svarade: "Jag har ingen ond ande. Jag ärar min Fader, och ni vanärar mig. Jag söker inte min egen ära, men det finns en som söker den och som dömer. Amen, amen, jag säger er: Den som bevarar mitt ord ska aldrig någonsin se döden" (v. 49-51). Judarna sa: "Nu förstår vi att du har en ond ande. Abraham dog, och likaså profeterna, och du säger: Den som bevarar mitt ord ska aldrig någonsin smaka döden. Är *du* större än vår fader Abraham? Han dog, och profeterna är döda. *Vem ger du dig ut för att vara?*" (v. 52-53).

Ja, vem gav sig Jesus ut för att vara? Det var nyckelfrågan. Avslutningen av åttonde kapitlet ger tydliga besked. Jesus svarade: "Om jag ärar mig själv, är min ära ingenting värd. Det är min Fader som ärar mig, han som ni kallar er Gud. Ni känner honom inte, men jag känner honom. Om jag sa att jag inte kände honom, skulle jag vara en lögnare som ni. Men jag känner honom och bevarar hans ord. Abraham, er fader, jublade över att få se min dag. Han såg den och blev glad." Judarna sa: "Du är inte femtio år än, och Abraham har du sett!" Jesus svarade: "*Amen, amen, jag säger er: Jag Är, redan innan Abraham blev till*" (8:54-58). Reaktionen på dessa ord blev våldsam: "Då tog de upp stenar för att kasta på honom" (v. 59).

När Jesus enligt kapitel 9 botade en blindfödd på sabbaten, blev frågan om vem Jesus egentligen var på nytt en stridsfråga. Några fariseer sa: "Den mannen kan inte vara från Gud, då han inte håller sabbaten." Andra sa: "Hur kan en syndig människa göra sådana tecken?" (9:16). Johannes skriver: "De var alltså oeniga och frågade därför den blinde igen: Vad säger du om honom som öppnade dina ögon? Han svarade: En profet är han. Men judarna trodde inte att han hade varit blind och fått sin syn, förrän de hade skickat efter hans föräldrar och frågat dem: Är det här er son, som ni säger är född blind? Hur kommer det sig att han nu kan se? Hans föräldrar svarade: Vi vet att han är vår son och att han föddes blind. Men hur han nu kan se, det vet vi inte, och inte heller vet vi vem som har öppnat hans ögon. Fråga honom själv. Han är gammal nog och kan svara för sig. Föräldrarna svarade så, därför att de var rädda för judarna. Redan då hade judarna kommit överens om att *den som bekände Jesus som Messias skulle uteslutas ur synagogan*" (9:16-22).

Fortsättningen av kontroversen om Jesu person är belysande: "De kallade för andra gången till sig mannen som hade varit blind och sa till honom: Ge Gud äran! *Vi vet att den mannen är en syndare.* Han svarade: Om han är en syndare vet jag inte. Men ett vet jag, att jag som var blind nu ser" (9:24-25). När judarna sedan sa: "Vi vet att Gud har talat till Mose, men varifrån den här mannen kommer, det vet vi inte", svarade den blindfödde: "*Ja, det är det som är så märkligt. Ni vet inte varifrån han är, och han har öppnat mina ögon! ... Aldrig någonsin har man hört att någon har öppnat ögonen på en som var född blind. Om den mannen inte vore från Gud, kunde han ingenting göra*" (v. 29-33). Vad blev då judarnas reaktion på detta vittnesbörd? "De svarade: Du är helt och hållet född i synd, och du undervisar oss! Och de drev bort honom" (v. 34).

Jesus sökte därefter upp den bortdrivne och frågade honom: *"Tror du på Människosonen?"* Han svarade: "Vem är han, herre? Tala om det så att jag kan tro på honom." Jesus sa: *"Du har sett honom. Den som talar med dig, han är det."* Då sa mannen: "Jag tror, Herre." Och Johannes tillägger: "Och han tillbad honom" (9:35-38).

I kapitel 10 samlar Johannes några *"Jag Är*-ord" som Jesus uttalat och som besvarar frågan: "Vem är han?" *"Jag Är dörren.* Den som går in genom mig ska bli frälst" (10:9). *"Jag Är den gode herden.* Den gode herden ger sitt liv för fåren" (v. 11). "Fadern älskar mig därför att jag ger mitt liv för att sedan ta det tillbaka. Ingen tar det ifrån mig, utan jag ger det av fri vilja. Jag har makt att ge det, och jag har makt att ta det tillbaka" (v. 17-18).

När Jesus vid chanukkahögtiden (december år 29) gick omkring i Salomos pelarhall i Jerusalem, berättar Johannes att "judarna samlades omkring honom och frågade: Hur länge vill du hålla oss i ovisshet? *Om du är Messias, så säg det öppet till oss!* Jesus svarade: Jag har sagt er det, och ni tror det inte. *Gärningarna som jag gör i min Faders namn vittnar om mig.* Men ni tror inte, därför att ni inte hör till mina får... *Jag och Fadern är ett"* (10:24-30). Detta vittnesbörd blev för mycket för judarna. "Än en gång tog judarna upp stenar för att stena honom. Jesus sa till dem: Många goda gärningar från Fadern har jag låtit er se. För vilken av dem vill ni stena mig?" (v. 31-32). Judarnas svar på denna fråga klargör tydligt vad det handlar om när Jesus förkastas: "Det är inte för någon god gärning vi vill stena dig, utan därför att du hädar och *gör dig själv till Gud, du som är en människa"* (v. 33). Där har vi den springande punkten: är Jesus både människa och Gud, ett med Fadern, eller är han det inte?

Tron att Jesus verkligen var sann Gud samtidigt som han var sann människa förblev en stötesten för majoriteten av judarna. Det hjälpte inte att Jesus inför många vittnen gjorde sådana gärningar som bara Gud kunde göra. Jesus sa till dem: "Om jag inte gör *min Faders gärningar,* så tro mig inte. Men om jag gör dem, så *tro på gärningarna, om ni inte kan tro på mig. Då ska ni inse och förstå att Fadern är i mig och jag i Fadern"* (10:37-38). Men de lät sig inte övertygas utan "försökte gripa honom igen, men han drog sig undan och gick bort från dem" (v. 39).

I kapitel 11 berättar Johannes om hur Jesus uppväckte en person som varit död i flera dagar och redan luktade, nämligen Lasarus. Detta skedde ganska nära påsken år 30, då Stora rådet lät gripa Jesus och överlämna honom till romarna för att korsfästas. Nu måste väl ändå de människor som bevittnade detta under förstå att Jesus inte bara gjorde sig till Gud utan att han verkligen var Gud? Ja, skriver Johannes, "många judar som hade kommit till Maria och sett vad Jesus gjorde kom till tro på honom" (11:45). Men inte alla. "Några av dem gick till fariseerna och berättade för dem vad Jesus hade gjort. Översteprästerna och fariseerna kallade då samman Stora rådet och sa: Vad gör vi? Den här mannen gör många tecken. Om vi låter honom hålla på så här, kommer alla att tro på honom, och sedan kommer romarna och tar ifrån oss både vårt tempel och vårt folk" (v. 46-48). Man kunde helt enkelt inte acceptera att Jesus var Messias, den levande Gudens Son, och därmed ett med Fadern. Undret med Lasarus blev för mycket för dem. Johannes skriver: "Från den dagen överlade de om att döda honom" (v. 53).

Kapitel 12 berättar om hur Jesus dagen före palmsöndagen (den 1 april år 30) besökte Betania, där Lasarus bodde, "han som Jesus hade uppväckt från de döda" (12:1). Johannes skriver: "En stor mängd judar fick veta att Jesus var där, och de kom dit, inte bara för Jesu skull utan också för att se Lasarus, som han hade uppväckt från de döda. *Då beslöt översteprästerna att döda också Lasarus, ty för hans skull lämnade många judar dem och trodde på Jesus"* (v. 11).

När Jesus dagen därpå var på väg in i Jerusalem, tog många människor palmblad och gick ut för att möta honom. De ropade: "Hosianna! Välsignad är han som kommer i Herrens namn, han som är *Israels konung*" (12:13). Johannes berättar att många trodde på honom, "även bland medlemmarna i Stora rådet". "Men för fariseernas skull ville de inte bekänna det, för att de inte skulle bli uteslutna ur synagogan. De ville hellre bli ärade av människor än av Gud" (v. 42-43). Jesus vittnade på nytt om sin enhet med Fadern och sitt frälsningsuppdrag från honom: "*Den som tror på mig, han tror inte bara på mig utan på honom som har sänt mig, och den som ser mig, han ser honom som har sänt mig*. Jag är ljuset som har kommit i världen, för att ingen som tror på mig ska bli kvar i mörkret. … Jag har inte talat av mig själv, utan Fadern som har sänt mig har befallt mig vad jag ska säga och tala. Och jag vet att hans befallning är evigt liv. Vad jag talar, det talar jag så som Fadern har sagt mig" (v. 44-50).

I kapitel 13 formulerar Johannes Jesu gudomlighet så här när han berättar om kvällsmåltiden dagen före Jesu korsdöd: "*Jesus visste att Fadern hade gett allt i hans händer och att han hade utgått från Gud och skulle gå till Gud*" (13:3). Vid måltiden talade Jesus om för apostlarna att en av dem skulle förråda honom som en fullbordan av följande ord i Skriften (Psaltaren 41:10): "Den som åt mitt bröd lyfte sin häl mot mig" (v. 18).

Till Thomas sa Jesus enligt kapitel 14: "Jag är vägen och sanningen och livet. Ingen kommer till Fadern utom genom mig. Om ni har lärt känna mig, ska ni också lära känna min Fader" (14:6). Till Filippus sa han: "*Den som har sett mig har sett Fadern*. Hur kan du säga: Låt oss se Fadern? *Tror du inte att jag är i Fadern och att Fadern är i mig?* De ord jag talar till er, talar jag inte av mig själv. Fadern förblir i mig och gärningarna är hans verk. *Tro mig: jag är i Fadern och Fadern är i mig. Om ni inte kan tro det, så tro för gärningarnas skull*" (v. 9-11).

När Jesus gick till Fadern skulle han inte lämna sina lärjungar utan gudomlig hjälp. "Jag ska be Fadern och han ska ge er en annan Hjälpare, som alltid ska vara hos er, sanningens Ande, som världen inte kan ta emot. Ty världen ser honom inte och känner honom inte. Ni känner honom, eftersom han förblir hos er och ska vara i er. Jag ska inte lämna er faderlösa, jag ska komma till er" (14:16-18). "Om någon älskar mig, håller han fast vid mitt ord, och min Fader ska älska honom, och vi ska komma till honom och ta vår boning hos honom" (v. 23).

Enligt kapitel 15 förutsäger Jesus att hans lärjungar kommer att bli hatade av världen. "Om ni vore av världen, skulle världen älska er som sina egna. Men ni är inte av världen, utan jag har utvalt er och tagit er ut ur världen. Därför hatar världen er. Kom ihåg vad jag har sagt: Tjänaren är inte förmer än sin herre. Har de förföljt mig, ska de också förfölja er" (15:19-20). *"Den som hatar mig hatar också min Fader"* (v. 23).

Enligt kapitel 16 talade Jesus ytterligare om kommande förföljelser och om hur den helige Ande skulle hjälpa hans lärjungar. "Ni kommer att bli utstötta ur synagogorna, ja, den tid kommer då var och en som dödar er ska tro sig tjäna Gud. Och det ska de göra, därför att de varken känner Fadern eller mig" (16:2-3). "Jag säger er sanningen: Det är bäst för er att jag går bort. Ty om jag inte går bort, kommer inte *Hjälparen* till er. Men *när jag går bort, ska jag sända honom till er*... När han kommer, sanningens Ande, då ska han föra er in i hela sanningen. Ty han ska inte tala av sig själv, utan allt det han hör ska han tala, och han ska förkunna för er vad som kommer att ske. Han ska förhärliga mig, ty *av det som är mitt ska han ta och förkunna för er. Allt vad Fadern har är mitt. Därför sa jag att han ska ta av det som är mitt och förkunna för er"* (16:7-14). "Jag har utgått från Fadern och kommit till världen. Nu lämnar jag världen och går till Fadern" (v. 28). "Detta har jag talat till er, för att ni ska ha frid i mig. I världen får ni lida, men var vid gott mod. Jag har övervunnit världen" (v. 33).

Låt mig till sist lyfta fram några ställen från kapitel 17-21 som belyser vem Jesus är. I sin överstepästerliga förbön sa Jesus: "Fader, jag vill att där jag är, där ska också de som du har gett mig vara med mig, så att de får se min härlighet som du har gett mig, eftersom *du har älskat mig innan världens grund var lagd*" (17:24). Till Pilatus sa Jesus: "*Mitt rike är inte av den här världen*. Om mitt rike vore av den här världen, hade mina tjänare kämpat för att jag inte skulle bli överlämnad åt judarna. Men nu är mitt rike inte av den här världen" (18:36). När Pilatus sa till översteprästerna och deras tjänare: "Jag finner honom inte skyldig", svarade judarna: "Vi har en lag och enligt den lagen måste han dö, eftersom *han har gjort sig till Guds Son*" (19:6-7). Allt som skedde med Jesus på korset, skedde enligt Johannes "för att Skriften skulle uppfyllas", bl a: "*Inget ben ska krossas på honom*. Och ett annat skriftställe säger: *De ska se upp till honom som de har genomborrat*" (19:36-37). Aposteln Thomas var inte med när den uppståndne kom till sina lärjungar och visade dem hålen i sina händer och sin sida (20:20). Han tvivlade när de andra lärjungarna sa: "Vi har sett Herren" (20:25). Åtta dagar senare, när Jesus på nytt visade sig "mitt ibland dem", sa han till Thomas: "Räck hit ditt finger och se mina händer. Och räck hit din hand och stick den i min sida. Och tvivla inte utan tro!" Då svarade Thomas: "*Min Herre och min Gud!*" (20:26-28).

Sammanfattning

De fyra evangelisterna Matteus, Markus, Lukas och Johannes vittnar enstämmigt och tydligt om vem Jesus är, grundat på vad de och deras medarbetare hört och sett Jesus säga och göra. Det råder heller inget tvivel om att också Jesu motståndare uppfattade vem Jesus menade sig vara, och det gjorde dem ytterst upprörda. De kunde inte acceptera att Jesus var Gud, ett med Fadern. De ansåg att detta anspråk var en hädelse som förtjänade döden. "Det är inte för någon god gärning vi vill stena dig, utan därför att du hädar och *gör dig själv till Gud, du som är en människa*" (Joh. 10:33).

Men Jesu gärningar vittnade tydligt om att Jesus inte bara var en människa. Inför många vittnen gjorde han sådant som ingen människa utan bara Gud kan göra. Därför utgjorde Jesu gärningar ett stort problem för dem som hade uppfattningen att Jesus inte var den som han sa sig vara. Betecknande är Jesu ord till tvivlarna: "Tro mig: jag är i Fadern och Fadern är i mig. *Om ni inte kan tro det, så tro för gärningarnas skull"* (Joh 14:11). Johannes förklarar varför han berättar om Jesu gärningar (tecken): *"Dessa har blivit nerskrivna, för att ni ska tro att Jesus är Messias, Guds Son, och för att ni genom tron ska ha liv i hans namn"* (20:30-31).

Samstämmigt vittnar evangelisterna om Jesu uppdrag. Han kom som uppfyllelsen av Gamla testamentets profetior om Messias, den utlovade Människosonen som kom ner från himlen för att ge människorna liv. Med sitt eget blod har han friköpt människorna från syndens konsekvenser som är evig skilsmässa från Guds paradis, evig olycka. Endast otron kan nu fördöma en människa. I stor kärlek tar Jesus sig an syndare, till förargelse för alla självrättfärdiga som inte tycker sig behöva någon Frälsare. "Det är inte de friska som behöver läkare utan de sjuka. Jag har inte kommit för att kalla rättfärdiga till omvändelse utan syndare" (Luk. 5:31-32; Matt. 9:12; Mark. 2:17). Jesus, Faderns utsände Son, kom inte för att bli en världslig kung i ett världsligt rike utan som den gode Herden som offrar sitt liv för fåren.

2.5 Vem är Jesus enligt Nya testamentets övriga skrifter?

Apostlagärningarna

Lukas berättar i Apostlagärningarna att Jesus under fyrtio dagar efter sin uppståndelse umgicks synligt med sina lärjungar och talade med dem om Guds rike. Det sista Jesus sa till dem före sin himmelsfärd var enligt Lukas: "När den helige Ande kommer över er, ska ni få kraft och bli mina vittnen i Jerusalem och i hela Judeen och Samarien och ända till jordens yttersta gräns" (1:8). Lukas fortsätter: "Då han hade sagt detta, såg de hur han *lyftes upp, och ett moln tog honom ur deras åsyn.* Medan de såg mot himlen dit han for upp, se, då stod två män i vita kläder hos dem. Och de sa: Ni män från Galileen, varför står ni och ser mot himlen? *Denne Jesus som har blivit upptagen från er till himlen, han ska komma igen på samma sätt som ni har sett honom fara upp till himlen*" (1:9-11).

I Apostlagärningarna 2 berättar Lukas om Petrus predikan efter den helige Andes utgjutelse på pingstdagen. Petrus sa bl.a.: "Jesus från Nasaret var en man som Gud bekände sig till inför er genom kraftgärningar, under och tecken, som Gud genom honom utförde mitt ibland er, så som ni själva vet. Efter Guds fastställda plan och beslut blev han utlämnad, och med hjälp av dem som är utan lagen spikade ni fast honom på korset och dödade honom. Men honom har Gud uppväckt och löst ur dödens vånda, eftersom det inte var möjligt att han skulle behållas av döden. ... I förväg såg David Kristi uppståndelse och sa: *Han ska inte lämnas kvar i graven, och hans kropp ska inte se förgängelsen.* Det är denne Jesus som Gud har uppväckt, och vi är alla vittnen till det. Sedan han nu genom Guds högra hand har blivit upphöjd och av Fadern tagit emot den utlovade helige Ande, har han utgjutit detta som ni ser och hör" (2:22-33).

När Petrus senare botade en lam man "i Jesu Kristi, nasaréns, namn" (3:6), sa han till folket: "Israeliter, varför är ni förvånade över det här, och varför stirrar ni på oss, som om vi av egen kraft eller fromhet hade gjort att han kan gå? Nej, Abrahams, Isaks och Jakobs Gud, våra fäders Gud, har förhärligat sin tjänare Jesus, som ni utlämnade och förnekade inför Pilatus, när denne hade beslutat att frige honom. Ni förnekade *den Helige och Rättfärdige* och begärde att få en mördare frigiven. *Livets furste* dödade ni, men *honom har Gud uppväckt från de döda. Det är vi vittnen till.* Och genom tron på hans namn har det namnet gett styrka åt denne man, som ni ser och känner. Tron som det namnet skänker har gett honom full hälsa så som ni alla ser. Nu vet jag, bröder, att varken ni eller era rådsherrar visste vad ni gjorde. Men Gud har på detta sätt låtit det gå i uppfyllelse som han har förutsagt genom alla sina profeter, att hans Messias skulle lida" (3:12-18).

I kapitel 4 berättar Lukas om hur "prästerna, tempelvaktens ledare och sadduceerna" upprördes över att Petrus och Johannes "i Jesus predikade uppståndelsen från de döda. De grep dem och höll dem fängslade till nästa dag, eftersom det redan var kväll" (4:1-3). "Nästa dag samlades Stora rådets medlemmar i Jerusalem" och började förhöra apostlarna: "*Genom vilken kraft eller i vilket namn har ni gjort detta?*" (4:5-7). "Då uppfylldes Petrus av den helige Ande och svarade dem: Ni folkets rådsherrar och äldste, eftersom vi i dag förhörs med anledning av en välgärning mot en sjuk man och tillfrågas hur han har blivit botad, så ska ni alla och hela Israels folk veta att den här mannen står frisk framför er *i kraft av Jesu Kristi, nasaréns, namn*. Honom korsfäste ni, men Gud har uppväckt honom från de döda. *Jesus är stenen som ni byggnadsarbetare kastade bort, men som blev en hörnsten*. Hos ingen annan finns frälsningen. Inte heller finns det under himlen något annat namn, som givits åt människor, genom vilket vi blir frälsta" (4:8-12).

Apostlarna blev flera gånger fängslade p.g.a. sin förkunnelse och förda till Stora rådet för förhör. Lukas berättar i kapitel fem: "När de nu fördes bort, ställdes de inför Stora rådet, och översteprästen förhörde dem och sa: Förbjöd vi er inte strängt att undervisa i det namnet? Och nu har ni fyllt Jerusalem med er lära och vill att den mannens blod ska komma över oss. Då svarade Petrus och apostlarna: Man måste lyda Gud mer än människor. Våra fäders Gud har uppväckt Jesus, som ni hängde upp på trä och dödade. Honom har Gud med sin högra hand upphöjt som hövding och frälsare, för att ge omvändelse och syndernas förlåtelse åt Israel. Vi är vittnen till detta, vi och den helige Ande, som Gud har gett åt dem som lyder honom. När rådsmedlemmarna hörde detta, blev de ursinniga och ville döda dem" (5:27-33). En laglärare i Stora rådet, Gamaliel, tog då till orda och argumenterade för att apostlarna borde friges. Han avslutade sitt tal med orden: "Håll er borta från dessa män och låt dem gå. Ty om detta skulle vara ett påhitt eller ett verk av människor, kommer det att rinna ut i sanden. Men om det är av Gud, kan ni inte slå ner dem. Kanske visar det sig att ni strider mot Gud." "De lät sig övertygas, kallade in apostlarna, lät piska dem och förbjöd dem att tala i Jesu namn. Sedan släpptes de fria. Och apostlarna gick ut från Stora rådet, *glada över att de hade ansetts värdiga att lida smälek för Namnets skull.* Varje dag undervisade de i templet och hemma i husen och *predikade det glada budskapet att Jesus är Messias*" (5:38-42).

I kapitel 7 återger Lukas Stefanus långa tal innan han blev stenad till döds. När Stefanus vid slutet av sitt tal såg upp mot himlen och sa: *"Jag ser himlen öppen och Människosonen stå på Guds högra sida"*, "skrek de och höll för öronen och stormade alla på en gång fram emot honom, och de drev ut honom ur staden och stenade honom" (7:55-58).

I kapitel 8 berättar Lukas om hur den etiopiske hovmannen sa till Filippus när han läste Jesaja 53 om Herrens lidande tjänare: "Jag ber dig, säg mig, *vem är det profeten talar om här*, om sig själv eller någon annan?" "Då tog Filippus till orda och började utifrån detta skriftställe predika evangeliet om *Jesus* för honom" (8:34-35).

I kapitel 9 berättar Lukas om Saulus (Paulus) omvändelse och i kapitel 22 och 26 berättar han hur Paulus vid två senare tillfällen hänvisar till denna händelse. När Saulus som "andades hot och mordlust mot Herrens lärjungar" (9:1) närmade sig Damaskus, "strålade plötsligt ett ljussken från himlen omkring honom. Och han föll till marken och hörde en röst som sa till honom: Saul, Saul, varför förföljer du mig? Han frågade: Vem är du, Herre? *Rösten svarade: Jag är Jesus, den som du förföljer.* Men stå upp och gå in i staden, så ska du få veta vad du måste göra" (9:3-6). Efter sin omvändelse och uppdraget "att bära fram mitt (Herrens) namn inför hedningar och kungar och inför Israels barn" (9:15) "stannade Saulus några dagar hos lärjungarna i Damaskus, och han *började genast predika i synagogorna att Jesus är Guds Son.* Alla som hörde honom häpnade och sa: *Var det inte han som i Jerusalem ville utrota dem som åkallar detta namn?* Och kom han inte hit för att gripa dem och föra dem till översteprästerna? Men Saulus fick allt större kraft och *gjorde judarna som bodde i Damaskus svarslösa, när han bevisade att Jesus är Messias*" (9:19-22).

I kapitel 10 återger Lukas Petrus tal i Kornelius hus i Cesarea. Bl.a. sa Petrus: "Detta är det ord som Gud sände till Israels folk, när han förkunnade *frid genom Jesus Kristus, han som är allas Herre. ... Vi är vittnen till allt han gjorde* både på den judiska landsbygden och i Jerusalem. Honom hängde de upp på trä och dödade. Men Gud uppväckte honom på tredje dagen och lät honom visa sig, inte för allt folket utan för de vittnen som Gud i förväg hade utvalt, för oss som *åt och drack tillsammans med honom sedan han uppstått från de döda.* Och han befallde oss att predika för folket och vittna om att han är den som Gud har bestämt till domare över levande och döda. *Om honom vittnar alla profeterna att var och en som tror på honom får syndernas förlåtelse genom hans namn*" (10:36-43).

I kapitel 13 berättar Lukas om Paulus och hans följeslagares besök i Antiokia i Pisidien. På sabbaten gick de till synagogan. Efter läsningen av lagen och profeterna blev de uppmanade av synagogföreståndaren att säga "ett ord av tröst och förmaning till folket" (13:15). Paulus tog då till orda och gav en exposé över Israels historia. När han kom fram till hur Gud avsatte Saul och gjorde David till kung, sa han:

> *Av hans efterkommande har Gud enligt sitt löfte fört fram Jesus som Frälsare för Israel.* Innan Jesus trädde fram, hade Johannes förkunnat omvändelsens dop för hela

Israels folk. Och när Johannes stod vid slutet av sitt lopp, sa han: Det ni tror att jag är, det är jag inte. Men se, *efter mig kommer en som jag inte ens är värd att knyta upp sandalerna på.* Ni bröder, söner av Abrahams släkt, och ni andra som fruktar Gud, till oss har budskapet om denna frälsning blivit sänt. Ty *Jerusalems invånare och deras ledare förstod inte vem han var.* Genom sin dom har de uppfyllt profeternas förutsägelser som föreläses varje sabbat. *Fast de inte fann något giltigt skäl att döma honom till döden, krävde de att Pilatus skulle låta avrätta honom.* Och när de hade fullbordat allt som var skrivet om honom, tog de ner honom från träet och lade honom i en grav. *Men Gud uppväckte honom från de döda, och under många dagar visade han sig för dem som hade följt honom från Galileen upp till Jerusalem och som nu är hans vittnen inför folket. Och nu förkunnar vi för er det glada budskapet att det löfte som gavs till våra fäder, det har Gud uppfyllt åt oss, deras barn, genom att låta Jesus träda fram, så som det är skrivet i andra psalmen: Du är min son, jag har i dag fött dig.* Och att han har uppväckt honom från de döda, så att han inte mer kommer att vända tillbaka till graven, det har han sagt med dessa ord: *Jag vill ge er de heliga och fasta nådelöften som David fick.* Därför säger han på ett annat ställe: *Du ska inte låta din Helige se förgängelsen.* När David på sin tid hade tjänat Guds vilja, insomnade han och blev lagd till vila hos sina fäder och såg förgängelsen. Men den som Gud uppväckte har inte sett förgängelsen. Därför ska ni veta, mina bröder, att *det är genom honom som syndernas förlåtelse predikas för er, och* att *var och en som tror förklaras rättfärdig i honom och fri från allt som ni inte kunde frias från genom Mose lag* (13:23-39).

I kapitel 17 berättar Lukas om Paulus besök i synagogan i Tessalonika. "Under tre sabbater samtalade han med judarna *utifrån Skrifterna* och *förklarade och visade att Messias måste lida och uppstå från de döda.* Och han fortsatte: *Denne Jesus som jag predikar för er, han är Messias"* (17:2-3).

Kapitel 18 börjar med Paulus besök i Korint. Lukas berättar: "Varje sabbat förde han samtal i synagogan och övertygade både judar och greker. När Silas och Timoteus kom ner från Makedonien, var Paulus helt upptagen med att *predika ordet och vittna för judarna att Jesus är Messias"* (18:4-5).

I kapitel 26 berättar Lukas om Paulus försvarstal inför kung Agrippa. Han avslutade det med orden: "Med Guds hjälp står jag ännu i dag som vittne inför både små och stora. Och *jag säger ingenting annat än vad profeterna och Mose har sagt skulle ske: att Messias skulle lida och att han som den förste som uppstått från de döda skulle förkunna ljuset både för vårt folk och för hedningarna"* (26:22-23).

Lukas avslutar Apostlagärningarna med att berätta om Paulus tid i Rom (kapitel 28). "Sedan vi kommit fram till Rom fick Paulus tillåtelse att bo för sig själv tillsammans med den soldat som skulle bevaka honom" (28:16). "Det är för Israels hopp jag bär dessa bojar", sa Paulus till de ledande bland judarna (v. 20). För dem som kom till hans bostad "förkunnade han Guds rike och vittnade om det, och han *försökte övertyga dem om Jesus, både utifrån Mose lag och profeterna.* Och det höll han på med från morgonen ända till kvällen. Somliga lät sig övertygas av hans ord, men andra ville inte tro" (v. 23-24). "I två hela år bodde Paulus i den bostad som han hade hyrt, och han tog emot alla som kom till honom. *Han predikade Guds rike och undervisade med stor frimodighet om Herren Jesus Kristus utan att bli hindrad"* (v. 30-31).

Sammanfattning

I centrum för den kristna missionsverksamheten efter Kristi uppståndelse och himmelsfärd står enligt Apostlagärningarna det glada budskapet om att Jesus är den utlovade Messias och att var och en som tror på honom får syndernas förlåtelse i hans namn och därmed frid med Gud. Att Jesus verkligen dött för alla människors synder och besegrat döden genom sin uppståndelse är förkunnelsens huvudinnehåll. Vi apostlar är vittnen till vad som skett, betonar Petrus. *Vi "åt och drack tillsammans med honom sedan han uppstått från de döda"* (10:41), *ja "vi är vittnen till allt han gjorde både på den judiska landsbygden och i Jerusalem"* (10:39). Vår förkunnelse om Herren Jesus Kristus och hans gärningar är "ingenting annat än vad profeterna och Mose har sagt skulle ske", framhåller Paulus (26:23). Ofta gjorde han judarna svarslösa, när han bevisade att Jesus är Messias. Lukas beskrivning av Paulus verksamhet i Rom är belysande för den apostoliska missionens iver: *"Han försökte övertyga dem om Jesus, både utifrån Mose lag och profeterna. Och det höll han på med från morgonen ända till kvällen.* Somliga lät sig övertygas av hans ord, men andra ville inte tro" (28:23-24). De kristna fick också utstå svår förföljelse och Stefanus blev stenad p.g.a. sitt Kristusvittnesbörd.

Romarbrevet

Paulus anger omgående i detta brev sin uppgift: att som "Kristi Jesu tjänare" och "apostel" förkunna *"Guds evangelium,* som Gud har utlovat genom sina profeter i de heliga Skrifterna, *evangeliet om hans Son,* som till sin mänskliga natur föddes av Davids släkt och som genom helighetens Ande blev med kraft bevisad vara Guds Son alltifrån uppståndelsen från de döda, *evangelium om Jesus Kristus, vår Herre"* (1:1-4).

Evangeliet om Jesus Kristus innebär, betonar Paulus, att "en rättfärdighet från Gud har blivit uppenbarad, en som lagen och profeterna vittnar om, *en rättfärdighet från Gud genom tro på Jesus Kristus,* för alla som tror. Ty här finns ingen skillnad. Alla har syndat och saknar härligheten från Gud, och de står som rättfärdiga utan att ha förtjänat det, av hans nåd, därför att *Kristus Jesus har friköpt dem"* (3:21-24). "Vi hävdar att människan förklaras rättfärdig genom tro, utan laggärningar" (3:28). "Rättfärdighet kommer att tillräknas oss som tror på honom som från de döda uppväckte Jesus, vår Herre, han som *utlämnades för våra synders skull och uppväcktes för vår rättfärdiggörelses skull.* Då vi alltså har förklarats rättfärdiga av tro, har vi *frid med Gud genom vår Herre Jesus Kristus*" (4:24-5:1). "Syndens lön är döden, men *Guds gåva är evigt liv i Kristus Jesus, vår Herre*" (6:23). "Så finns nu ingen fördömelse för dem som är i Kristus Jesus" (8:1). "Det som var omöjligt för lagen, svag som den var genom den syndiga naturen, det gjorde Gud genom att sända *sin egen Son som syndoffer*" (8:3). "Han som inte skonade sin egen Son utan utlämnade honom för oss alla, hur skulle han kunna annat än också skänka oss allt med honom? Vem kan anklaga Guds utvalda? Gud är den som frikänner. Vem är den som fördömer? *Kristus Jesus är den som har dött, ja, än mer, den som har blivit uppväckt och som sitter på Guds högra sida och ber för oss*" (8:32-34).

"Mina landsmän efter härstamning", "de har fäderna och *från dem har Kristus kommit som människa, han som är över allting, Gud, prisad i evighet, amen*" (9:3-5). "Kristus har dött och fått liv igen, för att han skulle vara Herre över både levande och döda" (14:9). "Kristus tjänade inte sig själv utan bar våra svagheter" (15:3). "*Om du med din mun bekänner att Jesus är Herren och i ditt hjärta tror att Gud har uppväckt honom från de döda, ska du bli frälst*" (10:9).

Paulus avslutar Romarbrevet med följande lovprisning till Gud: "Honom som förmår styrka er genom mitt evangelium, min förkunnelse om Jesus Kristus, ... tillhör äran, genom Jesus Kristus, i all evighet, amen" (16:25-27).

Första Korintierbrevet
Brevet börjar med en tillönskan om "*frid från Gud, vår Fader, och Herren Jesus Kristus*" (1:3). "Gud är trofast som har kallat er till gemenskap med *sin Son Jesus Kristus, vår Herre*" (1:9). Adressaten är "Guds församling i Korint, de som helgats i Kristus Jesus" (1:2). "Vi predikar Kristus som korsfäst, för judarna en stötesten och för hedningarna en dårskap. Men för de kalla-

de, både judar och greker, predikar vi *Kristus som Guds kraft och Guds vishet"* (1:23-24). "Denna vishet har ingen av den här världens härskare känt – om de hade känt den, skulle de inte ha korsfäst *härlighetens Herre"* (2:8).

"Någon annan grund kan ingen lägga än den som är lagd, Jesus Kristus" (3:11). "Vi har bara en Gud, Fadern, från vilken allting är och till vilken vi själva är, och *en Herre, Jesus Kristus, genom vilken allting är och genom vilken vi själva är"* (8:6). "Ingen kan säga *Jesus är Herren* annat än i kraft av den helige Ande" (12:3).

"Jag vill påminna er om orden som jag förkunnade, om ni nu håller fast vid dem. Annars var det förgäves att ni kom till tro. Jag meddelade er *det allra viktigaste,* vad jag själv hade tagit emot, *att Kristus dog för våra synder enlig Skrifterna, att han blev begravd, att han uppstod på tredje dagen enligt Skrifterna, och att han visade sig* för Kefas och sedan för de tolv. Därefter visade han sig för mer än femhundra bröder på en gång, av vilka de flesta ännu lever, medan några är insomnade. Sedan visade han sig för Jakob och därefter för alla apostlarna. Allra sist visade han sig också för mig, som är såsom ett ofullgånget foster" (15:2-8). "Om Kristus inte har uppstått, då är er tro meningslös och ni är ännu kvar i era synder" (15:17). "Men nu har Kristus uppstått från de döda som förstlingen av de insomnade" (15:20). "Gud vare tack, som ger oss segern genom vår Herre Jesus Kristus" (15:57).

Andra Korintierbrevet
I detta brev riktar sig Paulus "till Guds församling i Korint och *till alla de heliga i hela Akaja"* (1:1). *"Guds Son, Jesus Kristus,* som bland er har blivit predikad av oss, av mig och Silvanus och Timoteus, han kom inte som ja och nej, utan *ett ja har kommit genom honom. Ty alla Guds löften har i honom fått sitt ja.* Därför får de också genom honom sitt amen, för att Gud ska bli ärad genom oss" (1:19-20). "En sådan tillit har vi till Gud genom Kristus, inte så att vi av oss själva skulle kunna tänka

ut något på egen hand, utan vår förmåga kommer från Gud. Han har gjort oss dugliga till att vara tjänare åt *ett nytt förbund"* (3:4-6).

"När gamla förbundets skrifter föreläses" ligger en slöja över Israels barns hjärtan. "Först i Kristus försvinner den." "Närhelst någon omvänder sig till Herren, tas slöjan bort" (3:14-16). "Den här tidsålderns gud har förblindat de otroendes sinnen, så att de inte ser *ljuset som strålar ut från evangeliet om Kristi härlighet* – han som är Guds avbild. Vi predikar inte oss själva utan *Jesus Kristus som Herren"* (4:4-5). "Kristi kärlek driver oss, eftersom vi är övertygade om att *en har dött i allas ställe, och därför har alla dött.* Och han dog för alla, för att de som lever inte längre ska leva för sig själva utan för honom som har dött och uppstått för dem" (5:14-15).

"Allt kommer från Gud, som har försonat oss med sig själv genom Kristus och gett oss försoningens tjänst. Ty *Gud var i Kristus och försonade världen med sig själv.* Han tillräknade inte människorna deras överträdelser, och han har anförtrott åt oss försoningens ord. Vi är alltså sändebud för Kristus. Det är Gud som förmanar genom oss. Vi ber å Kristi vägnar: låt försona er med Gud. *Han som inte visste av synd, honom har Gud i vårt ställe gjort till synd, för att vi i honom skulle stå rättfärdiga inför Gud"* (5:18-21).

"Ni känner ju vår Herre Jesu Kristi nåd. *Han var rik men blev fattig för er skull, för att ni genom hans fattigdom skulle bli rika"* (8:9). "Jag brinner av iver för er med den iver som kommer från Gud. Jag har trolovat er med en enda man, för att föra fram en ren jungfru inför Kristus" (11:2).

Galaterbrevet

Paulus inleder detta brev med att betona att han inte är utsänd av människor "utan av Jesus Kristus och Gud, Fadern, som har uppväckt honom från de döda" (1:1). "Nåd vare med er och frid från Gud, vår Fader, och *Herren Jesus Kristus, som offrade sig för våra synder för att rädda oss ur den nuvarande onda tidsåldern, efter vår Guds och Faders vilja*" (1:3).

"Eftersom vi vet att människan inte förklaras rättfärdig genom laggärningar utan genom tro på Jesus Kristus, så har också vi (som är judar till födelsen) satt vår tro till Kristus Jesus, för att vi ska stå rättfärdiga genom tro på Kristus och inte genom laggärningar. Ty genom laggärningar blir ingen människa rättfärdig" (2:16). "Jag har genom lagen dött bort från lagen för att jag ska leva för Gud. Jag är korsfäst med Kristus, och nu lever inte längre jag, utan Kristus lever i mig. Och det liv jag nu lever i min kropp, det lever jag i tron på *Guds Son, som har älskat mig och utgivit sig för mig*. Jag förkastar inte Guds nåd. Om rättfärdighet kunde vinnas genom lagen, då hade Kristus dött förgäves" (2:19-21).

"*Kristus friköpte oss från lagens förbannelse, när han blev en förbannelse i vårt ställe*. Det står skrivet: Förbannad är var och en som är upphängd på trä. Vi friköptes, för att *den välsignelse Abraham fått skulle i Jesus Kristus komma till hedningarna* och för att vi genom tron skulle få den utlovade Anden" (3:13-14).

"Alla är ni Guds barn genom tron på Kristus Jesus. *Alla ni som har blivit döpta till Kristus har blivit iklädda Kristus*. Här är inte jude eller grek, slav eller fri, man och kvinna. Alla är ni ett i Kristus Jesus. *Om ni nu tillhör honom är ni Abrahams avkomlingar, arvingar enligt löftet*" (3:26-29). "När tiden var fullbordad sände Gud sin Son, född av kvinna och ställd under lagen, för att han skulle friköpa dem som stod under lagen, så att vi skulle få söners rätt" (4:4-5). "Ni har kommit bort från Kristus, ni som försöker bli rättfärdiga genom lagen. Ni har fallit ur nåden" (5:4).

Efesierbrevet

"Välsignad är vår Herre Jesu Kristi Gud och Fader, som *i Kristus har välsignat oss med all den himmelska världens andliga välsignelse,* liksom han innan världens grund blev lagd har utvalt oss i honom för att vi skulle vara heliga och fläckfria inför honom. I sin kärlek har han genom Jesus Kristus förutbestämt att vi skulle tas upp som hans barn enligt sin vilja och sitt beslut, för att *den härliga nåd som han har skänkt oss i den Älskade ska prisas. I honom är vi friköpta genom hans blod och har förlåtelse för våra synder* på grund av den rika nåd som han har låtit flöda över oss, med all vishet och insikt" (1:3-8).

Paulus kallar evangeliet om Kristus "det sanna budskapet, evangeliet om er frälsning" (1:13). "Jag ber att vår Herre Jesu Kristi Gud, härlighetens Fader, ska ge er vishetens och uppenbarelsens Ande, så att ni får en rätt kunskap om honom. Jag ber att era hjärtan ska upplysas, så att ni förstår vilket hopp han har kallat er till och hur rikt på härlighet hans arv är bland de heliga, och hur oerhört stor hans makt är i oss som tror, därför att hans väldiga kraft är verksam. *Med denna kraft verkade han i Kristus, när han uppväckte honom från de döda och satte honom på sin högra sida i himlen, över alla furstar och väldigheter, makter och herradömen,* ja, över alla namn som kan nämnas inte bara i denna tidsålder utan också i den kommande. Allt lade han under hans fötter, och honom som är *huvud över allting* gav han åt församlingen, som är hans kropp, fullheten av honom som uppfyller allt i alla" (1:17-22).

"Gud som är rik på barmhärtighet har älskat oss med så stor kärlek, också när vi ännu var döda genom våra överträdelser, att han har gjort oss levande tillsammans med Kristus. Av nåd är ni frälsta. Ja, han har uppväckt oss med honom och satt oss med honom i den himmelska världen, i Kristus Jesus, för att i kommande tider visa sin överväldigande rika nåd genom godhet mot oss i Kristus Jesus. Ty av nåden är ni frälsta genom tron, inte av er själva, Guds gåva är det, inte på grund av gärningar, för att ingen ska berömma sig. Ty hans verk är vi, skapade i Kristus Jesus till goda gärningar, som Gud har förberett, så att vi ska vandra i dem" (2:4-10).

"Ni är uppbyggda på apostlarnas och profeternas grund, där hörnstenen är Kristus Jesus själv" (2:20). "I honom och genom tron på honom kan vi frimodigt och med tillförsikt träda fram inför Gud" (3:12). "Var goda och barmhärtiga mot varandra och *förlåt varandra, liksom Gud i Kristus ha förlåtit er*. Bli Guds efterföljare, ni som är hans älskade barn. Och *lev i kärlek, så som Kristus har älskat oss och utlämnat sig själv för oss som offergåva, ett välluktande offer åt Gud*" (4:32-5:2). "*Frid* vare med bröderna och *kärlek och tro från Gud, Fadern, och Herren Jesus Kristus*" (6:23).

Filipperbrevet

"Fastän Kristus Jesus var till i Gudsgestalt, räknade han inte *tillvaron som Gud* såsom segerbyte utan *utgav sig själv genom att anta en tjänares gestalt då han blev människa*. Han som till det yttre var som en människa *ödmjukade sig och blev lydig ända till döden – döden på korset*. Därför har också Gud upphöjt honom över allting och gett honom *namnet över alla namn*, för att i Jesu namn alla knän ska böja sig, i himlen och på jorden och under jorden och alla tungor bekänna, Gud, Fadern, till ära, att *Jesus Kristus är Herren*" (2:6-11).

"Vi har vårt medborgarskap i himlen, och därifrån väntar vi Herren Jesus Kristus som Frälsare. Han ska förvandla vår bräckliga kropp, så att den blir lik den kropp han har i sin härlighet. Ty han har makt att lägga allt under sig" (3:20-21).

Kolosserbrevet

Gud "har frälst oss från mörkrets välde och fört oss in i *sin älskade Sons rike*. I honom är vi friköpta och har fått förlåtelse för våra synder. *Han är den osynlige Gudens avbild, förstfödd före allt skapat. Ty i honom skapades allt i himlen och på jorden, det synliga och det osynliga, tronfurstar och herradömen, makter och väldighe-*

ter. Allt är skapat genom honom och till honom. Han är till före allting, och allt består genom honom. Han är huvudet för sin kropp, församlingen. Han är begynnelsen, den förstfödde från de döda, för att han i allt skulle vara den främste. Ty Gud beslöt att låta hela fullheten bo i honom och genom honom försona allt med sig, sedan han skapat *frid i kraft av blodet på hans kors* – frid genom honom både på jorden och i himlen" (1:13-20). "I honom är vishetens och kunskapens alla skatter gömda" (2:3). *"I honom bor gudomens hela fullhet i kroppslig gestalt"* (2:9).

"Sök det som är där ovan, där Kristus sitter på Guds högra sida. Tänk på det som är där ovan, inte på det som är på jorden. Ty ni har dött och ert liv är dolt med Kristus i Gud. *När Kristus träder fram, han som är vårt liv, då ska också ni träda fram i härlighet tillsammans med honom"* (3:1-4).

Första Tessalonikerbrevet
"Ni har blivit ett föredöme för alla troende i Makedonien och i Akaja. Ty från er har Herrens ord gett återljud, inte bara i Makedonien och Akaja, utan överallt har er tro på Gud blivit känd, så att vi inte behöver säga något. Själva berättar de om hur vi blev mottagna av er och hur *ni omvände er till Gud, bort från avgudarna, för att tjäna den levande och sanne Guden och vänta på hans Son från himlen, honom som Gud har uppväckt från de döda, Jesus, som har frälst oss från den kommande vredesdomen"* (1:7-10). "Vem är vårt hopp, vår glädje, vår ärekrona *inför vår Herre Jesus när han kommer,* vem om inte ni? Ja, ni är vår ära och vår glädje" (2:19-20).

"Eftersom vi tror att Jesus har dött och uppstått, så tror vi också att Gud ska föra fram dem som insomnat i Jesus tillsammans med honom. Vi säger er detta enligt ett ord från Herren: *vi som lever och är kvar till Herrens ankomst* ska alls inte komma före de insomnade. Ty när en befallning ljuder, en ärkeängels röst och en Guds basun, *då ska Herren själv stiga ner från himlen.* Och först ska de som dött i Kristus Jesus uppstå. Därefter ska vi som lever och är kvar ryckas upp bland moln tillsammans med dem för att möta Herren i rymden. Och så ska vi alltid vara hos Herren. Trösta därför varandra med dessa ord. Om tider och stunder, bröder, behöver vi inte skriva till er. Ni vet själva mycket väl att Herrens dag kommer som en tjuv om natten" (4:14-5:2). "Gud har inte bestämt oss till att drabbas av vredesdomen utan till att vinna frälsning genom *vår Herre Jesus Kristus. Han har dött för oss, för att vi ska leva tillsammans med honom, vare sig vi är vakna eller insomnade*" (5:9-10).

Andra Tessalonikerbrevet

"Vi berömmer oss i Guds församlingar av er, av er uthållighet och er tro under alla de *förföljelser och lidanden* som ni får utstå. Allt detta är ett bevis på Guds rättvisa dom, att ni ska anses värdiga Guds rike som ni lider för. Gud är rättfärdig: han vedergäller dem med lidande som plågat er och ger åt er som blir plågade lindring tillsammans med oss. Och det sker när *Herren Jesus kommer från himlen och uppenbarar sig med sina mäktiga änglar, i flammande eld* och straffar dem som inte vill veta av Gud och dem som inte lyder vår Herre Jesu evangelium. Dessa ska bli straffade med evigt fördärv, bort från Herrens ansikte och hans härlighet och makt, när *han kommer för att förhärligas i sina heliga och väcka förundran hos alla dem som tror*. Ty vårt vittnesbörd har ni trott. Så ska ske på den dagen" (1:4-10).

"Må vår Herre Jesus Kristus själv och Gud vår Fader, som har älskat oss och i sin nåd gett oss evig tröst och gott hopp, uppmuntra era hjärtan och styrka er till allt gott i ord och gärning" (2:16-17). "Vår Herre Jesu Kristi nåd vare med er alla" (3:18).

Första Timoteusbevet

Paulus skriver detta pastoralbrev "som Kristi Jesu apostel *på uppdrag av Gud, vår Frälsare, och Kristus Jesus, vårt hopp*" (1:1). "Det är ett ord att lita på och värt att på allt sätt tas emot, att *Kristus Jesus har kommit till världen för att frälsa syndare*" (1:15). "Gud är en, och *en är medlare mellan Gud och människor, en män-*

niska, Kristus Jesus, som gav sig själv till lösen i allas ställe" (2:5-6). "Erkänt stor är gudsfruktans hemlighet: *Gud blev uppenbarad i en kropp,* bevisad rättfärdig genom Anden, sedd av änglar, predikad bland folken, trodd i världen, upptagen i härligheten" (3:16).

Andra Timoteusbrevet

Här presenterar sig Paulus som den som är "sänd för att predika *löftet om liv i Kristus Jesus"* (1:1). "Vår Frälsare Kristus Jesus" "har gjort slut på döden och fört liv och odödlighet fram i ljuset genom evangelium. Detta har jag blivit satt till att tjäna som förkunnare, apostel och lärare" (1:10-11).

"Du mitt barn, *hämta kraft i den nåd som finns hos Kristus Jesus"* (2:1). "Tänk på Jesus Kristus, som är uppstånden från de döda och som har kommit av Davids släkt enligt det evangelium jag predikar. I dess tjänst är det jag lider och till och med bär bojor som en förbrytare. Men Guds ord bär inte bojor. Därför uthärdar jag allt för de utvaldas skull, *för att de ska vinna frälsningen i Kristus Jesus och den eviga härligheten"* (2:8-10).

"Du känner från barndomen de heliga Skrifterna som kan göra dig vis, så att du blir frälst genom tron i Kristus Jesus" (3:15). "Jag uppmanar dig allvarligt vid Gud och *Kristus Jesus, som ska döma levande och döda,* och inför hans uppenbarelse och hans rike: predika ordet, träd fram i tid och otid, bestraffa, tillrättavisa och förmana, med allt tålamod och all undervisning" (4:1-2).

Brevet till Titus

"Nåd och frid från Gud, Fadern, och Kristus Jesus, vår Frälsare" (1:4). "Ty *Guds nåd har uppenbarats till frälsning för alla människor.* Den fostrar oss att säga nej till ogudaktighet och världsliga begär och att leva anständigt, rättfärdigt och gudfruktigt i den tid som nu är, medan vi väntar på *det saliga hoppet att vår store Gud och Frälsare Jesus Kristus ska träda fram i härlighet.* Han har offrat sig själv för oss för att friköpa oss från all laglöshet och rena åt sig ett egendomsfolk, som är uppfyllt av iver att göra goda gärningar" (2:11-14).

"När Guds, vår Frälsares, godhet och kärlek till människorna uppenbarades, frälste han oss, inte för rättfärdiga gärningar som vi hade gjort, utan på grund av sin barmhärtighet, genom ett bad till ny födelse och förnyelse i den helige Ande, som han rikligt utgöt över oss genom Jesus Kristus, vår Frälsare. Detta skedde för att vi skulle stå rättfärdiga genom hans nåd och, som vårt hopp är, bli arvingar till det eviga livet" (3:4-7).

Brevet till Filemon

"Jag Paulus, en gammal man och nu *en Kristi Jesu fånge*, jag vädjar till dig för mitt barn, som jag har fött i min fångenskap, för Onesimus" (1:9-10). "Honom skickar jag nu tillbaka till dig. Det är som att sända mitt eget hjärta. Egentligen ville jag behålla honom hos mig, så att han kunde vara mig till hjälp i ditt ställe, när jag nu sitter *i fängelse för evangeliets skull*" (1:12-13). "Kanske blev han skild från dig en tid, för att du skulle få honom tillbaka för alltid, inte längre som en slav utan som något mer: en älskad broder" (1:15-16).

Hebreerbrevet

"Sedan Gud i forna tider många gånger och på många sätt hade talat till fäderna genom profeterna, har han nu i den sista tiden *talat till oss genom sin Son. Honom har han insatt till att ärva allting, och genom honom har han också skapat världen. Sonen utstrålar Guds härlighet och uppenbarar hans väsen och uppehåller allt genom sitt mäktiga ord. Och sedan han utfört en rening från synderna, sitter han nu på Majestätets högra sida i höjden*" (1:1-3).

"Jesus, som för en liten tid gjordes ringare än änglarna, honom ser vi nu krönt med härlighet och ära därför att han led döden. Genom Guds nåd skulle han smaka döden i allas ställe" (2:9). "Genom sin död skulle han göra den maktlös som hade döden i sitt våld, det vill säga djävulen" (2:14).

"Se på Jesus, den apostel och överstepräst som vi bekänner oss till. Han var betrodd av den som hade insatt honom, liksom Mose var betrodd i hela Guds hus. Men Jesus är värd mycket större ära än Mose, liksom byggmästaren är värd större heder än själva huset. Varje hus är byggt av någon, men Gud är den som har byggt allt. Mose var betrodd som tjänare i hela Guds hus för att vittna om det som senare skulle förkunnas. Men *Kristus är betrodd som Son att råda över Guds hus, och hans hus är vi*, när vi håller fast vid vår frimodighet och vårt hopp som vi berömmer oss av" (3:1-6).

"Då vi nu har *en stor överstepräst, Jesus, Guds Son, som har stigit upp genom himlarna*, så låt oss hålla fast vid vår bekännelse. Ty vi har inte en överstepräst som ej kan ha medlidande med våra svagheter, utan en som blev frestad i allt liksom vi, men utan synd. Låt oss därför frimodigt gå fram till nådens tron för att få barmhärtighet och finna nåd till hjälp i rätt tid" (4:14-16).

"Eftersom *Jesus lever för evigt*, har han ett prästämbete som varar för evigt. Därför kan han också helt och fullt frälsa dem som genom honom kommer till Gud, ty han lever alltid för att mana gott för dem. En sådan överstepräst var det vi också behövde, en som är helig, oskyldig, obefläckad, skild från syndare och upphöjd över himlarna. Han måste inte som dessa överstepräster bära fram offer, en dag varje år, först för sina egna synder och sedan för folkets. Detta gjorde han en gång för alla, när han offrade sig själv. Ty lagen insätter svaga människor till överstepräster, men det ord som bekräftades med ed och kom senare än lagen insätter Sonen, som är fullkomlig för evigt" (7:24-28).

"Vi har *en sådan överstepräst som sitter på högra sidan om Majestätets tron i himlen* och som tjänar i helgedomen, det sanna tabernaklet som Herren själv har rest och inte någon människa" (8:1-2). "Kristus har kommit som överstepräst för det goda som vi äger. Genom det större och fullkomligare tabernakel som inte är gjort med händer, det vill säga som inte tillhör den här skapelsen, gick han en gång för alla in i det allra heligaste, inte med bockars och kalvars blod utan med sitt eget blod och vann en evig återlösning" (9:11-12).

"Kristus är medlare för ett nytt förbund, för att de kallade skulle få det utlovade eviga arvet, sedan han genom sin död hade friköpt oss från överträdelserna under det första förbundet" (9:15). "Kristus gick inte in i en helgedom som är gjord med händer och som bara är en bild av den verkliga helgedomen. *Han gick in i själva himlen för att träda fram inför Guds ansikte för vår skull*" (9:24).

"Liksom det är bestämt om människan att hon *en* gång ska dö och sedan dömas, så blev Kristus offrad *en* gång för att bära mångas synder, och han ska en andra gång träda fram, inte för att bära synd utan för att frälsa dem som väntar på honom" (9:27-28). *"Jesus har framburit ett enda syndoffer för alla tider, och han har satt sig på Guds högra sida* och väntar nu på att hans fiender ska läggas som en fotpall under hans fötter. Genom ett enda offer har han för alla tider gjort dem som helgas fullkomliga" (10:12-14). "Där synderna är förlåtna behövs det inte längre något syndoffer" (10:18).

"Bröder, i kraft av Jesu blod kan vi nu frimodigt gå in i det allra heligaste på den nya och levande väg som han har öppnat för oss genom förlåten, det vill säga sitt kött. Vi har en stor präst över Guds hus. Låt oss därför med uppriktigt hjärta gå fram i full trosvisshet, med ett hjärta som är renat från ett ont samvete och med en kropp som är badad i rent vatten. Låt oss orubbligt hålla fast vid hoppets bekännelse, ty den som har gett oss löftet är trofast" (10:19-23). "Låt oss ha blicken fäst vid Jesus, trons upphovsman och fullkomnare, som i stället för den glädje som låg framför honom utstod korsets lidande utan att bry sig om skammen och som *nu sitter på högra sidan om Guds tron*" (12:2).

Jakobs brev

Jakob presenterar sig som "Guds och Herren Jesu Kristi tjänare" (1:1). Han förmanar bl.a.: "Mina bröder, ni kan inte tro på *vår Herre Jesus Kristus, den förhärligade,* och på samma gång göra skillnad på människor" (2:1). "Vänta tåligt, bröder, tills Herren kommer. Se, hur jordbrukaren tåligt väntar på jordens dyrbara skörd, tills den får höstregn och vårregn. Var också ni tåliga och styrk era hjärtan, ty Herrens ankomst är nära. Klaga inte på varandra, bröder, så blir ni inte dömda. Se, domaren står utanför dörren. Bröder, ta profeterna som talade i Herrens namn till föredömen i att tåligt uthärda lidanden" (5:7-10).

Petrus första brev

"Välsignad är vår Herre Jesu Kristi Gud och Fader. I sin stora barmhärtighet har han genom Jesu Kristi uppståndelse från de döda fött oss på nytt till ett levande hopp, till ett arv som aldrig kan förstöras, fläckas eller vissna och som är förvarat åt er i himlen" (1:3-4). "Ni vet ju att det inte var med förgängliga ting, med silver eller guld, som ni blev friköpta från det meningslösa liv ni ärvt från era fäder, utan med Kristi dyrbara blod, som med blodet av ett lamm utan fel och lyte. Han var utsedd redan före världens skapelse men har i dessa sista tider uppenbarats för er skull, ni som genom honom tror på Gud, som uppväckte honom från de döda och gav honom härlighet, så att er tro och ert hopp står till Gud" (1:18-21).

"Kom till honom, *den levande stenen,* som visserligen är förkastad av människor men är utvald och dyrbar inför Gud" (2:4). "Våra synder bar han i sin kropp upp på korsets trä, för att vi skulle dö bort från synderna och leva för rättfärdigheten. Och genom hans sår har ni blivit botade. Ni var som vilsegångna får, men nu har ni vänt om till *era själars herde och vårdare*"

(2:24-25). "Kristus led en gång för våra synder. Rättfärdig led han i orättfärdigas ställe, för att föra oss till Gud" (3:18).

"All nåds Gud, som har kallat er till sin eviga härlighet i Kristus, han ska upprätta, stödja, styrka och befästa er, sedan ni en kort tid har lidit. Hans är makten i evighet, amen" (5:10-11). "Frid vare med er alla i Kristus" (5:14).

Petrus andra brev

Petrus skriver "till dem som genom *rättfärdigheten från vår Gud och Frälsare Jesus Kristus* har fått på sin lott samma dyrbara tro som vi. Må nåd och frid i ännu rikare mått komma er till del genom kunskapen om Gud och vår Herre Jesus" (1:1-2).

"Det var inte några utstuderade myter vi följde, när vi förkunnade för er vår Herre Jesu Kristi makt och hans ankomst, utan *vi var ögonvittnen till Jesu majestät*. Ty han blev av Gud, Fadern, ärad och förhärligad, när en röst kom till honom från den upphöjda Härligheten: *Denne är min Son, den Älskade. I honom har jag min glädje*. Den rösten hörde vi själva från himlen, när vi var med honom på det heliga berget" (1:16-18).

"Ni ska veta att i de sista dagarna kommer det människor som drivs av sina begär och som förtalar och hånar er och frågar: Hur går det med löftet om hans återkomst?" (3:3-4). "Herren dröjer inte med att uppfylla sitt löfte, så som en del menar. Nej, han har tålamod med er, eftersom han inte vill att någon ska gå förlorad utan att alla ska få tid att omvända sig. Men Herrens dag kommer som en tjuv, och då ska himlarna försvinna under våldsamt dån och himlakroppar upplösas av hetta och jorden och de verk som är på den inte mer finnas till. ... Men nya himlar och en ny jord där rättfärdighet bor väntar vi på efter hans löfte" (3:9-13).

"Mina älskade, då ni redan vet detta, var på er vakt, så att ni inte dras med i de laglösas villfarelse och förlorar ert fäste.

Väx i stället till i nåd och *kunskap om vår Herre och Frälsare Jesus Kristus. Hans är äran nu och till evighetens dag, amen"* (3:17-18).

Johannes första brev

"Det som var från begynnelsen, det vi har hört, det vi med egna ögon har sett, det vi skådade och med våra händer rörde vid – om Livets Ord är det vi vittnar. Ja, livet uppenbarades, vi har sett det och vittnar om det och förkunnar för er det eviga livet, som var hos Fadern och uppenbarades för oss" (1:1-2). *"Vår gemenskap är med Fadern och hans Son Jesus Kristus"* (1:3). "Om vi vandrar i ljuset, liksom han är i ljuset, så har vi gemenskap med varandra, och *Jesu, hans Sons blod renar oss från all synd"* (1:7). "Om någon syndar, har vi en som för vår talan inför Fadern – Jesus Kristus som är rättfärdig. *Han är försoningen för våra synder, och inte bara för våra utan också för hela världens"* (2:1-2).

"Vem är lögnaren, om inte den som förnekar att Jesus är Kristus? *Den är Antikrist som förnekar Fadern och Sonen. Den som förnekar Sonen har inte heller Fadern. Den som bekänner Sonen har också Fadern"* (2:22-23). "Mina älskade, tro inte alla andar utan pröva andarna om de kommer från Gud. Ty många falska profeter har gått ut i världen. Så känner ni igen Guds Ande: varje ande, som bekänner att *Jesus är Kristus, som kommit i köttet,* han är från Gud, och varje ande som inte bekänner Jesus, han är inte från Gud" (4:1-3).

"Så uppenbarades Guds kärlek till oss: han sände sin enfödde Son till världen för att vi skulle leva genom honom. Kärleken består inte i att vi har älskat Gud utan i att han har älskat oss och sänt sin Son till försoning för våra synder" (4:9-10). "Vi har sett och vittnar om att Fadern har sänt sin Son som världens Frälsare. *Den som bekänner att Jesus är Guds Son, i honom förblir Gud och han själv förblir i Gud.* Och vi har lärt känna den kärlek som Gud har till oss och tror på den" (4:14-16). "Vi älskar därför att han först har älskat oss" (4:19).

”Vem kan besegra världen utom den som tror att Jesus är Guds Son? Det är han som kom genom vatten och blod, Jesus Kristus, inte bara genom vattnet, utan genom vattnet och blodet. Och det är Anden som vittnar, eftersom Anden är sanningen. Ty det är tre som vittnar: Anden, vattnet och blodet, och de tre säger ett och detsamma” (5:5-8). ”Gud har vittnat om sin Son. Den som tror på Guds Son har vittnesbördet inom sig. Den som inte tror på Gud gör honom till en lögnare, eftersom han inte tror på vittnesbördet som Gud har givit om sin Son. Och detta är vittnesbördet: *Gud har skänkt oss evigt liv, och det livet är i hans Son.* Den som har Sonen har livet. Den som inte har Guds Son har inte livet” (5:9-12).

”Vi vet att Guds Son har kommit och gett oss förstånd, så att vi känner den Sanne, och vi är i den Sanne, i hans Son Jesus Kristus. *Han är den sanne Guden och det eviga livet”* (5:20).

Johannes andra brev

”Nåd, barmhärtighet och frid från Gud, Fadern, och från Jesus Kristus, Faderns Son” (1:3). ”Många bedragare har gått ut i världen, och de bekänner inte att *Jesus är Kristus, som har kommit i köttet”* (1:7).

Judas brev

Brevet riktar sig ”till dem som är kallade och älskade i Gud, vår Fader, och bevarade i Jesus Kristus” (v. 1). ”Hos er har det nästlat sig in vissa personer” som ”förvanskar vår Guds nåd till försvar för ett liv i utsvävningar och förnekar *vår ende Härskare och Herre, Jesus Kristus”* (v. 4). ”Men ni, mina älskade, ska uppbygga varandra på er allra heligaste tro. Be i den helige Ande. Håll er kvar i Guds kärlek, medan ni väntar på att vår Herre Jesus Kristus i sin barmhärtighet ska ge er evigt liv” (v. 20-21).

Uppenbarelseboken

”Detta är *Jesu Kristi uppenbarelse,* som Gud gav honom för att visa sina tjänare vad som snart måste ske” (1:1). ”Frid från

Jesus Kristus, det trovärdiga vittnet, den förstfödde från de döda och härskaren över jordens kungar. Han som älskar oss och har friköpt oss från våra synder med sitt blod och som har gjort oss till ett konungadöme, till präster åt sin Gud och Fader" (1:5-6).

"Jag vände mig om för att se rösten som talade med mig. Och när jag vände mig om, såg jag sju ljusstakar av guld och mitt ibland ljusstakarna en som liknade Människosonen, klädd i en fotsid klädnad och omgjordad med ett bälte av guld om bröstet. Hans huvud och hår var vitt som vit ull, som snö, och hans ögon var som eldslågor. Hans fötter liknade skinande malm som glöder i smältugnen, och hans röst lät som dånet av väldiga vatten. I sin högra hand höll han sju stjärnor, och ur hans mun gick ett tveeggat, skarpt svärd, och hans ansikte lyste som solen, när den skiner i all sin kraft. När jag såg honom föll jag ner som död för hans fötter, och han lade sin högra hand på mig och sa: Var inte förskräckt. *Jag är den förste och den siste och den levande. Jag var död, och se, jag lever i evigheternas evigheter och har nycklarna till döden och helvetet.* Skriv ner vad du har sett, vad som är och vad som ska ske härefter. Detta är hemligheten med de sju stjärnorna som du har sett i min högra hand och med de sju ljusstakarna av guld: de sju stjärnorna är de sju församlingarnas änglar, och de sju ljusstakarna är de sju församlingarna" (1:12-20).

"Så säger den förste och den siste, han som var död och har fått liv igen…" (2:8). "Så säger *den Helige och Sanne, han som har Davids nyckel, han som öppnar så att ingen kan stänga, och stänger så att ingen kan öppna…"* (3:7). "Så säger han som är Amen, det trovärdiga och sannfärdiga vittnet, *upphovet till Guds skapelse…"* (3:14). "Den som segrar ska få sitta hos mig på min tron, liksom jag själv har segrat och sitter hos min Fader på hans tron" (3:21).

"De sjöng en ny sång: Du är värdig att ta bokrullen och bryta dess sigill, ty du har blivit slaktad, och med ditt blod har du åt Gud köpt människor av alla stammar och språk, folk och folkslag. Du har gjort dem till ett konungadöme, till präster åt vår Gud, och de ska regera på jorden" (5:9-10).

"Jag såg himlen öppen, och se: en vit häst, och han som satt på den heter Trofast och Sann, och han dömer och strider i rättfärdighet. Hans ögon var som eldslågor, och på sitt huvud bar han många kronor. Han hade ett namn skrivet som ingen känner utom han själv. Han var klädd i en mantel som hade doppats i blod, och det namn han har fått är *Guds Ord*... Och på sin mantel och på sin höft har han ett namn skrivet: *Konungarnas Konung och herrarnas Herre*" (19:11-16).

"Något tempel såg jag inte i staden, ty *Herren Gud, den Allsmäktige, och Lammet är dess tempel.* Staden behöver inte ljus från sol eller måne, ty Guds härlighet lyser upp den, och *dess ljus är Lammet*" (21:22-23).

"Jag, Jesus, har sänt min ängel för att vittna för er om allt detta i församlingarna. *Jag är Davids rotskott och hans ättling, den klara morgonstjärnan*" (22:16).

Sammanfattning

Det vittnesmål om Jesus som kan utläsas ur Nya testamentets brev och Uppenbarelseboken är helt i samklang med vad vi funnit vara evangeliernas och Apostlagärningarnas vittnesbörd om honom. Han som blev korsfäst var ingen mindre än "härlighetens Herre" (1 Kor. 2:8). "Allt är skapat genom honom och till honom. Han är till före allting" (Kol. 2:16f). "I honom bor gudomens hela fullhet i kroppslig gestalt" (Kol. 2:9). Guds Son, Jesus Kristus, "är den sanne Guden och det eviga livet" (1 Joh. 5:20). "Jag är den förste och den siste och den levande. Jag var död, och se, jag lever i evigheternas evigheter och har nycklarna till döden och helvetet" (Upp. 1:17-18). Jesus är "Konungarnas Konung och herrarnas Herre" (Upp. 19:16). Alla Guds löften har fått sitt ja i Guds Son, Jesus Kristus

(2 Kor. 1:20). "Den som förnekar Sonen har inte heller Fadern. Den som bekänner Sonen har också Fadern" (1 Joh. 2:23).

De nytestamentliga breven betonar vad Jesus har gjort och gör för människans frälsning: Han sitter nu på Guds högra sida och ber för oss (Rom. 8:34). "Om någon syndar, har vi en som för vår talan inför Fadern – Jesus Kristus som är rättfärdig. Han är försoningen för våra synder, och inte bara för våra utan också för hela världens" (1 Joh. 2:1-2). Gud har försonat oss med sig själv genom Kristus (2 Kor. 5:18). Den syndfrie har Gud i vårt ställe gjort till synd för att vi i honom skulle stå rättfärdiga inför Gud (2 Kor. 5:21). "När tiden var fullbordad sände Gud sin Son, född av kvinna och ställd under lagen, för att han skulle friköpa dem som stod under lagen, så att vi skulle få söners rätt" (Gal. 4:4-5). Genom laggärningar blir ingen människa rättfärdig (Gal. 2:16). I Kristus är vi friköpta genom hans blod och har förlåtelse för våra synder (Efes. 1:7). "Gud har frälst oss från mörkrets välde och fört oss in i sin älskade Sons rike" (Kol. 1:13). "Gud har inte bestämt oss till att drabbas av vredesdomen utan till att vinna frälsning genom vår Herre Jesus Kristus. Han har dött för oss, för att vi ska leva tillsammans med honom, vare sig vi är vakna eller insomnade" (1 Tess. 5:9-10). "Genom sin död skulle han göra den maktlös som hade döden i sitt våld, det vill säga djävulen" (Hebr. 2:14). "Så uppenbarades Guds kärlek till oss: han sände sin enfödde Son till världen för att vi skulle leva genom honom. Kärleken består inte i att vi har älskat Gud utan att han har älskat oss och sänt sin Son till försoning för våra synder" (1 Joh. 4:9-10). Guds gåva är evigt liv i Kristus Jesus, vår Herre (Rom. 6:23). "Hämta kraft i den nåd som finns hos Kristus Jesus" (2 Tim. 2:1). "Jesus Kristus är densamme i går och idag och i evighet. Låt er inte föras bort av alla slags främmande läror" (Hebr. 13:8f).

Kapitel 3

Vem är Jesus enligt utombibliska källor?

Antikens historieskrivare skrev i regel bara om officiella personer som kejsare, kungar, militära ledare och stora filosofer. Det är därför anmärkningsvärt att det föreligger uppgifter om Jesus i den utomkristna antika litteraturen.[8] Bl.a. Josefus och Tacitus nämner Jesus.

1. Josefus är en historiker från det första århundradet (ca 37-100 e.Kr.). Han nämner i sina skrifter Jakob, Jesu bror och Jesus själv. I sitt stora verk *Antiquitates judaicae* skriver han i 20:e boken, stycke 200: "Han (översteprästen) kallade samman Stora rådet, förde inför det fram en man vid namn Jakob, bror till Jesus, som kallades Kristus, samt vissa andra. Han anklagade dem för att ha överträtt lagen och utlämnade dem till att stenas." I den 18:e boken (63-64) föreligger ett ännu längre avsnitt om Jesus, ofta kallat "Testimonium Flavianum". Det lyder:

> *Ungefär vid denna tid framträdde Jesus, en vis man, om det nu är tillbörligt att kalla honom en man. För han var en som gjorde förunderliga gärningar, en lärare för människor som gärna tar emot sanningen, och han drog till sig många, både judar och av grekiskt ursprung. Han var Messias. Och när Pilatus, på grund av en anklagelse från våra ledande män, dömde honom till korset, upphörde inte de som först hade*

[8] När det gäller beskrivningar av Jesus i gnostiska texter, se kapitel 6 om "Jesus och de gnostiska evangelierna".

älskat honom att göra det. Ty han visade sig för dem på den tredje dagen levande igen, just som de gudomliga profeterna hade förutsagt dessa och tiotusen andra underbara ting om honom. Och ända till nu har de kristnas stam, uppkallade efter honom, inte dött ut.[9]

Denna text är omdiskuterad, eftersom den tycks innehålla vissa kristna omformuleringar eller tillägg. "Men i vår tid råder det en anmärkningsvärd samstämmighet bland både judiska och kristna forskare om att texten som helhet är äkta, fast den kan innehålla inskjutna tillägg."[10] Formuleringen "om det nu är tillbörligt att kalla honom en man" *kan* tyda på att en kristen skrivare velat antyda att Jesus var mer än en människa. Formuleringen "han var Messias" i st.f. "han kallades Messias" kan också vara en kristen bearbetning. Slutligen satsen "han visade sig för dem på den tredje dagen levande igen, just som de gudomliga profeterna hade förutsagt dessa och tiotusen andra underbara ting om honom" kan vara ett kristet tillägg. Men bortser man från dessa tre satser innehåller detta och det tidigare nämnda avsnittet hos Josefus viktiga utombibliska vittnesbörd om Jesus.

2. Historieskrivaren Tacitus (ca 55-117 e.Kr.) "skrev det som troligen är det viktigaste stället där Jesus nämns utanför Nya testamentet", säger Yamauchi.[11] I sina *Annales*, ett verk som med stora luckor täcker perioden 14-68 e.Kr., berättar Tacitus i bok XV att kejsar Nero skyllde Roms brand på de kristna. I detta sammanhang förklarar han att denna riktning hade sitt ursprung från en man vid namn Kristus, som på kejsar Tibe-

---

[9] Denna översättning är gjord av professor Bengt Holmberg.

[10] Edwin Yamauchi, citerad i Lee Strobel, *Fallet Jesus* (1998), s. 86. Anders Sjöberg skriver i sin bok *Vem är den mannen?* (1998) om Jesusavsnitten hos Josefus: "Att dessa noteringar om Jesus ändå i sin ursprungliga form går tillbaka på Josefos är de flesta forskare ense om" (s. 171f).

[11] Enligt Strobel s. 88. I *Fallet Jesus* (s. 81-99) föreligger en lång intervju med Yamauchi angående utombibliskt material om Jesus.

rius tid blev avrättad av landshövdingen Pontius Pilatus. Så här skriver han i *Annales* XV.44:

> *Nero la skulden på en grupp som var hatad för sina vederstyggligheter. Av den breda massan kallades de kristna. Dem utsatte han för den mest intensiva tortyr. Kristus, som namnet kom av, led det hårdaste straffet under Tiberius regering för en av våra prokuratorers hand, Pontius Pilatus. En mycket illasinnad vidskepelse som på detta sätt tillfälligt hejdades bröt på nytt ut inte bara i Judeen, som var den ursprungliga källan till det onda, utan också i Rom... Följaktligen arresterades till att börja med alla som erkände sig skyldiga. Utifrån deras upplysningar dömdes sedan en väldig mängd, mindre för att ha satt eld på staden än för hat mot mänskligheten.*[12]

Detta vittnesmål är särskilt intressant, eftersom det kommer från en person som är mycket negativ mot kristendomen. Enligt Tacitus ord är det tydligt att korsfästelse var det mest vanhedrande öde man kunde råka ut för och att det likväl fanns en rörelse som grundade sig på en korsfäst man. "Hur kan man förklara att det spreds en religion som grundade sig på tillbedjan av en man som hade lidit den mest vanhedrande död som fanns? De kristna svarar förstås att han uppstod."[13] Av Tacitus text framgår också att "en väldig mängd" var villig att dö för sin övertygelse.

3. Plinius d.y. (62-ca 113 e.Kr.), adoptiv- och systerson till Plinius d.ä., var konsul år 100 och ståthållare i Bithynien och Pontus i nordvästra Turkiet 111-113. En stor del av hans brevväxling med vännen Trajanus (kejsare 98-117 e.Kr.) finns bevarad. Dessa brev finns utgivna som den tionde och sista boken i en volym med *Plinius den yngres brev*. I avsnitt 96 av

---

[12] Texten finns översatt från latin till engelska av Alfred John Church och William Jackson Brodribb i boken *The Annals by P. Cornelius Tacitus* (2004).

[13] Yamauchis ord i Strobels bok, s. 89.

denna bok skriver Plinius till kejsar Trajanus för att få råd hur han ska förfara vid rannsakning och bestraffning av kristna. Plinius skriver:

Tillsvidare har jag beträffande personer som anklagats inför mig för att vara kristna förfarit på följande sätt: Jag har ställt frågan till dem, om de är kristna. Om de erkänner detta, har jag ställt samma fråga ytterligare två gånger samtidigt som jag hotat med bestraffning. Om de ändå framhärdar har jag gett order om bestraffning; ty vad än deras erkännande innebar, var jag i varje fall inte tveksam om att just deras trots och halsstarrighet måste bestraffas.

Det har funnits andra, hemfallna åt liknande villfarelse, om vilka jag på grund av att de var romerska medborgare noterade att deras ärende skulle remitteras till Rom.

Sedan har åtalen under förhandlingarnas gång fått en vidare spridning, såsom ofta sker, och det har uppkommit flera olikartade fall. Det inlämnades en anonym anklagelseskrift, som upptog ett stort antal namn. De som då förnekade att de var eller hade varit kristna och som efter mitt förestavande åkallade gudarna och under rökelse- och dryckesoffer tillbad din bild, som jag för detta ändamål låtit ditskaffa tillika med gudabilderna, och dessutom smädade Kristus, dem ansåg jag mig böra släppa. De som verkligen är kristna kan nämligen icke enligt vad man påstår förmås till en enda sådan handling.

Andra som namngivits av angivaren medgav först att de var kristna men förnekade snart att så var fallet: de hade visserligen en gång varit kristna men sedermera upphört att vara det, vissa av dem sedan tre år tillbaka, somliga för flera år sedan, en och annan t o m för tjugo år sedan. Även dessa åkallade samtliga din bild liksom även gudabilderna och de smädade också Kristus.

F ö försäkrade de att hela deras brott eller villfarelse hade bestått i följande handlingar: de brukade samlas en bestämd dag före gryningen och gemensamt sjunga en växelsång till Kristi ära såsom till en gud och därvid förbinda sig, inte till någon brottslig handling, utan att icke begå stöld, icke rån, icke äktenskapsbrott, icke bryta ett givet löfte, icke vägra att vid anmaning återlämna anförtrodda medel. Därefter brukade de åtskiljas och sedan åter samlas för att intaga en enkel och helt oskyldig måltid. Även detta hade de upphört med efter mitt påbud, där jag i enlighet med din befallning hade utfärdat förbud att bilda slutna samfund. Desto mer nödvändigt ansåg jag det vara att förhöra två slavinnor, som benämndes tjänande systrar, för att, och det under tortyr, frampressa sanningen. Ingenting annat fann jag vid förhöret än en förvänd och måttlös vidskepelse.

Jag har därför uppskjutit vidare rannsakning för att be dig om råd. Saken syntes mig nämligen kräva detta särskilt med tanke på antalet av sådana som riskerar åtal. De är nämligen många i alla åldrar, alla samhällsklasser, såväl män som kvinnor som utsätts och kommer att utsättas för fara. Och inte bara till städerna utan även till byarna på landsbygden har smittan från denna vidskepelse spritt sig.[14]

Detta brev till Trajanus vittnar bl.a. om följande:

Kristendomen hade fått en snabb spridning bland människor i alla samhällsklasser. Den ses som en farlig smitta som spritt sig inte bara till städerna utan även till byarna på landsbygden. De kristna brukade samlas en bestämd dag före gryningen och "gemensamt sjunga en växelsång till Kristi ära såsom till en gud". De kristna hade hög moral. Men, menar Plinius, tron på Kristus innefattar "en förvänd och måttlös vidskepelse". Kristna som inte avsvär sig sin tro måste bestraffas. När de kristna rannsakades krävdes av dem att de åkallade Roms gudar i form av gudabilder och även kejsarens bild, dessutom att de smädade Kristus. Men de som verkligen var kristna kunde inte förmås till dessa handlingar. De betraktas som halsstarriga.

4. Den romerske författaren Suetonius (75-160 e.Kr.) har skrivit tolv kejsarbiografier. Dessa biografier kallades från början

---

14 *Plinius den yngres brev*, översatta av Axel Mattson (1983), X.96,3-10 (s. 281f).

"Åtta böcker om tolv Caesarers liv" (*De vita duodecim Caesarum libri VIII*) och finns nu i en nyöversättning av Ingemar Lagerström.[15] I sin biografi över Claudius (*Divus Claudius* 25.4), kejsare 41-54, skriver Suetonius: "Judarna, som ständigt och jämt gjorde uppror på anstiftan av Chrestus, fördrev han från Rom."[16] Denna uppgift stämmer väl med vad Lukas skriver i Apostlagärningarna 18:1-2: "Sedan lämnade Paulus Athen och kom till Korint. Där träffade han en jude vid namn Akvila, född i Pontus, och hans hustru Priskilla. De hade nyligen kommit från Italien, eftersom Claudius hade gett befallning om att alla judar skulle lämna Rom." Det Suetonius syftar på är sannolikt de strider om Jesu person som förekom bland judarna i Rom omkring år 50. Var han den utlovade Kristus/ Messias eller inte?

5. Det finns avsnitt i judarnas Talmud som kan innehålla anspelningar på Jesus av Nasaret. Talmud består av *Mishna* (den muntliga läran, nedtecknad 170-210) och rabbinska "kommentarer" till Mishna (nedtecknade i *jerusalemiska Gemara* ca 400 e.Kr. och *babyloniska Gemara* 500-600 e.Kr.). Flera namn i Talmud har kopplats ihop med Jesus, bl.a. *Jeshu* och *Jeshua*. Dessa namn dyker upp i texter som handlar om en person som enligt Talmud försöker leda judarna bort från deras religion. Jag nöjer mig med att citera den text som Lena Einhorn citerar i sitt kapitel "Har Jesus funnits?" (i boken "Vad hände på vägen till Damaskus?"):

> *Och så säger traditionen: De hängde Jeshu på påskaftonen. I fyrtio dagar innan dess hade härolden gått ut och ropat: "Han ska stenas för han använde magi och förledde Israel och förde dem bort från Gud. Vem som än kan tala till hans fördel, kom fram och rentvå honom." Men när man inte kunde finna något till hans fördel så hängdes han på påskaftonen.*[17]

---

[15] Suetonius, *Kejsarbiografier* (2001).

[16] Lagerströms utgåva, s. 249. Det latinska originalet lyder: *Iudaesos impulsore Chresto assidue tumultuantis Roma expulit.*

Det intressanta med detta och andra citat ur Talmud är inte bara att Talmud innehåller ett antal hänvisningar till en person som lätt kan uppfattas som Jesus från Nasaret, framhåller Einhorn, "utan också att det ingenstans i Talmud finns ett förnekande av Jesus existens. Detta trots att kristendomen vid tiden för *Gemaras* nedtecknande hade fått en maktställning inom romarriket, och anklagelsen om att judarna skulle ha dödat Jesus hade börjat leda till förföljelser."[18]

Alltifrån 1100-talet, kanske tidigare, blev *Jeshu* standardnamnet för Jesus. Fortfarande kallas Jesus bland icke-troende judar för Jeshu (på hebreiska de tre konsonanterna *jod, shin* och *waw*). Dessa tre konsonanter tolkas som en akronym (förstbokstavsförkortning) för *jemach shemo wezichro* "må hans namn och minne utplånas".[19] Troende (messianska) judar säger *Jeshua* (med konsonanten *ayin* på slutet), ett namn som bygger på det hebreiska verbet för "frälsa" (jämför orden till Josef i Matt. 1:21: "Du ska ge honom namnet *Jesus*, ty han ska *frälsa* sitt folk från deras synder"). De judar som inte tror att Jesus är den utlovade Frälsaren utan en förförare undviker av förståeliga skäl mer och mer namnet Jeshua om Jesus.

Sammanfattning

Enligt utomkristna antika källor var Jesus upphovet till en kristen rörelse som startade i Judeen och fick en allt större spridning inom alla samhällsklasser och både i städer och på

---

17 Traktaten *Sanhedrin 43a* ur babyloniska Gemara (enligt översättningen hos Einhorn, s. 42).

18 Einhorn, s. 42. Många judar och kristna har antagit att namnet Jeshu i Talmud och Tosefta (tillägg till Mishna från ca 300 e.Kr.) syftar på Jesus. Likaså menar en rad judiska auktoriteter att *Jeshu* i många av berättelserna i den rabbinska litteraturen avser de kristnas Jesus, se bl.a. artiklar i *The Jewish Encyclopedia* (1906), *Encyclopedia Judaica* (1972) och *Encyclopedia Hebraica* (Israel).

19 Åtminstone alltifrån 1100-talet blev *Jeshu* det hebreiska standardnamnet för Jesus. För en utförlig genomgång av namnet Jeshu i Talmud och den rabbinska litteraturen, se http://en.wikipedia.org/wiki/Yeshu.

landsbygden. Kristendomen sågs som en farlig smitta och en illasinnad vidskepelse genom sin tro på Jesus som Messias och sin tillbedjan av honom som Gud. Kejsaren och de romerska gudarna skulle tillbes. Därför utsattes de kristna för svår förföljelse och hotades med dödsstraff om de vägrade att smäda Kristus och tillbe kejsaren och romerska gudar. De som verkligen var kristna kunde inte förmås förneka sin kristna tro och betraktades som halsstarriga. När rabbiner diskuterade och tolkade innehållet i Lagen och definierade sin religion i opposition till den framväxande kristna kyrkan, kunde man knappast helt förbigå att nämna Jesus. Det är sannolikt att han blev omnämnd som den som "förledde Israel och förde dem bort från Gud".

Jesus som historisk person bekräftas av ovan nämnda utomkristna källor. Han var en vis lärare som gjorde förunderliga gärningar. Han dömdes av Pontius Pilatus till döden på grund av en anklagelse från judarnas ledare och fick utstå den mest vanhedrande avrättning, korsfästelse. Han hade en bror som hette Jakob. Också han och "vissa andra" anklagades inför Stora rådet och avrättades genom stening.[20]

---

[20] Enligt Josefus blev Jakob föremål för judarnas fiendskap och avrättad år 62 e.Kr. i mellantiden mellan de romerska landshövdingarna Festus och Albinus (se *Svenskt Bibliskt Uppslagsverk*, vol. I, 2 uppl. 1962, col. 1083).

Kapitel 4
Vem är Jesus enligt bibelforskare?

Frågan "vem är Jesus egentligen?" stod i centrum när den historisk-kritiska bibelforskningen slog igenom i och med den s.k. upplysningen på 1700-talet. Den tyske filosofen och bibelkritikern Hermann Samuel Reimarus (1694-1768) anses vara den förste forskare som aktivt sysslade med Jesusforskning utifrån rationalismens förutsättningar. Han utgick ifrån en verklighetsuppfattning som innebar att allt övernaturligt är mytologiskt. Denna verklighetsuppfattning blev en självklar utgångspunkt för den kritiska bibelforskningen under 1700- och 1800-talet. Universum sågs som ett slutet system av orsak och verkan, vilket inte kunde störas av mirakel eller gudomliga ingripanden. Följaktligen var det avgjort på förhand vad Jesus kunde ha tänkt, sagt och gjort. Berättelserna om att han gjorde under och uppfattade sig som Guds son avfärdades på förhand som ohistoriska och mytiska.

Vem var då Jesus enligt denna forskning? Han måste ha varit helt annorlunda än den Jesus som Nya testamentet vittnar om, eftersom alla övernaturliga element måste rensas bort. Fältet blev nu fritt för en rad godtyckliga rekonstruktioner. Någon enighet kunde inte uppnås. Olika Jesusbilder har presenterats, bl.a. att den verklige Jesus försökte vara en social reformator, en lärare av etiska sanningar, en kringvandrande filosofisk vis man, en karismatisk helbrägdagörare, en judisk, apokalyptisk profet eller en i den långa raden av misslyckade judiska revolutionärer. Man utgick sålunda ifrån att evangeliernas Jesus var en oerhörd förvanskning av Jesus sådan han verkligen var, och sedan kom man föga överraskande fram till det man utgick ifrån: en Jesus av något slag som var helt fri från alla övernaturliga drag.

Låt mig ge en kort översikt över Jesusforskningen fr.o.m. upplysningen fram till i dag. Reimarus grundtanke att evangeliernas Jesus var en förvanskning av Jesus sådan han verkligen var blev en självklarhet för Jesusforskningen i närmare 200 år. När ett formhistoriskt betraktelsesätt[21] slog igenom 1919-1921 blev det än svårare att säga något bestämt om den verklige, historiske Jesus. Den inflytelserike formkritikern Rudolf Bultmann skrev i sin Jesusbok 1926: "Jag anser att vi inte kan veta någonting om Jesu liv och personlighet, eftersom de kristna källorna inte har intresserat sig därför."[22] Enligt Bultmann kan vi bara veta att Jesus "levde och dog". Den kristna församlingen ska i så hög grad ha omgestaltat de ursprungliga traditionerna om Jesus och klätt dem i en mytologisk dräkt, att en oöverstiglig klyfta uppstått mellan urkristendomens Kristus och den historiske Jesus. En förutsättning för Bultmanns och formkritikernas resonemang var antagandet att den första muntliga traderingen inte innebar ett noggrant bevarande av de ursprungliga ögonvittnesskildringarna utan i stället en ständig förändring av dessa och ett fritt skapande, präglat av de olika miljöer där berättelserna fördes vidare.

Ett grundskott mot den formkritiska synen på hur evangelierna växte fram kom 1961 genom Birger Gerhardssons avhandling *Memory and Manuscript*. Enligt antik och judisk pedagogik var muntlig tradering en noggrant kontrollerad process.

---

[21] Formkritiken eller formhistorisk metod söker *gå bakom* de skrivna dokumenten och nå fram till textens allra tidigaste beståndsdelar, tankegångar som folket antas givit uttryck åt med hjälp av bestämda litterära kategorier. Man utgår ifrån att det är kollektivet, folket, som i en bestämd miljö skapat de första litterära formerna och deras innehåll. Intresset för enskilda författare är mycket svalt. Enligt formkritiken har den föreliggande bibeltexten en lång utvecklingshistoria bakom sig, innan den övergått från muntlig till skriven form.

[22] *Jesus* (pocketutgåvan 1970), s. 10.

Bengt Holmberg skriver i sin Jesusbok: "Det typiska för den är att den arbetar övervägande med väl kontrollerat muntligt material, som inpräglas och ges vidare genom utantillärning i en traderingsmedveten och memoreringstränad kultur. Sannolikt undervisade Jesus sina lärjungar på samma sätt, genom att upprepa sina liknelser, instruktioner och sammanfattningar av sin undervisning tills de hade fastnat i deras minnen, varifrån de kunde hämtas fram igen och användas för ytterligare kommentar och fördjupning. Varför skulle vi föreställa oss att Jesus sa det han ville meddela bara en enda gång och lät slumpen avgöra om lärjungarna kom ihåg det och begrep det? Ingen seriös lärare skulle göra på det sättet."[23] "Det kan inte heller bestridas att de som följde Jesus som lärjungar under hans jordeliv blev ledare och lärare i de första kristna församlingarna, vilket innebär ett mått av kontroll över traditionen. Eftersom traditionerna från och om Jesus var starkt normativa för gemenskapen, behandlades de sannolikt också med omsorg i traderingen."[24]

Ett visst uppbrott från Bultmanns skeptiska position svarade en av hans lärjungar för 1953, nämligen Ernst Käsemann. Han menade att det måste finnas en förbindelse mellan urkyrkans Kristustro och den historiske Jesus. Genom ett antal äkthetskriterier kan man, menade han, fastställa vad i evangelietraditionen som är sagt och gjort av Jesus själv. Man var nu tillbaka till det väljande och vrakande i det nytestamentliga textmaterialet som var vanligt före Bultmanns tid. Liksom tidigare ville man frånkänna den historiske Jesus såväl underverk som varje tanke på att vara Messias eller Människosonen. Man var fortfarande styrd av upplysningens kunskapsteoretiska antagande, nämligen att universum är ett slutet system av orsak och verkan, vilket inte kan störas av mirakel eller gudomliga ingripanden. Det "övernaturliga" måste med andra ord bortförklaras.

---

23 *Människa och mer* (2001), s. 169.

24 Holmberg, s. 170.

Jag nöjer mig här med att bara nämna ett av de äkthetskriterier man lanserade: *olikhetskriteriet*. Enligt detta kriterium kan inte sådana Jesusord vara äkta som antingen anknyter till den samtida judendomen eller är en del av urkyrkans Kristusförkunnelse. "I decennier av Jesusforskning har detta kriterium tillmätts stor vetenskaplig betydelse. Det senaste exemplet är den amerikanska forskargrupp som kallas 'The Jesus Seminar', vilken publicerat resultaten av sina omröstningar som en utgåva av evangelierna (inklusive de apokryfa), där Jesusordens grad av äkthet markeras med olika färg: rött för äkta (= 18 %), sedan skärt, grått och sist svart för inautentiska ord."[25]

Fler och fler forskare börjar inse hur galet olikhetskriteriet är. Jesus vänder sig ju till sina landsmän, först och främst "till de förlorade fåren av Israels hus" (Matt. 15:24). Han vill inte ta ifrån dem Skriften och den undervisning som ges där. Tvärtom säger han: "Skriften kan inte göras om intet" (Joh. 10:35) och "Om ni trodde Mose, skulle ni tro på mig, ty om mig har han skrivit" (Joh. 5:46). Vidare: skulle Jesus inte ha botat sjuka, rensat templet eller blivit korsfäst under Pontius Pilatus, eftersom detta var en del av urkyrkans förkunnelse om Kristus? Holmberg skriver med rätta: "Kriteriet får alltså den bisarra konsekvensen, att ju mer vi får veta om Jesu judiska samtid, desto mindre vet vi om Jesus." "Den stora svagheten i olikhetskriteriet är att det strider mot enkel historisk sannolikhet. Vanlig historisk forskning börjar inte med att bestämma vilka delar av källmaterialet som är diskvalificerat från att beaktas i analysen, då de motsäger forskarens bild av objektet som analogilöst och unikt." "Den andra förutsättningen är det från

[25] Holmberg, s. 175. "Jesus Seminar" är ett projekt på Westar Institute bildat av Robert W. Funk för att utröna frågor om Jesu Kristi historicitet, vem han var, vad han sa och vad han gjorde. Man avgör saken genom konsensus, men enskilda deltagare instämmer inte nödvändigtvis med gruppens beslut. Seminariet hålls två gånger per år och ger ut tidningen *Forum*. Det första mötet hölls på Berkeley-universitetet 1985 av Robert Funk och hade ca 30 deltagare. Gruppen har successivt utökats och har idag mer än 200 medlemmar.

upplysningstiden nedärvda axiomet att det föreligger en djup diskontinuitet mellan Jesus och hans kristustroende lärjungar efter påsk."[26]

I kapitel 2 kunde vi se hur frågan "Vem är han?", "Vem är Jesus egentligen?" och svaret på den frågan går som en röd tråd genom hela Nya testamentet. Men det svaret viftar Jesusforskningen ofta bort som ohistoriskt. Man vill göra gällande att den historiske Jesus inte har något med urkyrkans Kristus att göra, eftersom Jesus enligt Nya testamentet är både Gud och sann människa i en person. Gud och gudsgärningar kan ju inte vara historiska verkligheter i en värld som enligt upplysningsfilosofin är ett inomvärldsligt slutet system. "Kommer ni till resultat som liknar den kristna trons uppfattning om Jesus är ni ohistoriska och ovetenskapliga."[27] Holmberg skriver med rätta: "Idén att historia och teologi förhåller sig till varandra som eld och vatten, sanning och lögn, evigt olika och i oförsonlig konflikt med varandra är ett filosofiskt arv från upplysningstiden. Den har fått generationer av forskare att utgå från att sanningen om den historiske Jesus inte kan ha innehållit någon teologi eller kristologi, och att allt som ens påminner om den kristna tron på Jesus måste läggas åt sidan från början av varje undersökning med historiska pretentioner – *och aldrig släppas in igen!*"[28]

Trots Jesusforskningens uppenbara misslyckande också under 1900-talets andra hälft, kan en viss tillnyktring konstateras under 1980- och 90-talet. Många forskare börjar nu inrikta sig på vad Jesus faktiskt gjorde och utgår därvid inte ifrån som ett absolut krav att allt övernaturligt måste förklaras bort. Bibelforskaren Tom Wright understryker gång på gång hur viktig följande fråga är: "Vem var Jesus och vad var det han utförde?"[29] Skeptiker som säger: "Vi kan inte veta särskilt

---

[26] Holmberg, s. 175.
[27] Holmberg, s. 205.
[28] Ibidem.

mycket om Jesus, men vi kan vara säkra på att han inte tänkte på sig själv som Messias eller Guds son", dem har Wright inte mycket till övers för.[30]

Jesu uppståndelse som historiskt faktum

"Den kristna trons och evangeliernas sanning hänger slutgiltigt på om uppståndelsen är en historisk verklighet. Om det inte finns en grav i vilken Jesus låg död och sedan gick ut ur efter att ha uppstått, så är allt annat även om det historiskt sett har hänt fullständigt betydelselöst. Jesu anspråk är nämligen om så är fallet – falska." Så skriver Anders Sjöberg med rätta i sin Jesusbok.[31] "Den människa som blir övertygad om att det verkligen finns skäl att tro på uppståndelsen som historisk verklighet, den människan kommer sedan inte heller att ha problem med att acceptera de övriga underberättelserna från Jesu liv. Den Gud som visat att han är herre över liv och död genom att låta Jesus uppstå måste utan svårighet när han själv så vill kunna bryta in på ett övernaturligt sätt i de naturlagar han själv skapat för livet."[32]

Det är lätt att förstå att den världsbild som fick stor utbredning fr.o.m. upplysningstiden och alltjämt i stor utsträckning präglar vetenskaplig forskning blir ett hinder för ett accepterande av Jesu uppståndelse som ett historiskt faktum. Ett sådant accepterande "förutsätter en tro på Gud och en världsbild som är öppen, inte sluten i ett regelbundet system av naturlig orsak-verkan. I ett sådant system kan nämligen inte någon uppståndelse ske."[33]

När Petrus predikar om Jesu undergärningar och hans uppståndelse betonar han att det är fråga om *historiska händelser*

---

29 Tom Wright, *Den historiske Jesus* (2000), s. 20, 23f.
30 Wright, s. 28.
31 *Vem är den mannen?* (1998), s. 174.
32 Sjöberg, s. 174.
33 Ibidem.

som ägt rum (se Apg. 2:22ff). Han talar inte om en uppstånden Jesus som ingen har sett eller om mäktiga Gudsgärningar som ingen bevittnat, som om de vore oberoende av om de verkligen ägt rum eller inte. Det bör understrykas, vilket också Wright gör, att det finns "ingen form av tidig kristen tro där inte uppståndelsen var ett huvudstycke".[34] "Enligt kristen uppfattning är Jesu uppståndelse den avgörande centralpunkten i hela mänsklighetens historia."[35]

Tron på Jesu uppståndelse grundar sig, som vi kan se bl.a. av 1 Kor. 15:4-8, på *en rad vittnens iakttagelser*, som bara kan viftas bort om man på förhand utesluter att Gud kan gripa in i sin skapelse. Den som tror på Guds existens kan inte, som så ofta sker i vetenskapens namn, på förhand utesluta "att Gud på övernaturliga sätt kan göra sin makt synlig i den skapelse han själv har skapat och lagt ner naturlagarna i".[36] Wright, som för en diskussion med de bibelforskare som inte vill acceptera att Jesus verkligen uppstod från de döda, betonar: "De människor som förekom i uppräkningen (i 1 Kor. 15) ansågs vara vittnen till att uppståndelsen verkligen inträffat." Men hade de första kristna rätt, frågar han och svarar: "Vi måste förutsätta något som kan förklara varför en grupp judar under första århundradet så snabbt och så fullständigt drog slutsatsen att tvärtemot vad de hade trott, hade en person uppstått mitt i tiden."[37]

Vad vi vet försökte ingen bestrida att Jesu grav verkligen var tom på tredje dagens morgon. Frågan blir då: vem tömde den? 1) "Det kan inte ha varit Jesu fiender, romerska eller judiska myndigheter, för då skulle de ha visat upp kroppen så fort hans anhängare påstod att Jesus hade uppstått från de döda." "En demonstration av graven med Jesu lik kvar i den skulle effek-

[34] Den historiske Jesus, s. 138.
[35] Holmberg, s. 150.
[36] Sjöberg, s. 174.
[37] Wright, s. 146 och 142.

tivt och för alltid ha motbevisat påståendet om hans uppståndelse. Eftersom inget sådant försök gjordes, måste man dra slutsatsen att Jesu fiender inte heller *kunde* ta fram det motbeviset. Den tidiga tomma graven kunde inte falsifieras."[38] 2) Kan Jesu vänner ha stulit kroppen och därefter hittat på att Jesus uppstått? Det går inte att förena med deras bestörta reaktion på nyheten att Jesu kropp inte längre fanns i graven. Och hur ska man kunna förklara lärjungarnas villighet att frimodigt t.o.m. gå i döden för övertygelsen att Jesus verkligen hade uppstått, *om de i själva verket visste att han inte hade uppstått*? Den enda förklaringen är att de verkligen trodde att Jesus hade uppstått kroppsligen från de döda på grundval av säkra vittnesmål från en rad ögonvittnen. "Om hans kropp fortfarande hade funnits kvar i en grav någonstans skulle någon förr eller senare ha varit tvungen att samla ihop hans ben och lägga dem i en urna, och då skulle bluffen ha avslöjats."[39] "Just för att uppståndelsen är en historisk händelse är den *falsifierbar*. Hade de judiska ledarna kunnat visa upp Jesu lik, då hade påståendet om att han uppstått från de döda varit falsifierat för alltid."[40]

Wright framhåller med rätta "att det är helt osannolikt att evangeliernas skildringar av uppståndelsen skulle vara en sen utveckling av den muntliga traditionen. Varför skulle människor helt plötsligt anse det lämpligt eller ens nödvändigt att tala om Jesus på ett så uppenbart konkret sätt?"[41] "Det är lika bra att inse att vi måste ta de första kristnas samstämmiga vittnesbörd på allvar: Jesus från Nasaret uppstod kroppsligen till ett nytt slags liv tre dagar efter det att han avrättades."[42] "När allt kommer omkring står man inför valet att läsa texterna som de lyder – med deras energiska strävan att under-

---

[38] Holmberg, s. 153. Min framställning om den tomma graven bygger i stor utsträckning på Holmbergs bok.

[39] Wright, s. 152.

[40] Holmberg, s 158.

[41] Wright, s. 151.

[42] Wright, s. 153.

stryka uppståndelsens *faktum* – eller att försöka teorier, som direkt frångår texterna. I senare fallet utgår man i realiteten från att uppståndelsen egentligen inte kan ha inträffat. Inte i samma mening som händelser varom vi annars berättar i historiska skildringar."[43] Enligt Nya testamentet grundar sig uppståndelsetron på ögonvittnens erfarenheter. Lärjungarna berättar hur de, i strid med sina förväntningar, mött och under en dryg månads tid umgåtts med "en död men uppstånden Jesus, som framträder fullt tydligt som människa och dock med en på något sätt förvandlad, 'förklarad' kropp".[44]

Både för Gamla och Nya testamentet är det helt avgörande att den ende sanne Guden inte är en mänsklig tankeprodukt utan en andlig verklighet som har uppenbarat sig *inför ögonvittnen.* Biblisk tro och förtröstan på Gud bygger *inte* på *mänskliga teorier* om en gudsuppenbarelse utan på *att Gud verkligen har uppenbarat sig i historien inför ögonvittnen.* I Gamla testamentet är Guds uppenbarelse i samband med räddningen från slaveriet i Egypten den allt överskuggande frälsningsgärningen som tydligt visar vem Gud är, i Nya testamentet är det Jesus och hans enastående gärningar och segerrika uppståndelse. I båda fallen betonas att dessa händelser är *verkliga, historiska händelser som skett inför mångas ögon,* inte bara mänskliga tankar och obestyrkta påståenden. Lägg märke till hur detta betonas i följande texter:

Så här säger Mose strax före sin död:

> Fråga tider som varit, tider som varit före dig, från den dag då Gud skapade människor på jorden, fråga från himlens ena ände till den andra: *Har någonsin något så stort som detta skett eller har man hört talas om något som är detta likt?* Har något folk hört Guds röst tala ur elden,

---

[43] Gunnar Hillerdal, *Vem är du, Jesus?* (1972), s. 232.
[44] Hillerdal, s. 231.

så som du har hört, och överlevt? Eller har någon gud försökt gå och ta ett folk åt sig ur ett annat folk, genom prövningar, tecken och under, genom krig, genom stark hand och uträckt arm och genom stora och fruktansvärda gärningar, *allt detta som HERREN, er Gud har gjort med er i Egypten inför dina ögon. Du har själv fått se det, för att du skulle veta att HERREN är Gud: Det finns ingen annan än han* (5 Mos. 4:32-35). Ansikte mot ansikte talade HERREN till er ur elden på berget. Jag stod då mellan HERREN och er för att förkunna HERRENS ord för er, ty ni var rädda för elden och steg inte upp på berget (5 Mos. 5:4-5). *Dessa ord talade HERREN med hög röst till hela er församling på berget*, ur elden, molnskyn och töcknet... När ni *hörde rösten* ur mörkret, medan berget brann i eld, trädde ni fram till mig, alla huvudmän för era stammar samt era äldste. Och ni sa: "*Se, HERREN vår Gud har låtit oss se sin härlighet och sin storhet, och vi har hört hans röst ur elden. I dag har vi sett att Gud kan tala med en levande människa och ändå låta henne leva... Vem finns bland allt kött, som har hört den levande Gudens röst tala ur elden, som vi har gjort, och ändå blivit vid liv.* Träd du fram och hör allt vad HERREN vår Gud säger, och tala du till oss allt vad HERREN vår Gud talar till dig, så vill vi höra det och göra därefter" (5 Mos. 5:22-27). "*Ni har sett allt vad HERREN har gjort inför era ögon* i Egyptens land med farao och alla hans tjänare och hela hans land, *de stora prövningar som du med egna ögon har sett, de stora tecknen och undren*" (5 Mos. 29:2-3).

Så här refererar Lukas Petrus predikan på pingstdagen 50 dagar efter Jesu uppståndelse:

Israeliter, lyssna till dessa ord: Jesus från Nasaret var *en man som Gud bekände sig till inför er genom kraftgärningar, under och tecken, som Gud genom honom utförde mitt ibland er, så som ni själva vet*. Efter Guds fastställda plan och beslut blev han utlämnad, och med hjälp av dem som är

> utan lagen spikade ni fast honom på korset och dödade honom. Men honom har Gud uppväckt och löst ur dödens vånda, eftersom det inte var möjligt att han skulle behållas av döden... *Det är denne Jesus som Gud har uppväckt, och vi är alla vittnen till det* (Apg. 2:22-32).

Också för de församlade i Kornelius hus betonar Petrus att apostlarna är ögonvittnen:

> *Vi är vittnen till allt han gjorde* både på den judiska landsbygden och i Jerusalem. Honom hängde de upp på trä och dödade. Men Gud uppväckte honom på tredje dagen och lät honom visa sig, inte för allt folket utan för de vittnen som Gud i förväg hade utvalt, *för oss som åt och drack tillsammans med honom sedan han uppstått från de döda.* Och han befallde oss att predika för folket och *vittna om* att han är den som Gud har bestämt till domare över levande och döda. Om honom vittnar alla profeterna att var och en som tror på honom får syndernas förlåtelse genom hans namn (Apg. 10:39-43).

Så här vittnar Johannes om Ordet, den evige Gudssonen som han med egna ögon har sett, vandrat omkring med, ätit med, samtalat med och blivit undervisad av:

> Det som var från begynnelsen, *det vi har hört, det vi med egna ögon har sett, det vi skådade och med våra händer rörde vid* – om Livets Ord är det vi vittnar. Ja, livet uppenbarades, *vi har sett det och vittnar om det* och förkunnar för er det eviga livet, som var hos Fadern och uppenbarades för oss. *Det vi har sett och hört förkunnar vi för er,* för att ni ska ha gemenskap med oss. Och vår gemenskap är med Fadern och hans Son Jesus Kristus (1 Joh. 1:1-3; jämför Joh. 1:1-18).

Kan tron på Jesus och hans uppståndelse vara en följd av vidskepelse?
Det finns mycket vidskepelse i samband med påståenden om övernaturliga händelser. Man kan förvåna sig över att många är så godtrogna när det gäller påståenden om naturandar, helande krafter i kristaller, kontakt med avlidna (spiritism), övernaturlig hjälp via reliker, heliga vallfartsplatser, madonnor, horoskop, spådomskonst, ockultism etc. Måste man inte räkna med att också Jesu lärjungar var lättlurade och vidskepliga och att de därför utan saklig grund trodde att Jesus var Messias, Guds Son och uppstånden från de döda?

För att besvara denna fråga bör vi uppmärksamma följande:

1) Varken Jesu lärjungar eller andra vittnen till hans underverk hade lätt för att tro på Jesu övernaturliga förmåga. Visst blev de gång på gång "utom sig av häpnad" och frågade sig: "Vem är han egentligen?" Men lärjungarna glömde ofta i samband med olika nödsituationer vilken förmåga deras Mästare hade och Jesus tvingades konstatera: "Så lite tro ni har!" Människor utanför lärjungakretsen såg också med förundran vad Jesus gjorde. De kunde säga: "Aldrig har man sett något sådant i Israel." Men fariseerna skyndade sig att dämpa deras förundran och avvisa varje tanke på att Jesus var Guds Son: "Det är med hjälp av de onda andarnas furste som han driver ut de onda andarna" (Luk. 9:33-34). Jesu ord om hans enhet med Fadern väckte stor förargelse bland judarnas ledare. Men vad skulle de ta sig till med hans underverk som så många kunde bevittna och som vittnade om att han faktiskt gjorde det som bara Gud kan göra? *"Vad gör vi?* Den här mannen gör många tecken. Om vi låter honom hålla på så här, kommer alla att tro på honom" (Joh. 11:47f). Johannes konstaterar: "Fastän han hade gjort så många tecken inför dem, trodde de inte på honom" (12:37). Om Jesu enhet med Fadern bara var vad Jesus

sa, kunde hans ord viftas bort som en förvirrad människas tal. Men när Jesu gärningar inför deras ögon tydligt visade att han var den han sa sig vara, varför avvisade man honom då och ville döda honom? Jesus sa till dem: "De ord som jag talar till er, talar jag inte av mig själv. Fadern förblir i mig och gärningarna är hans verk. Tro mig: jag är i Fadern och Fadern är i mig. *Om ni inte kan tro det, så tro för gärningarnas skull"* (Joh. 14:10-11).

2) Hur förhåller det sig då med det stora och för Bibelns sanning avgörande undret, Jesu uppståndelse? Är det en produkt av godtrogenhet? När kvinnorna som först kom till Jesu grav såg att den var tom, hade de inte lätt för att tro att Jesus uppstått från de döda. De uppfylldes i stället av "bävan och bestörtning" (Mark. 16:8) och "visste inte vad de skulle tro" (Luk. 24:4). När de sedan berättade "för de elva (apostlarna) och för alla de andra" om den tomma graven och att "två män i skinande kläder" hade sagt att Jesus hade uppstått så som han förutsagt, uppfattade dessa vad kvinnorna berättade "som tomt prat, och de trodde inte på dem" (Luk. 24:11). Fastän Jesus flera gånger tydligt förutsagt att han skulle uppstå "på tredje dagen" och under deras mångåriga samvaro alltid visat sig pålitlig, trodde de inte. De båda s.k. "Emmauslärjungarna" blev inte glada utan tvärtom "uppskakade" av vad kvinnorna rapporterade, och fastän några av apostlarna gick till graven och "fann att det var så som kvinnorna hade sagt", trodde Emmauslärjungarna inte utan förblev bedrövade och besvikna: "Vi hade hoppats att han var den som skulle frälsa Israel" (Luk. 24:21-24). Maria från Magdala var djupt bedrövad och sa till Simon Petrus och Johannes: "De har tagit bort Herren från graven, och vi vet inte var de har lagt honom" (Joh. 20:2). Först när Jesus på påskdagens kväll kom till de betryckta lärjungarna, talade till dem och visade dem

sina händer och sin sida, blev de glada (Joh. 20:19-20). Men Thomas, som "inte varit med dem när Jesus kom", kunde inte tro att de andra lärjungarna verkligen hade sett Herren. Han sa: "Om jag inte får se hålen efter spikarna i hans händer och sticka fingret i hålen efter spikarna och inte får sticka min hand i hans sida, så kan jag inte tro" (Joh. 20:25). Först en vecka senare, när Jesus kom till dem med Thomas närvarande och erbjöd Thomas att sticka sitt finger i hans händer och sin hand i hans sida, trodde Thomas och sa: "Min Herre och min Gud!" (Joh. 20:26-28).

3) En kritiskt prövande hållning till påståenden om övernaturliga fenomen och förmågor uppmuntras i Bibeln. *Vad säger vittnena? Vad har de sett och hört?* Bibeln varnar för vidskepelse. Årligen lästes i synagogan följande ord: "Ni ska inte befatta er med spådom eller trolldom" (3 Mos. 19:26). "När du kommer in i det land som HERREN din Gud ger dig, ska du inte lära dig att handla enligt dessa folks vedervärdiga seder. Hos dig får inte någon finnas som låter sin son eller dotter gå genom eld eller befattar sig med spådom, teckentydning, svartkonst eller häxeri, ingen som utövar besvärjelsekonster, ingen andebesvärjare, ingen som bedriver trolldom och ingen som söker råd hos de döda" (5 Mos. 18:9-11). Den sanna gudsuppenbarelsen är inte en filosofi, en tankeprodukt, utan den har skett inför många vittnen. Vittnesbördet om denna uppenbarelse föreligger som Moses och profeternas vittnesbörd (Gamla testamentet) och apostlarnas vittnesbörd (Nya testamentet). Enligt detta vittnesbörd är den ende sanne och levande Guden "Den som är" (på hebreiska JHWH). "Jag är den jag är" säger Gud till Mose. Den Evige är sådan som han inför många ögonvittnen har uppenbarat sig i ord och väldiga gärningar enligt Gamla och Nya testamentet. Vikten av att skilja mellan vidskepelse och den sanna gudsuppenba-

> relsen framgår av många bibelställen. Jesaja skriver: "När de säger till er: 'Fråga andebesvärjare och spåmän, dem som viskar och mumlar', så svara: 'Ska inte ett folk fråga sin Gud? Ska man fråga de döda till råds för de levande?' 'Till Guds undervisning, till vittnesbördet!' Om de inte talar enligt detta ord finns ingen morgonrodnad för dem" (Jes. 8:19-20). Johannes skriver: "Mina älskade, tro inte alla andar utan pröva andarna om de kommer från Gud. Ty många falska profeter har gått ut i världen" (1 Joh. 4:1). Paulus skriver: "Förakta inte profetior, men pröva allt" (1 Tess. 5:20f).

Enligt Nya testamentet är Jesu uppståndelse ett faktum som lärjungarna först hade svårt att tro på. Avgörande för denna tro var inte godtrogenhet eller vidskepelse utan säkra vittnesbörd från en rad vittnen till att Jesus verkligen var uppstånden. Graven var bevisligen tom och Jesu döda kropp var inte undangömd. Den uppståndne Jesus med märken efter spikarna som genomborrade hans händer och spjutet som stack upp hans sida visade sig för en lång rad vittnen (1 Kor. 15:5ff). "Han visade sig för dem efter sitt lidande och gav dem *många bevis på att han levde*, då han under fyrtio dagar lät sig ses av dem och talade med dem om Guds rike" (Apg. 1:3). Mötet med den uppståndne förvandlade dem från rädda lärjungar till frimodiga vittnen som var beredda att gå i döden för sin övertygelse. Bedrägerier genomförs för egen kortsiktig vinning. Tron på den uppståndne Messias innebar inte yttre vinning utan förföljelse och t.o.m. grymma avrättningar. Men övertygelsen "jag vet på vem jag tror" (2 Tim.1:12) gav glädje mitt under förföljelse och yttre nöd. Lukas berättar: "Apostlarna gick ut från Stora rådet, glada över att de hade ansetts värdiga att lida smälek för Namnets skull. Varje dag undervisade de i templet och hemma i husen och predikade det glada budskapet att Jesus är Messias" (Apg. 5:41-42).

Kan Jesus vara en ohistorisk person, en myt?

Böcker med tesen att Jesus aldrig existerat publiceras då och då. Men en diskussion av teorierna i sådana böcker hör knappast hemma under rubriken "Vem är Jesus enligt *bibelforskare*?" Det är nämligen svårt att hitta någon seriös bibelforskare idag som lyckas bortförklara alla historiska vittnesbörd om Jesu existens. Professor Holmberg konstaterar med rätta: "I vårt sekel har ingen seriös historiker med kännedom om de antika källorna på allvar förfäktat hypotesen att Jesus inte existerat."[45] Exegeten Erik Sjöberg, som ingalunda är känd för en konservativ bibelsyn, skriver om försöken att bestrida Jesu historiska existens: "Alla försök att bestrida Jesu historiska existens omintetgöras emellertid av Paulusbreven i N.T. Paulus har själv umgåtts med Jesu lärjungar. Han ger visserligen mycket få konkreta drag ur Jesu liv och anför endast ett fåtal Jesusord, men Jesu liv, död och uppståndelse är grundvalen för allt vad Paulus säger. För att kunna bestrida Jesu historiska existens måste man därför förklara alla Pauli brev för oäkta. Även detta har man försökt, men försöken måste, bedömda utifrån vanliga historiska forskningsmetoder, betraktas som helt förfelade. Det finns därför vetenskapligt sett icke någon möjlighet att bestrida Jesu historiska existens."[46] "Man måste verkligen vara mycket godtrogen för att anse att Jesus aldrig funnits", skriver Stephen Neill.[47]

Bland böcker som utkommit på svenska och driver tesen att Jesus aldrig existerat kan nämnas Alvar Ellegårds bok *Myten om Jesus. Den tidigaste kristendomen i nytt ljus* (1992) och Roger Viklunds *Den Jesus som aldrig funnits* (2005). Ellegård, som är professor emeritus i engelska språket och inte fackexeget, lanserar bl.a. följande hypoteser: Den essenska sekten inom judendomen är roten till de kristna församlingarna. Esseernas

---

45 *Människa och mer*, s. 208 not 4.

46 Erik Sjöberg, artikeln "Jesus Kristus" i *Svenskt Bibliskt Uppslagsverk* (= SBU), vol. I (2 uppl. 1962), col. 1154.

47 *Vad vi vet om Jesus* (1971), s. 8.

ledare, "Rättfärdighetens lärare" som levde ca 200 f. Kr., har av Paulus omformats till en Jesus Kristus. Kristendomen är i huvudsak en skapelse av Paulus och evangeliernas Jesus en senare tillkommen fiktion.

Bland kritiska granskningar av Ellegårds hypoteser kan nämnas Anders Ekenbergs artikel "En ren myt om Jesus".[48] Han sammanfattar sin kritik med följande ord: "Teorin i *Myten om Jesus* är alltså ingenting annat än en idé som författaren har fascinerats av – eller, om man så vill, en ren myt. Den bygger inte på några hållbara argument. Den gängse uppfattningen är däremot väl underbyggd. Och den är ingalunda beroende av kristna trosargument, utan den bygger på kontrollerbara fakta: tidiga, spridda och i grunden samstämmiga vittnesbörd om att Jesus från Nasaret har existerat och är kristendomens upphovsman."[49] Holmberg nöjer sig med att hänvisa till Ekenbergs kritik när det gäller Ellegårds åsikter: "Bokens brist på vetenskaplig kvalitet uppvisas skärande klart av Anders Ekenberg."[50]

Roger Viklund är en amatörforskare. Han presenterar sig i sin bok märkligt nog som "gnostiker"[51] och "antar att vi som människor återföds såsom människor". Han medger ärligt att han redan innan han började leta upp och sammanställa sitt material om Bibeln och Jesus "hade en åsikt om att evangelierna är avsedda att tolkas symboliskt".[52] Men på näst sista sidan i sin bok gör han ändå gällande att hans "omfattande forskningsarbete" utförts "förutsättningslöst" (sic!). Det man slås av när man läser Viklunds bok är att han snappat upp tolkningar och data lite här och där och genomgående valt ut

---

48 Tidskriften *Signum* 18, 1992, s. 145-149.

49 Ekenberg, s. 149.

50 Holmberg, s. 208.

51 Vilken sorts Jesus en gnostiker tror på och vad som menas med gnosticism, se kap. 6 om "Jesus och de gnostiska evangelierna" (s. 149ff).

52 Viklund, s. 21f.

sådant som stöder hans förutfattade meningar. Det har lett till att hans tjocka bok (596 sidor) radar upp sådana tolkningar, påståenden, dateringar och s.k. fakta som är vinklade i en viss riktning och ofta helt ohållbara. Ett antal svenska exegeter har granskat Viklunds teorier, bland dessa docent Tord Fornberg. Han anser att Viklunds bok är ett amatörjobb och att Viklund dragit slutsatser som ingen yrkesperson skulle göra. Fornberg framhåller bl.a. att evangelierna troligtvis är skrivna högst cirka 35 år efter Jesu död och att det då fortfarande fanns ögonvittnen till Jesu liv och gärningar i livet.[53] Att Paulus, som i sina brev ständigt hänvisar till Jesus - bl.a. att han som den ende syndfrie offrat sitt liv för att sona alla människors synder och på tredje dagen uppstått och visat sig för apostlarna och "för mer än femhundra bröder på en gång, av vilka de flesta ännu lever" (1 Kor. 15:6) – inte skulle ha känt till Jesus som en verklig, historisk person, är en märklig ståndpunkt. För att kunna försvara den måste Viklund avvisa Pauli ord i 1 Kor. 15:3-9 som en förfalskning.[54] Viklund försöker också komma ifrån Pauli ord om varför Jesus som Guds son kom till jorden, föddes av en kvinna som en sann människa och ställdes under lagen (Gal. 4:1-5) med orden: "Hela stycket skall tolkas gnostiskt."[55]

Om kristendomen bara vore en filosofi eller en myt, spelar det inte så stor roll om det som berättas om Jesus verkligen har hänt i historien. Men enligt Nya testamentets budskap är det av avgörande betydelse att Jesu gärningar faktiskt har utförts i historien. Hans barndom och hans offentliga verksamhet kan dateras till en bestämd tidsperiod (de romerska kejsarna Augustus och Tiberius regeringstid) och de platser i Palestina där han verkat kan pekas ut på kartan. Hans gärningar har historiska konsekvenser för tid och evighet och för alla män-

53 http://sv.wikipedia.org/wiki/Den_Jesus_som_aldrig_funnits.
54 Viklund, s. 361.
55 Viklund, s. 368.

niskor. Jesus är inte en mytisk "vem som helst", verksam "på vilken mytisk plats som helst" och "vid vilken tid som helst" (se närmare kapitlet "Jesus i tid och rum", s. 10ff).

År 100 e.Kr., vid det andra århundradets början, framfördes Jesu undervisning i alla delar av det väldiga romarriket. Något måste ha hänt under det föregående århundradet, eftersom ingen talade om Jesus från Nasaret år 1 e.Kr. Professor David Scaer skriver: "Grupper av människor som kallades församlingar växte upp som ogräs. Medlemmarna i dessa församlingar hade inte förenats av sådant som vanligtvis för samman människor. De hade olika ekonomi och politiska intressen. Vissa var slavägare, andra fria män och åter andra slavar. Alla slags yrken var representerade i dessa grupper. Soldater, gatflickor, köpmän och folk som stod kejsaren nära kunde finnas i dessa samlingar. Deras gemensamma intresse kan inte förklaras av ras, kultur eller språk, sådant som vanligtvis är grunden för en gemenskaps sammanhållning. Församlingarna återspeglade bland sina medlemmar den stora variation som fanns inom romarriket. Deras gemenskap kan inte bara förklaras sociologiskt. Det betyder inte att det rådde en fullkomlig harmoni och att inga problem existerade. Men alla riktade sin uppmärksamhet till en viss 'Jesus' som hade dödats i staden Jerusalem och återvänt till livet."[56]

Under den sista tredjedelen av det första århundradet hade kristendomen spritt sig mycket snabbt. Jag har tidigare nämnt Plinius den yngres brev (ca 111 e.Kr.) till kejsar Trajanus i Rom. Det handlar om hur han som ståthållare skulle hantera de kristna som han betraktade som en farlig smitta inom romarriket (se kap. 3, s. 95f). Tacitus rapporterar om branden i Rom år 64, då efterföljare till "Chrestus" anklagas för denna brand. Knappast mer än en generation efter Jesu fullbordade verk fanns det sålunda människor som kallades kristna genom sin tillbedjan av en viss Kristus, som dömts till döden under Tibe-

[56] David Scaer, *What do you think of Jesus?* (1973), s. 12 (min övers.).

rius regering av prefekten Pontius Pilatus (se kap. 3, s. 93f, där Tacitus citeras). Det är värt att notera att år 64 var den kristna rörelsen fortfarande under stark tillväxt och många, kanske de flesta av apostlarna var ännu vid liv. Några av Nya testamentets böcker hade ännu inte skrivits.

För varje händelse i världen finns det en historisk orsak, ja, ofta finns det många orsaker och det kan vara svårt att välja ut den viktigaste. *Varför dyker kristendomen upp så plötsligt och breder ut sig så snabbt? Det måste ha funnits åtminstone en orsak till det, och den orsaken kan inte ha varit behovet av en ny religion.* "Det fanns inget verkligt behov av en ny religion i romarriket. Judarna var inte så talrika vid denna tid, men de erbjöd en strikt monoteism för dem som föredrog det. Romarna och grekerna hade ett helt panteon av gudar som kunde passa infall, önskningar, böjelser och behov hos nästan vem som helst. Kejsardyrkan var vanlig överallt. För de mera lantliga och mindre kulturella fanns gudarna hos de barbariska stammarna i norr som redan skapade problem för kejsardömet. För mystikerna fanns mysterieriterna från östern med Mithraskulten. De som opponerade sig mot gudar kunde alltid välja en ateistisk filosofi som både förnekade att gudar existerade och skämtade med deras galna upptåg när de jagade varandra runt himlarna.

Varför behövdes kristendomen? Det rådde ingen brist på religiös mångfald i första århundradets värld. Alla religiösa smakriktningar kunde tillfredsställas. Att förklara kristendomens uppkomst som ett religiöst påfund för att fylla ett djupare psykologiskt behov är totalt otillfredsställande. Dessutom tog det många år, ja århundraden, för religiösa påfund och myter att växa fram. Men det gick ingen lång tid mellan Jesu liv och den tid då en fullt utvecklad religion tillägnad Honom hade blivit en erkänd verklighet i hela kejsardömet – det tog inte ens två generationer."[57]

---

[57] Scaer, s. 13f (min övers.).

Det går helt enkelt inte att förklara kristendomen som ett religiöst påhitt. Att hävda att kristendomen växte fram utan den historiske Jesus som dess upphov är lika absurt som att hävda att islam vuxit fram utan att Muhammed existerat.

Jesu självförståelse

Fr.o.m. 1840-talet började allt fler protestantiska bibelkritiska forskare göra gällande att Jesus aldrig betraktat sig som Messias och den enligt Daniel 7 himmelske Människosonen. Liberalteologin antog nämligen att det förelåg en djup klyfta mellan Jesu egen förkunnelse och det urkyrkan trodde på och predikade. Jesu evangelium, menade man, hade varit den "enkla" läran om ett etiskt gudsrike och Jesus själv skulle inte ha haft någon avgörande betydelse för tron. Först under urkyrkans tid och främst genom Paulus förvandlades Jesu enkla lära till evangeliet om Jesus själv som den gudasände Frälsaren.

Senare forskning har emellertid funnit liberalteologins skäl för att Jesus inte velat vara Messias och inte kallat sig Människosonen ohållbara. "Ytterst bottnar teorin att Jesus inte velat vara Messias-Människosonen i en ovillighet att tänka sig att Jesus tillskrivit sin egen person en sådan betydelse. Men därmed har man låtit sig ledas av en förutfattad mening", skriver Erik Sjöberg i en artikel 1962.[58] "Jesu framträdande och förkunnelse är av sådan art, att den icke kan förklaras annat än utifrån Messias-föreställningarna. Jesus har i ord och handling uppträtt såsom Messias och måste alltså även ha varit medveten om detta. I själva verket kan icke heller urkristendomens Messiastro förklaras på annat sätt än utifrån den förutsättningen, att denna tro haft sitt ursprung hos Jesus själv. Därmed har i denna nytestamentliga kärnfråga en återgång skett till den uppfattning, som eljest alltid varit rådande i kristendomen", sammanfattar professor Harald Riesenfeld.[59]

---

[58] *SBU*, vol. I, col. 1169.

[59] *SBU*, vol. II (2 uppl. 1963), col. 93.

Litar man mera på egna fria spekulationer än på vad de som vandrat med Jesus berättar om vad Jesus sagt och gjort, kan man naturligtvis påstå lite vad som helst om Jesus. Men då borde man erkänna att man bygger på egna gissningar som är oförenliga med de ögonvittnesskildringar vi kan ta del av.

Det kan synas märkligt att också forskare som finner ögonvittnesskildringarna ofrånkomliga ibland vill tona ner att Jesus verkligen var ett med Fadern och visste att han som Guds Son var av samma väsen som Fadern. Tom Wright t.ex. kommenterar frågan "Visste Jesus att han var Gud?" så här: "Jag tror inte att Jesus trodde att han var ett med det väsen som människor i vår kultur associerar med begreppet 'gud'."[60] Bengt Holmberg hänvisar till den katolske teologen Karl Rahner (1904-1984) som menade att Jesus inte kunde ha haft det fulla djupet av sin relation till Gud klar och formulerad i sitt medvetande. Detta skapar, menar Holmberg, "en viss frihet för vårt kristologiska tänkande, precis som insikten att det finns en kristologisk variation och utveckling inom Nya testamentet." "Det är historiskt osannolikt att Jesus själv uttryckte sin självförståelse på det sätt som sker i det fjärde evangeliet."[61]

Att sväva på målet när det gäller Jesu självförståelse som Sonen, ett med Fadern, den himmelske Människosonen, den utlovade Messias och HERREN själv är märkligt mot bakgrund av ögonvittnenas så samstämmiga vittnesbörd. Även om Johannes lyfter fram Jesu självförståelse mera utförligt än de övriga evangelisterna, föreligger samma självförståelse hos dem alla. Låt mig lyfta fram några ställen hos Matteus, Markus, Lukas och Johannes (för en utförligare redovisning, se kapitel 2):

Matteus: Jesus kallade sig ofta för Människosonen och sa bl.a.: "Ni ska veta att Människosonen har makt här på jorden

---

[60] *Den historiske Jesus*, s. 101.
[61] *Människa och mer*, s. 228.

att förlåta synder" (9:6). "Människosonen är sabbatens Herre" (12:8). "Vem säger folket att Människosonen är?" Simon Petrus svarade: "Du är Messias, den levande Gudens Son." Jesus sa till honom: "Salig är du, Simon, Jonas son. Ty kött och blod har inte uppenbarat detta för dig, utan min Fader som är i himlen"(16:13, 16-17). Översteprästen sa till Jesus: "Jag besvär dig vid den levande Guden, att du säger oss om du är Messias, Guds Son." Då sa Jesus: "Du själv sa det. Men jag säger er: Härefter ska ni se Människosonen sitta på Maktens högra sida och komma på himlens skyar" (hänvisning till Daniel 7). "Då rev översteprästen sönder sina kläder och sa: Han har hädat." (26:63-66).

Markus: Inleder sitt evangelium med att Jesus är "Kristus, Guds Son" (1:1). Till dem som menade att Jesu syndaförlåtelse var hädelse sa Jesus: "Det ska ni veta att Människosonen har makt på jorden att förlåta synder" (2:7, 10). "Därefter började Jesus undervisa dem om att Människosonen måste lida mycket och förkastas av de äldste och översteprästerna och de skriftlärda och att han måste dödas och uppstå efter tre dagar. Rakt på sak talade han om detta" (8:31f). "Den som skäms för mig och mina ord i detta trolösa och syndiga släkte, för honom ska också Människosonen skämmas, när han kommer i sin Faders härlighet med de heliga änglarna" (8:38). Översteprästen frågade Jesus: "Är du Messias, den Välsignades son?" Jesus svarade: "*Jag är*. Och ni ska få se Människosonen sitta på maktens högra sida och komma bland himlens moln." Då rev översteprästen sönder sina kläder och sa: "Behöver vi några fler vittnen? Ni har hört hädelsen" (14:61-64).

Lukas: Budskapet till herdarna löd: "I dag har en Frälsare blivit född åt er i Davids stad, och han är Messias, Herren" (2:11). De skriftlärda och fariseerna tänkte: "'Vad är det för en hädare? Vem kan förlåta synder? Det kan ingen utom Gud.' Men Jesus visste vad de tänkte och sa till dem: 'Vad är det ni tänker i era hjärtan? Vilket är lättast att säga: Du har fått förlåtelse för dina synder eller att säga: Stig upp och gå! Men ni ska veta att Människosonen har makt här på jorden att förlåta synder.' Sedan sa han till den lame: 'Till dig säger jag: Stig upp, ta din bår och gå hem'" (5:21-24). Jesus sa: "Människosonen går bort som det är bestämt, men ve den människa, genom vilken han blir förrådd" (22:22). "Judas, förråder du Människosonen med en kyss" (22:48). Medlemmarna i Stora rådet hånade den korsfäste Jesus med orden: "Andra har han hjälpt. Nu får han hjälpa sig själv, om han är Guds Messias, den Utvalde" (23:35).

Johannes: Jesus sa: "Om ni inte tror när jag talar till er om det som hör jorden till, hur ska ni då kunna tro, när jag talar till er om det som hör himlen till? Ingen har stigit upp till himlen utom han som kom ner från himlen, Människosonen som är i himlen. Och liksom Mose upphöjde ormen i öknen, så måste Människosonen bli upphöjd, för att var och en som tror på honom ska ha evigt liv" (3:12-15). "Fadern älskar Sonen, och allt har han lagt i hans hand. Den som tror på Sonen har evigt liv" (3:35f). "'Min Fader verkar ännu i denna stund. Så verkar även jag.' Då blev judarna ännu ivrigare att döda honom, eftersom han inte bara upphävde sabbaten utan också sa att Gud var hans Fader och gjorde sig själv lik Gud. Jesus svarade dem: 'Amen, amen, jag säger er: Sonen kan inte göra något av sig själv, utan endast det han ser Fadern göra. Ty vad Fadern gör, det gör Sonen'" (5:17-19). "Det är inte Mose som har gett er brödet från himlen, utan det är min Fader som ger er det sanna brödet från himlen. Guds bröd är det bröd som kommer ner från himlen och ger världen liv... Jag är livets bröd... Jag har inte kommit ner från himlen för att göra min vilja utan hans vilja som har sänt mig... Tar ni anstöt av det här? Vad ska ni då säga, när ni får se Människosonen stiga upp dit där han redan var?" (6:32-62). "Ni är nerifrån, jag är ovanifrån. Ni är av den här världen, jag är inte av den här världen... När ni har upphöjt Människosonen, ska ni förstå att jag är *Jag Är* och att jag inte gör något av mig själv utan talar vad Fadern har lärt mig" (8:23-28). "Jag och Fadern är ett" (10:30). "Den som tror på mig, han tror inte bara på mig utan på honom som har sänt mig, och den som ser mig, han ser honom som har sänt mig" (12:44-45). "Jag har utgått från Fadern och kommit till världen. Nu lämnar jag världen och går till Fadern" (16:28). "Fader, förhärliga nu mig med den härlighet som jag hade hos dig innan världen var till" (17:5).

Som avslutning till detta kapitel vill jag kort sammanfatta innebörden i benämningarna Människosonen, Guds Son, Messias och Herren:

Människosonen är "en titel på konungen-Messias", "den himmelska frälsargestalten, vars ankomst inleder den messianska tidsåldern", "den yttersta tidens frälsare och domare".[62] "Människosonen är av himmelskt ursprung, han framträder på jorden fördold och förnedrad", "han ska på den yttersta dagen framträda i sin egentliga härlighet".[63] "Människosonens frälsaruppgift gentemot syndare fullbordades i döden på korset." "Det ställföreträdande lidandet ingick i den uppgift som Människosonen hade att utföra till människornas frälsning."[64] Jesus är på en gång den i Daniel 7:13ff presenterade Människosonen och Herrens lidande Tjänare, som Jesaja talar om i Jesaja 53.

När Jesus betecknas som *Sonen eller Guds Son* anges hans gudomliga ursprung och gudomliga makt. "Det är Jesu anspråk att vara Guds Son som framför allt väcker anstöt hos dem som inte tror. Han anklagas av judarna för att kalla Gud sin Fader och göra sig själv lik Gud, Joh. 5:18. Om detta rör sig också den rättegång som föregår korsfästelsen. Översteprästen uppmanar Jesus inför Stora rådet att ge till känna, om han är Guds Son, Matt. 26:63. Och när Pilatus finner honom oskyldig, invänder judarna: 'Vi har själva en lag, och efter den lagen mås-

---

[62] Ivan Engnell, *SBU*, vol. II, col. 230f.
[63] Harald Riesenfeld, *SBU*, vol. II, col. 233.
[64] Erik Sjöberg, *SBU*, vol. I, col. 1171.

te han dö, ty han har gjort sig till Guds Son,' Joh. 19:7."[65] Angående Sonens enhet med Fadern och hans preexistens, se Matt. 11:27; Joh. 10:30; Joh. 1:1; 8:58; 17:5 och Kol. 1:15f. Lukas berättar att Paulus bara några dagar efter sitt möte med Jesus utanför Damaskus "började predika i synagogorna att Jesus är Guds Son" (se Apg. 9:20).

Vad innebär det att Jesus är *Messias* (på grekiska *Christós*)? Jesus tog avstånd från det politiska och inomvärldsliga Messiasideal, som den stora massan av hans landsmän hyllade. Därför undvek han termen Messias och föredrog beteckningen Människosonen. För att undvika missförstånd kunde han förbjuda lärjungarna "att tala om för någon att han var Messias" (Matt. 16:20). Men vid Caesarea Filippi bekräftade han inför sina lärjungar att han var "Messias, den levande Gudens Son" (se Matt. 16:13-17). Vid rättegången mot honom klargjorde han vilken sorts Messias han var. På översteprästens fråga "Är du Messias, den Välsignades son?" svarade han: "*Jag är*. Och ni ska få se Människosonen sitta på Maktens högra sida och komma bland himlens moln." Jesus som Messias påstod sig vara ingen mindre än HERREN själv, JHWH, han som är "Jag är" (2 Mos. 3:14). Därför rev översteprästen sönder sina kläder och sa: "Behöver vi några fler vittnen? Ni har hört hädelsen" (Mark. 14:63).

Namnet *HERREN* (hebr. *Adonai*) brukas i Gamla testamentet som ersättningsord för gudsnamnet JHWH. I den grekiska översättningen av Gamla testamentet, Septuaginta, används ordet *Kýrios* (= HERREN) för gudsnamnet JHWH. Att Jesus är HERREN uttrycker alltså Jesu enhet med Fadern, att Jesus är Gud och bärare av "namnet över alla namn". Bekännelsen till Jesus som HERREN eller "den levande Gudens Son" kommer ur en trosövertygelse som Gud den helige Ande har skapat genom Skriftens vittnesbörd om Jesus. Paulus skriver nämligen: "Ingen kan säga *Jesus är HERREN* annat än i kraft av den

---

[65] Bengt Hägglund, *Nordisk Teologisk Uppslagsbok*, vol. III (1957), s. 643.

helige Ande" (1 Kor. 12:3), och Jesus sa till Petrus efter hans bekännelse: "Kött och blod har inte uppenbarat detta för dig, utan min Fader som är i himlen" (Matt. 16:17). "Om du därför med din mun bekänner att Jesus är HERREN och i ditt hjärta tror att Gud har uppväckt honom från de döda, ska du bli frälst", skriver Paulus (Rom. 10:9). Herdarna fick höra att den nyfödde i Betlehem var "Messias, HERREN" (Luk. 2:11), och när lärjungarna hade sett den uppståndne Jesus, sa de: "Vi har sett HERREN" (Luk. 20:25). Jesus är inte bara en enastående profet. Han är till sitt väsen både fullkomlig människa och fullkomlig Gud. Johannes uttrycker den kristna övertygelsen om vem Jesus är så här: "Vi vet att *Guds Son* har kommit och gett oss förstånd, så att vi känner *den Sanne,* och vi är i den Sanne, i hans Son Jesus *Kristus.* Han är *den sanne Guden* och det eviga livet" (1 Joh. 5:20).

Kapitel 5

Evangeliernas likheter och olikheter

Nya testamentets fyra evangelister har samma centrala tema för sina skrifter: Jesus, hans liv, undervisning, lidande, död och uppståndelse. Deras huvudsyfte har Johannes formulerat så här: "Många andra tecken, som inte är nerskrivna i denna bok, gjorde Jesus i sina lärjungars åsyn. Men dessa har blivit nerskrivna, för att ni ska tro att Jesus är Messias, Guds Son, och för att ni genom tron ska ha liv i hans namn" (Joh. 20:30-31). Det finns i egentlig mening inte flera "evangelier" utan bara *ett* evangelium, "evangeliet om Kristus" (*to evangélion tou Christoú*). Paulus skriver i Galaterbrevet om personer som skapar förvirring genom att "förvränga evangeliet om Kristus": "Jag är förvånad över att ni så hastigt avfaller från honom som har kallat er genom Kristi nåd och vänder er till ett annat evangelium, *fast det inte finns något annat*" (se Gal. 1:6-8).

När de fyra evangelieskrifterna av Matteus, Markus, Lukas och Johannes samlades som en inledande enhet bland Nya testamentets böcker i början av det andra århundradet, bar alla fyra samma namn, nämligen "Evangeliet" i bestämd form. Men för att skilja dem åt tillfogades "enligt Matteus", "enligt Markus", "enligt Lukas" och "enligt Johannes". Det var fråga om samma glada budskap, inte olika budskap. Vi har också kunnat konstatera i kapitel 2 att de fyra evangelisterna besvarar frågorna "vem är Jesus?" och "vad har han uträttat?" på ett samstämmigt sätt. "Omkring år 115 nämner Antiokia-biskopen Ignatius 'Evangeliet' som en auktoritativ skrift, och eftersom han kände till mer än ett av de fyra evangelierna, törs man anta, att han med ordet 'evangeliet' helt enkelt menade den fyrfaldiga samling som brukade gå under det namnet."[66]

Men vi finner också olikheter när vi jämför de fyra evangelisternas skrifter. Varje evangelist har nämligen i första hand en viss målgrupp och ett visst syfte som påverkar urvalet av material och hur det organiseras och presenteras. Evangelieskrifterna är inte dagböcker från Jesu liv utan ett urval från det rika material som evangelisterna hade till sitt förfogande. Genom att uppmärksamma varför de olika evangelieskrifterna skrevs, för vilka de skrevs och i vilket syfte, förstår vi bättre vad olikheterna beror på. Jag ska därför i det följande beröra detta.[67]

Evangelium enligt Matteus

Före detta tullmannen Matteus, som ursprungligen hette Levi, var en av de tolv apostlarna och ögonvittne till Jesu offentliga verksamhet. Han skrev i första hand för judarna, både för dem som blivit övertygade om att Jesus är den sanna uppfyllelsen av Skriftens löften (de judekristna) och för dem som inte accepterat att Jesus är den utlovade Messias. Matteus hänvisar ständigt till judarnas Bibel, dvs. Gamla testamentet, och vill visa hur Jesus är den sanna uppfyllelsen av vad där står. Han förutsätter att läsarna är väl förtrogna med judiska seder liksom med Palestinas geografi och topografi.

De judekristna hade hamnat i en svår situation på grund av sin tro. De blev hatade och förföljda av sina landsmän och utsattes för särskilda frestelser. De flesta judar väntade på en annorlunda Messias än Jesus, en Messias som skulle framträda

---

66 F.F. Bruce, *De nytestamentliga texterna* (1969), s. 24f.

67 För en utförligare jämförelse mellan evangelierna hänvisar jag till Joh. Ylvisaker, *The Gospels. A Synoptic Presentation of the Text in Matthew, Mark, Luke, and John* (1932), den kanske bästa boken i detta ämne.

med yttre glans och makt, en kung som kunde leda en mäktig armé för att befria nationen, driva ut de romerska ockupanterna och göra den egna nationen världsledande. De hoppades på en Davidsättling med större härlighet och makt än David själv. Jesus hade inte denna yttre härlighet. Han var av låg börd, en nasaré som var vän med publikaner och syndare. De som hyllade Jesus som Messias betraktades därför som avfällingar från den judiska tron och inte längre som en del av Guds egendomsfolk. Jesu förutsägelse "De ska utlämna er åt domstolar, och i sina synagogor ska de gissla er" (Matt. 10:17) besannades.

Matteus vill trösta och styrka de judekristna i deras tro genom att visa att Jesus utom allt tvivel verkligen är den utlovade Messias. Han uppfyller inte bara vissa profetior utan hela Gamla testamentets budskap och historia. Jesu undergärningar är inte bara bevis på att Jesus är Guds Son med gudomlig makt utan precis de mäktiga gärningar som Messias enligt judarnas heliga skrifter skulle utföra. Profeten Jesaja hade t.ex. förutsagt att Messias skulle göra så att döva kunde höra, stumma tala, blinda se, lama gå, ja, t.o.m. att döda uppstod. Se Jesaja 35:5f; 25:8; 26:19; 61:1 och Jesu hänvisning till dessa förutsägelser när Johannes Döparens lärjungar frågar honom: "Är du den som skulle komma, eller ska vi vänta på någon annan?" (Matt. 11:3-5).

Matteus lyfter särskilt fram ord och händelser som visar hur Jesus uppfyller Gamla testamentets profetior. Han citerar direkt eller anspelar på mer än sextio gammaltestamentliga profetior, mycket mer än någon annan evangelist. När Matteus redan i första meningen betonar att Jesus är "Davids son, Abrahams son", anknyter han till löftena om att välsignelsen skulle komma alla folk till del *genom Abraham och hans avkomma* (1 Mos. 28:14; 22:18; 18:18; 12:3) och att Frälsaren, den messianske kungen, skulle komma *från Davids hus och släkt* och ha en evig tron i ett evigt rike (2 Sam. 7:13-16; Jes. 9:7). Det glada budskapet om Jesus och hans frälsningsverk kallar Matteus för "evangeliet om riket": "Jesus gick omkring i alla städer och byar, och han undervisade i deras synagogor och predikade evangeliet om riket" (Matt 9:35), Guds rike eller himmelriket, en benämning som bara finns hos Matteus och där inte mindre än tjugo gånger.[68]

Det är en ganska vanlig uppfattning bland många bibelforskare att Markus skrev sitt evangelium först och att Matteus har brukat Markus som källa. Men detta är mycket osannolikt. Varför skulle Matteus som en av de tolv och ett ögonvittne söka sig till andrahandsinformation när han själv hade förstahandsinformation? Markus var ju inte själv ett ögonvittne utan hade fått sin information främst från Petrus. Med stor sannolikhet nedtecknade Matteus sitt evangelium före de andra tre någon gång mellan 45 och 55 e.Kr.

Evangelium enligt Markus

Markus var kusin till Barnabas (Kol. 4:10) och son till den Maria i vars hus apostlarna brukade samlas vid tiden för Jakob den äldres martyrdöd år 44 e.Kr. (se Apg. 12:1-2, 12). Hans hebreiska namn var Johannes (på hebr. Jochanan) och hans latinska namn Markus. Han skriver främst till hedniska romare och hednakristna i Romarrikets västra del. Därför använder han ofta latinska ord och uttryck, översätter arameiska ord och förklarar judiska seder och bruk. Några exempel: "Fariseerna liksom alla andra judar äter inte utan att ha tvättat händerna med en handfull vatten. De håller fast vid de äldstes stadgar. Och när de kommer från torget äter de inte utan att först ha tvättat sig. Mycket annat har de också lärt sig att iaktta, som att skölja bägare, kannor och kopparkärl" (Mark. 7:3-4). "Det var redan tillredelsedag", och Markus förklarar vad som menas med tillredelsedag: "dagen före sabbaten" (15:42).

---

[68] Angående bakgrunden till och innebörden i orden riket, Guds rike och himmelriket, se s. 179ff.

Klemens av Alexandria[69] skriver att när Petrus, inspirerad av den helige Ande, hade predikat evangeliets goda nyheter i Rom, bad många åhörare Markus att han som apostelns trogne medarbetare skulle skriva ner åt dem vad de hade hört.[70] Det märks att Markus använt sig av ett ögonvittne som lagt märke till många detaljer. Några exempel: Han berättar hur Jesus tog Petri svärmor i handen och reste upp henne (1:31). Han lägger märke till Jesu blick och ögonkast, hur han "såg på" den rike mannen med kärlek (10:21). När fariseerna försökte snärja honom och bad om ett tecken från himlen, "suckade Jesus i sin ande" och sa: "Varför begär detta släkte ett tecken?" (8:11-12). När man förde till honom en som var döv och nästan stum, "tog han honom åt sidan, bort från folkskaran, stoppade fingrarna i hans öron, spottade och rörde vid hans tunga och såg upp mot himlen, suckade och sa: Effata! – det betyder: Öppna dig!" (7:32-34).

Romarna hade säkert många invändningar mot Petrus vittnesbörd. Hur kunde Jesus av Nasaret vara Gud och en Frälsare, när han kom från det föraktade judiska slavfolket? Var inte Jesus egentligen en föraktad och feg person när han tillät att man hånade, arresterade, misshandlade och oskyldigt dömde honom till den mest vanhedrande död utan att göra minsta motstånd? Var inte kejsare som Caesar, Augustus och Tiberius värdigare gudar än denne gud som inte ens kunde skydda sig själv mot sina fiender? Romarna var kända för att vara modiga och tillhörde ett militärt starkt folk med uttalad känsla för rättvisa. Ingenting kunde vara mera ovärdigt i deras ögon än svaghet eller brist på mod och tapperhet. Dessutom accepterade ju inte judarna själva Jesus som sin Gud och Frälsare!

---

69 I Alexandria bildades i mitten av 100-talet en kateketskola, "den första högre kristna undervisningsanstalten" (Hägglund, s. 44). Klemens levde ca 150-213 och kom till Alexandria efter studier i Italien, Syrien och Palestina.

70 Eusebius kyrkohistoria II, 15.

Ur det rika materialet från Petrus predikningar om Jesu liv och gärningar, hans lidande och död, fäster Markus särskilt uppmärksamhet på det som visar att Jesus är den mäktige Gudens Son. Han har makt över mörkrets makter med samma lätthet som han besegrar naturens makter och de mest elakartade sjukdomar. "Alla blev förskräckta och frågade varandra: 'Vad är detta? En ny lära *med sådan makt*. Till och med de orena andarna befaller han, och de lyder honom'" (1:27).

Markus börjar sitt evangelium direkt med Jesu offentliga verksamhet och hur han gör den ena kraftgärningen efter den andra. Guds Son framträder kraftfullt och inte som en passiv och rädd stackare. "Folket häpnade över hans lära, ty han undervisade med auktoritet och inte som de skriftlärda" (Mark. 1:22). Outtröttligt tar han sig an skaror av nödlidande dag efter dag. Också när solen gått ner och det var tid för vila "förde man till honom alla som var sjuka och besatta" (1:32). När han kom hem fick han ingen vila, utan då samlades på nytt "så mycket folk att han och hans lärjungar inte ens hade tid att äta" (3:20; 6:31).

Utmärkande för Markus är det lilla ordet "genast" (grek. *evthýs*), som vittnar om ihärdighet och skyndsamhet. Detta ord möter oss oftare i Markusevangeliet än i någon annan bibelbok. I hela Nya testamentet förekommer det 80 gånger, av dessa över 40 gånger i Markusevangeliet. Det förekommer så ofta, att de flesta bibelöversättningar inte tar med det varje gång det förekommer.

Det är sant att Jesus togs till fånga, blev svårt misshandlad och fastspikad på ett kors, men skedde detta för att han inte kunde göra motstånd? Nej, han led och dog för att han ville det. Han offrade sitt liv till lösen för alla människors synder, inte av svaghet utan frivilligt, driven av den mest brinnande kärlek till dem, också till fienderna. När den romerske officeren (centurionen) som höll vakt vid avrättningsplatsen såg på vilket sätt Jesus offrade sitt liv och gav upp andan, kunde han inte annat än konstatera: "Den mannen var verkligen Guds Son" (15:39).

Fastän stora mängder samlades runt Jesus och häpnade över hans undervisning och kraftgärningar, lyckades judarnas ledare få stora delar av folket att ta avstånd från Jesus och till sist ropa: "Korsfäst honom!" När den romerske prefekten Pilatus frågade dem: "Vad har han då gjort för ont?", ropade de ännu högre: "Korsfäst honom!" (15:12-14). I liknelsen om de onda vingårdsarbetarna (12:1-12) hade Jesus förutsagt att vingårdsarbetarna skulle låta döda t.o.m. vingårdsägarens egen älskade son och kasta ut honom ur vingården. "Vad ska nu vingårdens herre göra?" frågade Jesus dem ("de förstod att det var med tanke på dem som han hade berättat liknelsen", 12:12) och svarade själv: "Han ska komma och döda vingårdsarbetarna och lämna vingården till andra" (12:9). Sålunda erbjuds nu Guds rike åt hedningarna.

När Petrus skrev brev från Rom (som han kallar "Babylon") till de kristna som var kringspridda i Pontus, Galatien, Kappadocien, Asien och Bitynien, hälsar han särskilt från "min 'son' Markus" (1 Petr. 5:13). Det visar att relationen mellan Petrus och Markus var mycket intim, som mellan far och son. Markus var uppenbarligen känd bland de kristna i Mindre Asien. Nu var han i Rom tillsammans med Petrus och lyssnade regelbundet till Petrus predikningar. Hans evangelium återspeglar Petrus undervisning om Jesus och skrevs sannolikt någon gång mellan 55 och 60 e.Kr.

Evangelium enligt Lukas

Lukasevangeliet hör ihop med Apostlagärningarna och bildar med det en harmonisk helhet som är tillägnad en inflytelserik person vid namn Teofilus (Luk. 1:3; Apg. 1:1). Lukas skriver särskilt för de människor från hednisk bakgrund som Paulus kom i kontakt med under sina missionsresor. Lukas var en av Paulus närmaste medarbetare. I brevet till de kristna i Kolosse hälsar Paulus särskilt från Lukas: "Vår älskade Lukas, läkaren, hälsar till er" (4:14). I brevet till Filemon vers 24 räknar han Lukas till sina "medarbetare" och i andra brevet till Timoteus skriver han: "Lukas är den ende som är hos mig" (2 Tim. 4:11). I Apostlagärningarna skriver Lukas flera gånger "vi", dvs. inkluderar sig själv i de händelser han redogör för (se 16:10-17; 20:5-15; 21:1-18; 27:1-28:16). Det är alltså fråga om ett ögonvittne som redogör för vad han personligen har varit med om tillsammans med aposteln Paulus.

När det gäller händelserna i Jesu liv var inte Lukas själv ett ögonvittne. Men han bygger sin redogörelse på "vad de som redan från början var ögonvittnen och ordets tjänare har meddelat oss". Deras vittnesbörd har Lukas granskat i detalj innan han sammanställt sin redogörelse för "de händelser som har fått sin uppfyllelse ibland oss" (Luk. 1:1-4). Med ordet "uppfyllelse" anknyter Lukas till Jesu ord: "Allt måste uppfyllas som är skrivet om mig i Mose lag, hos profeterna och i psalmerna" (Luk. 24:44). Lukas vill visa att Jesus är den sanna uppfyllelsen av Gamla testamentets löften. Gud "har upprättat åt oss ett frälsningens horn i sin tjänare Davids släkt, *så som han för länge sedan hade lovat genom sina heliga profeters mun*", hade också Sakarias, Johannes Döparens far, betonat i sin lovsång (Luk. 1:69-70).

Temat för Lukasevangeliet och Apostlagärningarna kan sägas vara *evangeliets väg från Jerusalem till Rom*. Uppfyllelsen av Gamla testamentets frälsningslöften gällde ju inte bara Guds tjänare Israel utan alla folk. Lukas citerar vad den gamle Simeon sa när Jesus fyrtio dagar gammal bars fram i templet: "Herre, nu låter du din tjänare sluta sina dagar i frid, så som du har lovat. Ty mina ögon har sett *din frälsning, som du har berett att skådas av alla folk, ett ljus som ska uppenbaras för hedningarna och en härlighet för ditt folk Israel*" (Luk. 2:29-32). Lukas citerar också vad Paulus och Barnabas sa till de judar i Pisidien som hånade Paulus och "sa emot honom när han predikade": "Guds ord måste först predikas för er. Men då ni visar det ifrån er och inte anser er själva värdiga det eviga livet, se, då vänder vi oss till hedningarna. Ty så har Herren befallt oss: *Jag har satt dig till ett ljus för hedningarna, för att du ska bli till frälsning intill jordens yttersta gräns*" (Apg. 13:46-47).

Termen "att evangelisera" (på grekiska *evangelízein*) brukas bara en gång i Matteus, Markus och Johannes men tio gånger i Lukas första del och femton gånger i Lukas andra del, dvs. Apostlagärningarna. Lukas skrev sitt evangelium för en missionerande kyrka och betonar nådens och Kristi rikes universalitet. Bara i Lukasevangeliet finns berättelserna om den barmhärtige samariten, den förlorade sonen, synderskan, fariseen och publikanen i templet och Jesu besök hos publikanen Sackeus. Lukas betonar också flera kvinnors betydelse, t.ex. Johannes Döparens mor Elisabet, Jesu mor Maria, profetissan Hanna och systrarna Marta och Maria. De sånger Lukas citerar i de inledande kapitlen - Magnificat (Marias lovsång), Benedictus (Sakarias lovsång), Gloria in Excelsis (Änglarnas lovsång) och Nunc Dimittis (Simeons lovsång) - har i århundraden ingått i den kristna kyrkans sångskatt och brukats i olika gudstjänster.

Lukas betonar de kristnas roll som "tjänare". Han citerar vad Jesus sa till sina lärjungar kvällen före sin dödsdag på korset: "Den som är ledare ska vara som tjänaren. Ty vem är störst: den som ligger till bords eller den som tjänar? Är det inte den som ligger till bords? Och ändå är jag här mitt ibland er som en tjänare" (Luk. 22:26-27). Jesus sände ut sina lärjungar i världen som sina tjänare och vittnen. Varje troende är en tjänare till den störste av alla tjänare, Jesus Kristus. "Var lika tjänare som väntar sin herre hem från bröllopsfesten och som genast är redo att öppna för honom, när han kommer och knackar på. Saliga är de tjänare som Herren finner vakande när han kommer" (Luk. 12:36-37).

Lukasevangeliet skrevs sannolikt mellan 60 och 62 e.Kr.

Evangelium enligt Johannes

Johannes var son till Sebedeus och Salome. Han var sannolikt den yngste av de tolv apostlarna och hörde jämte sin bror Jakob och Simon Petrus till de tre som stod Jesus allra närmast. Till skillnad från de övriga elva apostlarna levde Johannes mycket länge och dog en naturlig död ca 100 e.Kr. Han skrev sitt evangelium efter synoptikerna Matteus, Markus och Lukas någon gång mellan 70 och 95 e.Kr., enligt många mellan år 85 och 90. Han förutsätter kännedom om de tre första evangelierna och vill genom sitt vittnesbörd komplettera dem och ytterligare tydliggöra vem Jesus är. Mer än någon annan använder han verbet "vittna" (grek. *martyreín*) och substantivet "vittnesbörd" (grek. *martyría*), 31 respektive 14 gånger. Uppdraget att vittna hade han fått av Jesus: "När Hjälparen kommer, som jag ska sända er från Fadern, sanningens Ande, som utgår från Fadern, då ska han vittna om mig. *Också ni ska vittna, eftersom ni har varit med mig ända från början*" (15:26-27). Om sitt vittnesbörd och sig själv som ögonvittne skriver han.: "Den som har sett detta har vittnat för att också ni ska tro, och hans vittnesbörd är sant, och han vet att han talar sanning" (19:35).

Bakgrunden till Johannesevangeliet är frågan: "Vem är egentligen Jesus?" I storstaden Efesus, där Johannes bodde under senare delen av sitt liv, hade personer påverkade av gnosticismen[71] trätt fram och presenterat en annan Jesus än den som synoptikerna hade presenterat. Kerinth t.ex., som verkade i Efesus i slutet av första århundradet och i början av det andra, skilde mellan människan Jesus och det himmelska andeväsendet Kristus. Han hävdade att Jesus bara var en mänsklig varelse som först vid dopet förenades med Kristus, Guds Son. Sedan skulle Kristus före korsdöden ha lämnat den jordiske Jesus. Han ansåg det oförenligt med Kristi gudomlighet att han skulle ha lidit och dött. Uppfattningen att Jesus

---

[71] Angående gnosticismen och de s.k. gnostiska evangelierna, se kap. 6, sid. 149ff.

som Guds Son skulle vara en lägre varelse än Fadern och inte ett med Fadern fick spridning. Man förnekade både att Jesus var sann Gud och att Kristus var sann människa av kött och blod. I sitt första brev skriver Johannes: "Mina älskade, tro inte alla andar utan pröva andarna om de kommer från Gud. Ty många falska profeter har gått ut i världen. Så känner ni igen Guds Ande: varje ande, som bekänner att Jesus är Kristus, som kommit i köttet, han är från Gud, och varje ande som inte bekänner Jesus, han är inte från Gud. Det är Antikrists ande, som ni har hört skulle komma och som redan nu är i världen" (1 Joh. 4:1-3). Johannes vill med sitt evangelium underlätta den nödvändiga prövningen av vad som är rätt vittnesbörd om Jesus.

Johannes vittnar om att Kristus inte var någon skenmänniska (som doketisterna[72] menade) utan hade sann mänsklig natur. Guds Son var det eviga Ordet som *"blev kött och bodde bland oss"* (1:14). Som sann människa blev han bl.a. "trött av vandringen" (4:6), "häftigt upprörd" (11:33) och "grät" (11:35). Han sa: "Om vetekornet inte faller i jorden och dör, förblir det ett ensamt korn, men om det dör, bär det rik frukt... Nu är min själ i djup ångest. Vad ska jag säga? Fader, fräls mig från denna stund? Nej, just därför har jag kommit till denna stund" (12:24, 27). Samtidigt var Jesus sann Gud. "Ingen har någonsin sett Gud. Den Enfödde, som själv är Gud, och är hos Fadern, har gjort honom känd" (1:18). "Den som har sett mig har sett Fadern. Hur kan du säga: Låt oss se Fadern? Tror du inte att jag är i Fadern och att Fadern är i mig?" (14:9f). "Jag och Fadern är ett... Fadern är i mig och jag i Fadern" (14:30, 38).

Mot bakgrund av de falska påståendena om Jesus vittnar Johannes mer än synoptikerna om *Jesu person* och hans enhet med Fadern. Han behöver inte upprepa allt det som synopti-

---

[72] Ordet *doketist* kommer från de grek. orden *dokeín* "synas" och *dókesis* "sken, illusion". En doketist anser att Jesus inte hade en mänsklig kropp utan att det bara såg ut så.

kerna har berättat. Synoptikerna uppehåller sig mest vid Jesu verksamhet och då främst i Galileen. Av Johannes framgår att Jesus verkade i mer än tre år och besökte Jerusalem vid de stora högtiderna. Johannes kompletterar synoptikerna med material i huvudsak från Jesu verksamhet i Judeen och Jerusalem, t.ex. den sjuke i Betesda, den blinde vid Siloam, Lasarus uppväckelse, samtalet med Nikodemus, mötet med den tvivlande Thomas och förnyelsen av uppdraget till Petrus. Johannes återger också flera av Jesu undervisande tal där det tydligt framgår vem han är som Guds unike ("enfödde") Son.

I sju "Jag Är"-ord säger Jesus: "Jag är livets bröd", "det bröd som har kommit ner från himlen" (6:35 och 6:51), "Jag är världens ljus" (8:12 och 9:5), "Jag är dörren. Den som går in genom mig ska bli frälst" (10:9), "Jag är den gode herden. Den gode herden ger sitt liv för fåren" (10:11), "Jag är uppståndelsen och livet. Den som tror på mig ska leva om han än dör" (11:25), "Jag är vägen, sanningen och livet. Ingen kommer till Fadern utom genom mig" (14:6) och "Jag är den sanna vinstocken" (15:1). Dessa "Jag Är"-ord tillsammans med de ställen där formuleringen "Jag Är" står utan bestämning (8:24, 28, 58; 13:19; 18:5) anspelar på Guds eget namn enligt 2 Mos. 3:14: "Jag är den jag är" (jämför 5 Mos. 32:39). Tydligare kan inte Jesus säga att han är av samma väsen som Fadern. Judar som förkastade att Jesus var Gud uppfattade Jesu anspråk på att vara "Jag Är" som hädelse och tog därför upp stenar för att stena honom (8:58-59, se också 10:33). Straffet för en människa som hädat och gjort sig själv till Gud var ju enligt gamla förbundet döden genom stening (se 3 Mos. 24:15-16).

Johannes vill genom sitt vittnesbörd förmedla en rätt förståelse av vem Jesus är och vad han uträttar och erbjuder, nämligen evigt liv. Han vill att läsaren verkligen ska "se" vem Jesus är. Med hjälp av fyra olika ord för att se tydliggör han att det inte bara är fråga om ett fysiskt seende (grek. *blepo*) utan att stanna upp och betrakta (grek. *theoréo*), att inse (*horáo*) och bli indragen i det man ser (*theáomai*), dvs. bli förd till tro. Vittnesbördet om vem Jesus är och vad han har gjort har ju blivit nerskrivet *"för att ni ska tro att Jesus är Messias, Guds Son, och för att ni genom tron ska ha liv i hans namn"* (20:31). Frälsningen är att ta emot den uppenbarelse, den kunskap, som Jesus förmedlar. Att ta emot Jesus är att ta emot Gud och på motsvarande sätt att förkasta Jesus är inget mindre än att förkasta Gud. "Ingen kommer till Fadern utom genom mig", säger Jesus (14:6). Synden är att avvisa det sanna vittnesbördet om Sonen, att inte inse att Jesus är den han är. "Om jag inte hade kommit och talat till dem, skulle de inte ha synd, men nu har de ingen ursäkt för sin synd" (15:22). "Var och en som ser Sonen och tror på honom ska ha evigt liv, och jag ska låta honom uppstå på den yttersta dagen" (6:40).

När Johannes använder beteckningen "den som Jesus älskade" om sig själv, vill han inte framhålla sig själv som en bättre lärjunge än de andra utan tvärtom ge uttryck åt att han blivit *en lärjunge till Jesus tack vare Jesu oförtjänta kärlek*. Gud har inte bara älskat Johannes utan alla människor: "Ty så älskade Gud *världen* att han utgav sin enfödde Son, för att den som tror på honom inte ska gå förlorad utan ha evigt liv" (3:16).

Johannes utgår ifrån att hans läsare är bekanta med vad synoptikerna har berättat. Det framgår av nästan varje kapitel i Johannesevangeliet. I kapitel 1 förutsätter Johannes uppgifterna om Johannes Döparens liv. Likaså tas redogörelsen för Jesu dop för given. I kapitel 11:1 introduceras Marta och Maria som tidigare kända och i 6:71 nämner han "de tolv", fastän han inte berättat om att Jesus kallade tolv apostlar etc. Därför upprepar inte Johannes vad synoptikerna redan har berättat när det gäller Jesu födelse, dop, frestelse, förklaring, kallelse av apostlarna, liknelserna, instiftandet av dopet och nattvarden, förutsägelsen om Jerusalems förstöring, världens slut och yttersta domen mm. Ibland ger Johannes förklaringar till vissa saker som synoptikerna berättat om, t.ex. varför de judiska ledarna behövde föra Jesus till Pilatus ("Judarna sa: Vi har inte rätt att döma någon till döden", 18:31) och varför Petrus kunde komma in på översteprästens gård (18:15-18).

På flera ställen märks det att Johannes tar hänsyn till hedningarna i Efesus och annorstädes som inte så väl kände till judarnas benämningar och seder. Han skriver "Rabbi – det betyder lärare" (1:38), "Messias – det betyder Kristus" (1:41), använder uttrycket "judarnas påsk" (2:13 och 11:55) och förklarar när han berättar om de sex stenkrukorna i samband med bröllopet i Kana: "sådana som judarna använder vid sina reningar" (2:6). Johannes använder också ett begränsat ordförråd för att göra sitt vittnesbörd lättläst och tar därvid fasta på Jesu upprepningar av huvudord som sanning, lögn, ljus, mörker, kärlek, liv och världen.

Han visar också att man behöver fördjupa sig i Guds ord för att inte missförstå andliga sanningar. När Jesus använder ord som att födas på nytt (3:3) förstår inte Nikodemus med en gång vad Jesus menar. Inte heller förstår den samaritiska kvinnan vid Sykars brunn hur Jesus ska kunna släcka hennes törst, när han inte har något kärl att hämta upp vatten med (4:11). När Jesus sa till judarna: "Ni ska söka efter mig och inte finna mig, och där jag är, dit kan ni inte komma", förstod de inte vad Jesus menade. De sa till varandra: "Vart tänker han ta vägen, eftersom vi inte ska finna honom? Inte tänker han väl bege sig till dem som bor kringspridda bland grekerna och undervisa dem?" (7:34-35). Johannes vill säkert med dessa vittnesbörd om människors missuppfattningar uppmuntra läsarna till en närmare bekantskap med Jesus, så att de inte genom en ytlig kontakt blir kvar i missuppfattningar utan låter Jesus öppna deras ögon för vem han verkligen är.

Gnostikerna ville inte veta av Gamla testamentet eftersom deras Kristus var oförenlig med Skriftens vittnesbörd om Messias och hans ställföreträdande försoningsoffer som "Guds lamm som tar bort världens synd" (1:29). Johannes (liksom främst Matteus och Lukas) betonar att Jesus är den som är utlovad i de heliga skrifterna. Han citerar bl.a. följande ord av Jesus: "Om ni trodde Mose, skulle ni tro på mig, ty om mig har han skrivit. Men tror ni inte hans skrifter, hur ska ni då kunna tro mina ord?" (5:46-47). "Skriften kan inte göras om intet" (10:35). "Helga dem i sanningen, ditt ord är sanning" (17:17). Johannes citerar också Filippus ord till Natanael: "Den som Mose har skrivit om i lagen och som profeterna har skrivit om, honom har vi funnit, Jesus, Josefs son, från Nasaret" (1:45).

Ett ord som återkommer inte mindre än 41 gånger i Johannesevangeliet är det lilla ordet "förbli" (grek. *meno*). Jesus sa: "Om ni *förblir* i mitt ord, är ni verkligen mina lärjungar, och ni ska förstå sanningen, och sanningen ska göra er fria" (8:31). "*Förbli* i mig, så *förblir* jag i er. Liksom grenen inte kan bära frukt av sig själv, utan endast om den *förblir* i vinstocken, så kan inte heller ni det, om ni inte *förblir* i mig" (15:4). "Liksom Fadern har älskat mig, så har jag älskat er. *Bli kvar* i min kärlek" (15:9).

Finns det motsägelser inom den fyrfaldiga enheten "Evangeliet"?
Det finns en mängd detaljer i evangelisternas vittnesbörd som vid en första genomläsning kan synas motsägelsefulla. Några exempel: Hur många kvinnor var det egentligen vid graven? Var det utanför eller inne i graven som änglarna eller männen visade sig? Botade Jesus en eller två blinda män vid Jeriko och skedde det när han närmade sig Jeriko eller när han var på väg ut ur staden? Sa Jesus till Petrus: "Innan tuppen gal, ska du förneka mig", eller "Innan tuppen har galt två gånger, ska du tre gånger förneka mig?"

Först kan konstateras att olikheter som de ovan nämnda talar för historiciteten i evangelisternas vittnesbörd. Med nödvändighet kan ett vittne inte ta med alla detaljer. Han tar med det som han särskilt fäst sig vid och vill betona. Den ene fäster sig vid flera detaljer än den andre och nämner att det var just två personer som Jesus mötte. Den andre kanske bara nämner en av dem, eftersom just denne sa eller gjorde något speciellt. Den ene kanske sammanfattar ett yttrande, medan den andre återger det mera fullständigt. Hade evangelisternas skildringar formats i efterhand som sena konstruktioner, skulle man säkert ha samordnat alla detaljer.

När vittnesmål inte tycks överensstämma, som i de ovan nämnda fallen, måste man fråga sig vad det kan bero på och om det är fråga om verkliga motsägelser. När det gäller de blinda vid Jeriko, innebär t.ex. inte Markus fokusering på en av dem att han förnekar Matteus uppgift att de var två. Hade han sagt att det *bara* var en blind, hade det varit en motsägelse. Det går också att förklara varför Markus nämner *en* blind. Just denne blev tydligen en känd person bland de första kristna, eftersom Markus nämner hans namn, nämligen Bartimeus. Angående var undret skedde finns många förklaringsmöjligheter till olikheterna. Det är möjligt att Jesus botade en blind när han närmade sig staden och två andra när han lämnade den. Men det finns flera andra lösningar, bl.a. denna: Lukas skriver att "när Jesus närmade sig Jeriko, satt en blind man vid vägen och tiggde" (Luk. 18:35). Lukas säger inte var själva undret ägde rum. Det är möjligt och naturligt att Bartimeus tillsammans med ytterligare en blind följde med mängden in i staden och att själva botandet skedde när Jesus var på väg ut ur staden.

När det gäller Jesu förutsägelse om Petri förnekelse, är det ingen motsägelse mellan uppgiften att Petrus skulle förneka honom innan tuppen galt och att han skulle göra det innan tuppen galt två gånger. Vi kan inte heller utgå ifrån att Jesus förutsa Petri förnekelse bara en gång. Så här kan det ha förhållit sig: Jesus säger till Petrus att han kommer att förneka honom tre gånger: "Innan tuppen gal, ska du tre gånger förneka mig" (Matt. 26:75). Petrus blir mycket upprörd. Skulle han förneka sin Herre? Aldrig. Hellre dör jag än jag förnekar dig. Då upprepar Jesus sin varning och tillägger en detalj: "Just denna natt, innan tuppen har galt två gånger, ska du tre gånger förneka mig" (Mark. 14:30). Tilläggas kan att Matteus, Lukas och Johannes återger Jesu förutsägelse i allmänna ordalag medan Markus, sin vana trogen, är mera exakt. Markus tar ofta med detaljer som saknas hos de övriga evangelisterna.

Tidpunkten för Jesu påskalammsmåltid och hans död på korset

Är då alla exempel på motsägelser bara skenbara motsägelser? Det finns ett exempel på en motsägelse som ganska allmänt betraktas som en verklig motsägelse. Det är tidpunkten för Jesu påskalammsmåltid och hans död på korset. Synoptikerna hävdar enstämmigt att Petrus och Johannes tillredde påskalammsmåltiden torsdagen den 14:e Nisan och att Jesus samma kväll åt denna måltid tillsammans med sina lärjungar. Dagen därpå dog Jesus på korset. Men enligt Johannes, hävdar många, dog Jesus på korset den 14:e Nisan och måste sålunda ha ätit påskalammsmåltiden den 13:e Nisan, alltså en dag för tidigt. Hur förhåller det sig med detta?

Enligt alla fyra evangelister uppstod Jesus från de döda på första veckodagen, dvs. söndagen. Uppståndelsedagen var tredje dagen efter hans död på korset. Sålunda dog Jesus på fredagen. Jesu dödsdag kallas enstämmigt för "tillredelsedagen", enligt judarna benämningen på dagen före sabbaten, alltså fredagen. Fredagen användes nämligen för att "tillreda" mat och annat inför sabbaten. Jesus togs ner från korset före solnedgången på fredagen, "eftersom det var tillredelsedag och judarna inte ville att kropparna skulle hänga kvar på korset över sabbaten" (Joh. 19:31). Enligt alla evangelisterna åt Jesus påskalammsmåltiden på kvällen dagen före, dvs. på torsdagen.

Men nu är frågan: var fredagen när Jesus korsfästes den 14:e eller den 15:e Nisan? Och var torsdagen när Jesus åt påskalammsmåltiden den 13:e eller den 14:e Nisan? På eftermiddagen den 14:e Nisan slaktades lammen och gjordes i ordning för måltiden enligt föreskrifterna i Mose lag. Vid solnedgången började påskmåltiden och den skulle vara avslutad före midnatt. Resterna av lammet skulle därefter brännas upp. Efter påskalammsmåltiden på kvällen följde en vecka av påskfirande med högtidsoffer och högtidsmåltider. "De åt av högtidsoffren under de sju dagarna, samtidigt som de offrade gemenskapsoffer och tackade HERREN, sina fäders Gud" (2 Krön. 30:22). Den del av djuren som inte hade bränts upp på brännoffersaltaret vid niotiden på morgonen gjordes i ordning för en högtidlig festmåltid. Dessa offer kallades "chagigá" av rabbinerna.

Går vi först till de tre äldsta evangelierna (synoptikerna) för att söka ett korrekt svar på frågan ovan, hävdar synoptikerna entydigt att det var den första dagen i det osyrade brödets högtid, dvs. den 14:e Nisan, som Jesus åt påskalammsmåltiden med sina lärjungar (Matt. 26:17; Mark. 14:12; Luk 22:7). Följaktligen korsfästes Jesus dagen därpå, den 15:e Nisan.

Men hur förhåller det sig med Johannesevangeliet? Är det sant att Johannes ger ett annat svar? För att besvara denna fråga bör vi först komma ihåg att Johannes skrev sitt evangelium mycket senare än synoptikerna. Han skrev för läsare som kände till de synoptiska evangelierna och som från deras skrifter hade fått informationen att Jesus åt påskalammsmåltiden den 14:e Nisan och dog på korset den 15:e Nisan. Johannes har därför antingen försökt rätta synoptikernas tidsuppgifter eller också har han skrivit utifrån övertygelsen att hans historiska uppgifter är i full harmoni med synoptikernas. Låt oss se vad det står i den vers hos Johannes som vållat problem:

I Joh. 18:28 skriver han: "Från Kajfas förde de sedan Jesus till pretoriet. Det var tidigt på morgonen. Själva gick de inte in i pretoriet, för att de inte skulle bli orena utan kunna fira påsken." Många menar att detta ställe visar att Jesus enligt Johannes åt påskalammsmåltiden en dag före judarna, dvs. den 13:e Nisan, och dog den 14:e. Om en jude kom i beröring med något orent, vilket var fallet om han satte sin fot i en hednings hus, räknades han som oren hela den dagen "ända till kvällen". Efter solnedgången räknades han som ren igen (se 3 Mos. 15:5ff). Av Joh. 18:28 har många dragit slutsatsen att judarna ännu inte ätit påskalammsmåltiden och att Jesus följaktligen avrättades den 14:e, inte den 15:e Nisan. Men här gör man ett misstag. *Om medlemmarna i Stora rådet blev orena tidigt på morgonen den 14:e Nisan, skulle detta inte ha hindrat dem från att delta i påskalammsmåltiden, eftersom den ägde rum på kvällen efter solnedgången.* Men blev de orena på morgonen den 15:e Nisan, den dag då de enligt synoptikerna förde Jesus till Pilatus, skulle detta hindra dem från att delta i påskhögtidens stora offermåltid lite senare denna dag. Den sju dagar långa påskveckan började den 15:e Nisan och då firades en högtidlig offermåltid.

Uttrycket "att äta påsken" (grekiska *paska* /k=ch/, hebreiska *pésach*) används i Bibeln i en vidare och en trängre mening. I den trängre meningen syftar det på att delta i påskmåltiden, att äta påskalammet. I den vidare meningen används uttrycket om att delta i *chagigá,* dvs. i de högtidliga offermåltiderna under det "osyrade brödets högtid" den 15-21 Nisan. "Du ska slakta *påskoffer* (hebr. *pésach*) åt HERREN din Gud av småboskap och nötboskap på den plats som HERREN utväljer till boning åt sitt namn. *Till offret ska du inte äta något syrat. I sju dagar ska du äta osyrat bröd*" (5 Mos. 16:2-3). "I första månaden, vid aftontiden på fjortonde dagen i månaden, är HERRENS påsk. Och *på femtonde dagen i samma månad är HERRENS osyrade bröds högtid.* Då ska ni äta osyrat bröd i sju dagar. *På den första dagen ska ni hålla en helig sammankomst.* Ni ska då inte utföra något arbete. Och ni ska offra eldsoffer åt HERREN i sju dagar. På den sjunde dagen ska ni åter hålla en helig sammankomst, och då ska ni inte utföra något arbete" (3 Mos. 23:5-8).

Det kan inte råda något som helst tvivel om att Johannes med uttrycket "äta påsken" i 18:28 brukar detta uttryck i den vidare meningen och syftar på deltagande i den heliga sammankomst och offermåltid som bl.a. 3 Mosebok 23:7 talar om. Därför bör man återge uttrycket "äta påsken" i 18:28 med "delta i påskfirandet" eller "fira påsken". Kyrkobibeln av år 1917 har uppfattat uttrycket i den snävare meningen och översätter därför missvisande: "Själva gingo de icke in i pretoriet, för att de icke skulle bliva orenade, utan skulle kunna *äta påskalammet.*"

Det är tragiskt att så många missuppfattat Joh. 18:28. I Bibel 2000 står det t.ex. i en not till denna vers: "Här förutsätts tydligen att Jesus dömdes och korsfästes innan högtiden började. Enligt de andra evangelierna deltog han i påskmåltiden (jfr 13:2 med not) och avrättades först följande dag." Också i Svenskt Bibliskt Uppslagsverk påstås Johannes motsäga synoptikerna och hävda att Jesus dog den 14:e Nisan.[73]

Joh. 18:28 har ansetts vara det klaraste beviset för att det föreligger verkliga motsägelser mellan evangelisternas vittnesbörd. Vi har nu sett att detta "bevis" för en verklig motsägelse inte håller.[74] Evangelierna har samma kronologi när det gäller tiden för Jesu påskalammsmåltid och hans dödsdag. Också andra exempel på motsägelser visar sig vid närmare studium endast vara skenbara. Det föreligger alltid en eller flera harmoniseringsmöjligheter, i synnerhet om man kommer ihåg följande:

Evangelisterna återger inte alltid tal eller yttranden ord för ord och fullständigt, utan de kan dra samman vad som sagts och gjorts och bara ta med det som är mest belysande i ett visst sammanhang. Händelser som berör samma ämne kan också föras samman av tematiska skäl utan att de följt kronologiskt efter varandra. När man läser t.ex. Markus, kan det se ut som om Jesu offentliga verksamhet bara varade i ett år, när i själva verket denna verksamhet pågick i drygt tre år, vilket framför allt framgår av Johannesevangeliet (se kapitel 1: Jesus

---

[73] *SBU*, vol. I, col. 1162 och vol. II, col. 673f.

[74] För en utförligare diskussion av Johannes kronologiska uppgifter i relation till synoptikernas, se Ylvisaker, *The Gospels*, i synnerhet s. 636-646.

i tid och rum). Man kan inte heller utgå ifrån att Jesus aldrig upprepade sin undervisning. Under drygt tre års tid har han säkert många gånger undervisat om och inskärpt samma sak och därvid varierat sina formuleringar. Därför är det inte konstigt att t.ex. bönepunkterna i Fader Vår formuleras lite olika och är olika till antal i Matt. 6:9ff och Luk. 11:2ff. Jesus undervisade på ett sätt som påminner om det vi vet om rabbinernas undervisningsteknik vid denna tid. Han använder ofta liknelser, korta sentenser och parallellismer, så att apostlarna lättare kan minnas det han sagt. Enligt Jesus fick dessutom apostlarna hjälp av den helige Ande att komma ihåg vad han sagt och gjort. När Jesus fullbordat sitt frälsningsverk lovade han sända till dem Hjälparen, "sanningens Ande", och "då ska han föra er in i hela sanningen" (Joh. 16:13).

Att de fyra evangelierna Matteus, Markus, Lukas och Johannes ger ett samstämmigt och tillförlitligt vittnesbörd om Jesus betonas tidigt. Justinus Martyren (ca 100-165) talar om evangelierna som "apostlarnas minnen" och Irenaeus (ca 130-202) betonar att de fyra evangeliernas vittnesbörd är ett enda evangelium. Med tanke på gnostiska villolärare och deras skrifter om Jesus säger han i sin skrift "Mot villolärorna" (*Adversus haereses*) bl.a. att dessa fyra är det auktoritativa evangeliet. Han kallar det "det fyrfaldigt formulerade evangeliet" (på grekiska *tetrámorfon evangélion*).

För att underlätta studiet av det fyrfaldiga evangeliet och hålla samman det som en enhet började man tidigt utge evangelieharmonier. Först ut var syriern Tatianus, Justinus lärjunge, som ca 170 utgav sin evangelieharmoni under namnet "Evangelium genom de fyra" (grek. *Evangélion diá tån tessárån*). Nästan samtidigt med Tatianus utgav Teofilus av Antiokia (död ca 180) en evangelieharmoni. På 1500-talet utgavs ett flertal evangelieharmonier, både av lutherska och kalvinistiska teologer. Den kanske bästa evangelieharmonin svarade Martin Chemnitz (1522-1586) för, men han hann aldrig göra den färdig. Den fullföljdes av Polycarpus Leyser (1552-1610) och gjordes komplett av Johann Gerhard (1582-1637).

I och med den rationalistiska bibelkritikens genomslag vid universiteten fr.o.m. mitten av 1700-talet spreds uppfattningen att evangelierna är högst mänskliga, bristfälliga och oenhetliga dokument (se mera därom i kap. 4). Därmed avtog och på många håll försvann intresset för en enhetlig överblick över Jesu liv och verksamhet.

Kapitel 6

Jesus och de gnostiska evangelierna

I de s.k. gnostiska evangelierna presenteras en annan Jesus än den som Nya testamentets apostoliska skrifter vittnar om. Hur detta kan komma sig och vad som menas med *gnostiska* skrifter och gnosticism ska jag försöka klargöra i detta kapitel.[75]

Gnosticismen är en brokig religionsblandning med inslag från främst indisk, persisk och egyptisk religion i kombination med grekisk filosofi. Den verkar ha sitt ursprung i hellenismen, den kultur och religionsblandning som Alexander den stores världsrike på 300-talet f.Kr. möjliggjorde.

Gnosticismen liksom hinduismen räknar med en högsta gudom eller ett högsta gudomligt medvetande. Denna gudom har ingenting med världens skapelse och det fysiska att göra. I stället räknar gnosticismen med en rad gudaväsen mellan det högsta andeväsendet och världen. Dessa gudomliga mellanväsen eller *eoner* emanerar (strålar ut) från den Högste och föder sig själva i en fallande skala. Ju längre bort de har kommit från den gudomliga ljuskällan, desto svagare ljus har de. Den yngsta av eonerna producerade en eon som blev ett misslyckat och ont gudaväsen. Denne eon blev en skapargud och kallas Demiurgen. I sitt begär efter det synliga skapade

[75] En lättförståelig sammanfattning av gnosticismens tankar föreligger i ett föredrag av Staffan Bergman från 1999, se *http://luk.se/gnosticism.htm.*

han världen med dess materia och därmed också människans kropp.

Människans ande ses som ett utflöde av ljusets eonvärld, nu innesluten och fängslad av den kropp som den onde guden Demiurgen har skapat. Skapelsen är således inte som i Bibeln något som planerats och genomförts av en god Skapare. Problemet för människan och världen är inte heller människans synd, att hon avfallit från den gode Skaparen. Problemet är att den onde skaparguden skapade en fysisk värld och gav människoanden en kropp som fängslar anden och avskär den från ljusvärlden och den högste anden.

Frälsningen enligt gnosticismen består i att människan får *gnosis* (= kunskap, insikt), så att hon blir medveten om sin andes gudomliga ursprung och försöker befria sin ande från kroppens fängelse. Den goda gudagnistan i människan, hennes gudomliga kärna, kan endast frälsas genom att befrias från den onda kroppen. När människan fått gnosis om sitt inre som en del av det högsta ljuset, kan och bör hon göra en andlig resa *in i sig själv* och där finna Gud. Hon behöver alltså inte underordna sig en Gud *utanför* och över henne. Hon kan gå till sig själv och låta sitt eget inre vara högsta auktoritet. Sanningen finner hon hos sig själv. Hon är ju till sin rätta natur ett gudaväsen, oskyldig och god. Någon Frälsare som ställföreträdande sonar hennes synder behöver hon inte.

När kristendomen spreds i den hellenistiska världen och kom i kontakt med gnosticismen, försökte gnostikerna infoga delar av vad kristendomen lär i sin människosyn och sitt frälsningssystem. Man menade sig kunna acceptera Kristus som en frälsare, om man såg honom som en förmedlare av den frälsande gnosis. Men man kunde inte acceptera Kristus som både sann Gud och sann människa, eftersom en människa av kött och blod var en skapelse av den onde skaparguden. Man såg Kristus som en befriare från kroppens fängelse och då kunde han bara vara ett himmelskt andeväsen som framgått ur eonerna. Därför var Kristi kropp bara en skenkropp. Som andevarelse kunde han inte lida och dö. Man tänkte sig att eonen Kristus förenade sig med Jesus först vid hans dop och sedan lämnade honom före hans sista lidande och korsdöd. Detta synsätt hade sina företrädare i Efesus redan på aposteln Johannes tid (se ovan, s. 136f) och betecknas av Johannes som en antikristlig och bedräglig villolära (se Johannes första och andra brev).

I Rom konfronterades den kristna församlingen med gnosticismen på ett mycket konkret sätt via två personer, nämligen Marcion och Valentinus. Båda blev upphov till stora gnostiska samfund. Marcion var född i Sinope vid Svarta havet ca 110 e.Kr. och var son till biskopen där. Omkring 139 e.Kr. kom han till Rom som kristen. Men ganska snart kom han under inflytande av en syrisk gnostiker vid namn Kerdo och började utforma en egen lära. Han blev utstött ur församlingen och bildade en egen kyrka med bas i Rom. Han dog ca 160 e.Kr., men hans kyrka överlevde honom och fick stor utbredning de närmaste hundra åren. På enstaka platser levde den vidare ända in på 500-talet.

Även om Marcion inte omfattade gnosticismen i samma utsträckning som fullfjädrade gnostiker och främst ville reformera kristendomen, är många gnostiska tankar framträdande i hans teologi. Han menade att skapelsens och Gamla testamentets Gud är ett lägre stående väsen och inte har något gemensamt med den gode Guden som Kristus har uppenbarat. Han menade också att Kristus framträdde i en skengestalt, dvs. att han var rent andlig och att hans lidande och död var en illusion. Ändå tillskriver han Kristi lidande och död frälsande betydelse, vilket skiljer honom från gnosticismen och är märkligt med tanke på hans doketiska uppfattning (att Jesus bara skenbart är en sann människa). Redan Irenaeus (död 202 e.Kr.) påtalar denna motsägelse: "Hur kunde han bli korsfäst och hur kunde blod och vatten flyta fram från hans genomstungna sida, om han inte var kött utan endast skenbart en människa?"[76]

Marcions Jesustro fick till följd att han måste utmönstra de flesta av Bibelns böcker. Jesus kunde inte vara den Messias (på grek. Christós) som himmelens och jordens skapare utlovat genom sina gammaltestamentliga profeter. Bl.a. därför måste hela Gamla testamentet utmönstras ur kanon liksom alla nytestamentliga böcker som betonade att Jesus var den som Mose och profeterna hade skrivit om. Marcions kanon från år 144 kom därför att utesluta alla böcker från Bibeln förutom ett renat Lukasevangelium och tio Paulusbrev.

Valentinus var född i Egypten, kom till Rom ca 135 e.Kr. och dog på Cypern ca 160 e.Kr. Han förenade sig med den kristna församlingen i Rom men utvecklade samtidigt ett gnostiskt lärosystem som klart stred mot apostlarnas undervisning. Det medförde att han blev exkommunicerad och begav sig då till Cypern, där han återupptog sin verksamhet som lärare.

I och med Valentinus började gnostiska lärare sprida sin undervisning via en rad gnostiska "evangelier", skrifter som på ett förrädiskt sätt anknöt till de nytestamentliga skrifterna och gav sig ut för att vara författade av apostlar eller andra kända kristna ledare (mera om dessa skrifter nedan). Detta tvingade den kristna kyrkan att än tydligare markera vilka skrifter som var äkta apostoliska vittnesbörd och avslöja de gnostiska vittnesbörden som förfalskningar. Sannolikt är Valentinus författaren till det gnostiska evangeliet "Evangelium Veritatis" (Sanningens evangelium).

Evangelium Veritatis innehåller ingen redogörelse för vad Jesus gjorde. Inte heller återger det, som t.ex. Thomasevangeliet, Jesusord. Valentinus presenterar i stället omfattande spekulationer om andevärlden och den materiella världens

---

[76] *Adversus haereses* 4.51.1.

uppkomst. Hans eonlära ingår i ett detaljerat metafysiskt system där den högsta guden uppfattas helt abstrakt. Han avvisar Gamla och Nya testamentets tro på en enda Gud som har skapat världen och uppenbarat sig för profeterna. Det högsta andeväsendet är långt borta från denna världen som han ser som en skapelse av judarnas och Gamla testamentets onde skapargud. Ur en av de högsta eonerna har Kristus uppkommit med uppgift att befria människosjälarna från materiens fångenskap och återföra dem till andevärlden. Frälsningen är lika med "andens befrielse från materien, människosjälens rening och uppstigande till det gudomliga, varur den framgått".[77]

Nag Hammadi-texterna

1945 påträffades i området vid Nag Hammadi i Egypten en kruka som innehöll tolv inbundna kodexar (handskrifter i bokform). Några lösa blad av en trettonde kodex var instuckna i den sjätte, så att allt som allt tretton kodexar fanns helt eller delvis bevarade i krukan. Varje kodex innehöll mer än en skrift. Genom fyndet i Nag Hammadi 1945 kom fyrtio nya skrifter i dagen. Redan omkring 1896 påträffades en kodex som innehåller två texter som också finns bland Nag Hammadi-fynden och dessutom två som inte finns där: Maria Magdalenas evangelium och en annan gnostisk bok.[78]

I detta kapitel ska vi särskilt intressera oss för de skrifter som kallas "evangelier". Det handlar om följande skrifter: Evangelium Veritatis, Filippusevangeliet, Thomasevangeliet, Egypterevangeliet och Marias evangelium.

Evangelium Veritatis har antingen skrivits av Valentinus personligen eller av en nära medarbetare till honom. Det kan

---

[77] Hägglund, *Teologins historia* (1956), s. 20.

[78] En bra presentation av Nag Hammadi-texterna finns i Oskar Skarsaunes bok *Den ukjente Jesus – Nye kilder om hvem Jesus virkelig var?* (2005), s. 71-75.

datereras till ca 150 e.Kr. Denna skrifts innehåll har vi redan kommenterat ovan.

Filippusevangeliet kan dateras till tiden mellan 250 och 300 e.Kr. och har lånat aposteln Filippus namn. Det berättar ingenting om vad Jesus gjorde. Men vi får veta hur man i en gnostisk församling på 200-talet undervisade när det gäller att invigas i kristendomen och hur denna invigning ska gå till. I undervisningen, som är av kateketisk typ, infogas några uttalanden av Jesus.

Thomasevangeliet innehåller inte heller någon berättelse om Jesus utan endast 114 Jesusord eller "logier", uppradade efter varandra utan någon närmare systematisk ordning.[79] Omkring hälften av logierna anknyter mer eller mindre till nytestamentliga Jesusord. De flesta av logierna bär uppenbara drag av gnostiska tankegångar som att den himmelska ljusdelen har fängslats i människan. Citat från Gamla testamentet saknas helt. Sannolikt har Thomasevangeliet tillkommit ca 140-150 e.Kr.

Egypterevangeliet liknar allra minst ett evangelium. Det inte bara saknar information om Jesus, det handlar inte ens om honom utan om Adams son Set. Egypterevangeliet redogör bl.a. för mytologiska föreställningar om tiden före världens skapelse och Set framställs som gnostikernas fader. Sannolikt har det tillkommit på 200-talet e.Kr.

Marias evangelium påminner om Thomasevangeliet på det sättet att detta evangelium bara innehåller dialoger mellan lärjungarna och Jesus utan någon angivelse av tid eller plats. Jesus uppmanar Petrus att undervisa människorna om att de har den rätta sanningen, Människosonen, *inne i sig*. Vidare redogörs för en syn som Maria Magdalena har haft och Petrus

---

79 Se Bertil Gärtner, *Ett nytt Evangelium? Thomasevangeliets hemliga Jesusord* (1960).

reaktion på detta. Synen handlar om själens uppstigande till Guds värld och de hinder som själen möter på sin reningsresa. Lärjungarna är skeptiska mot Maria som förmedlare av en uppenbarelse*kunskap* som de finner "främmande". Marias evangelium brukar dateras till någon gång mellan 100 och 200 e.Kr.

Judasevangeliet kallas ett koptiskt papyrusmanuskript från 300-talet eller 400-talet e.Kr. Jag nämner det i detta sammanhang, eftersom det nyligen blivit så uppmärksammat. Det tillhör inte Nag Hammadi-fynden utan hittades 1978 i en grotta vid Nilen nära Minya i Egypten. Dess existens var känd redan 180 e.Kr., då det fördömdes av Irenaeus som oäkta och irrlärigt. Judasevangeliet utger sig inte för att representera den tidiga kristna kyrkans tro. Tvärtom vill det framhålla att lärjungarna inte förstått Jesus, vilket däremot Judas Iskariot har gjort. Bara han förstod vad Jesu undervisning egentligen gick ut på och fick i hemlighet uppdraget av Jesus att förråda honom. Judas belönas för detta med att få försvinna i ett skinande moln där han fick höra en gudomlig röst. Denna version är helt och hållet en uppdiktad historia som gnostikerna har hittat på, säger Irenaeus.

Utmärkande för gnostiska evangelier är att de i regel innehåller dialoger mellan Jesus och några utvalda lärjungar. Följande dialogberättelse i Judasevangeliet klargör tydligt vilken gudsbild Judasevangeliet företräder: Jesus ser och hör att lärjungarna inleder sin måltid med den judiska bordsbönen ("Lovad vare du, Herre vår Gud, hela världens konung, som låter bröd framgå ur jorden"). Jesus ler när han hör denna bön, och på frågan varför han ler, säger han att lärjungarna tror att de ber till den sanne Guden när de tackar skaparguden. Men detta är fel. Skaparguden, Gamla testamentets och judarnas Gud, är inte den högste Guden och han är inte den Gud som Jesus kommer från. Den Gud Jesus kommer från har ingenting med skapelsen att göra, utan hans mål är att hämta den utvalda generationen människosjälar ut ur skapelsens fängelse. Judas tillhör den utvalda generationen men inte de andra lärjungarna. De är judar som har låtit sig luras av Skaparen, judarnas Gud.

Judasevangeliet framställer Jesus som en gnostisk förkunnare, vilket inte är så konstigt eftersom det har sitt ursprung i en gnostisk sekt i Egypten. Det utgörs av 13 papyrusark och är troligen en översättning av en äldre grekisk text. Enligt National Geographic Society i Washington, som publicerade en komplett översättning till engelska den 6 april 2006, återger texten samtal mellan Judas och Jesus och redogör för Jesu sista dagar. Judasevangeliet författades sannolikt på 160-talet.

De nytestamentliga apokryferna
Förutom de gnostiska evangelierna finns det flera andra skrifter med biblisk anknytning. Varken de gnostiska evangelierna eller de skrifter som jag nu ska nämna har någonsin varit aktuella att tas med i Nya testamentets kanon. Huvudorsaken var att de inte var skrivna av apostlarna eller deras medarbetare. Inga texter som skrevs under senare generationer blev accepterade som kanoniska, oavsett hur uppbyggliga och renläriga de var till sitt innehåll. "De apostoliska fäderna" är exempel på sådana uppbyggliga skrifter. De är äldre än de gnostiska evangelierna men blev ändå inte inkluderade i Nya testamentet.[80]

De skrifter jag nu ska nämna är skrifter som stammar från tiden runt 150 e.Kr. och senare.[81] Gemensamt för många av dem är att de på olika sätt vill stilla läsarnas nyfikenhet när det gäller de delar av Jesu och apostlarnas liv som skrifterna i Nya testamentet inte säger något om. Det gäller *Jesu barndom och*

---

[80] Till frågan om Nya testamentets kanon, vilka böcker som rätteligen hör dit och är äktapostoliska, se kapitlet "Vilka böcker tillhör Bibelns kanon" i min bok *Gardells Gud, Da Vinci-koden och Bibeln* (2005), s. 61-78.

[81] För en utförligare presentation av dessa skrifter, se Skarsaunes bok *Den ukjente Jesus*, s. 130-137.

uppväxt - därför skapas "barndomsevangelier". Vidare: *Vad gjorde Jesus i dödsriket medan han låg i graven?* – därför skapas "dödsrikesevangelier". Vidare: *Vad undervisade Jesus lärjungarna under de 40 dagarna mellan hans uppståndelse och himmelsfärd?* – därför skapades uppenbarelsedialoger mellan Frälsaren och hans lärjungar. Vidare: *Vad skedde med apostlarna vid tidpunkter och tillfällen som Apostlagärningarna inte berättar något om?* – därför skrevs en rad kompletterande apostlaakter.

Barndomsevangelier
Jakobs Protoevangelium från ca 150 e.Kr. är en from berättelse om Jesu mor Maria, hennes liv och uppväxt och om händelser runt Jesu födelse. Här får vi t.ex. veta namnen på Marias föräldrar, Joakim och Anna. Många var klara över att denna skrift inte var skriven av Jakob och innehöll legender.

Thomas barndomsevangelium är från 200- eller 300-talet och innehåller uppbyggliga legender om Jesu gärningar under hans barndom. Många kända legender om de underverk Jesus gjorde som barn stammar från denna skrift.

Dödsrikesevangelier
Bartholomeusevangeliet är från 200- eller 300-talet, vissa delar kanske ännu senare. Bartholomeus frågar den uppståndne Jesus vad han gjorde under sitt uppehåll i dödsriket och får utförliga svar.

Nikodemusevangeliet är från 500-talet men innehåller äldre delar. Det fick stor spridning under medeltiden. Härifrån hämtade man berättelserna om Josef av Arimatea som samlade upp Jesu blod då han tog ner Jesus från korset, och legenden om soldaten Longinus som stack sin lans in i Jesu sida på korset. Sista delen av evangeliet innehåller det man brukar kalla "Nedstigningssagan". De kanoniska evangeliernas berättelse om Jesu lidande kompletteras i detta evangelium med "vittnesbörd" från bl.a. Pilatus och översteprästens söner.

Petrusevangeliet är från 150-200 e.Kr. Det är ofullständigt bevarat, men den del som är bevarad återger berättelsen om Jesu död, begravning och uppståndelse, men utbroderad med bl.a. följande anmärkningsvärda ting: hela folket såg på när Jesus levande lämnade graven, han ledsagas av två änglar som är så stora att deras huvuden når upp till himlen. Själv har Jesus också kosmiska proportioner och hans huvud når över himlen.

Uppenbarelsedialoger
Apostlabrevet är från ca 150 e.Kr. Det innehåller en utförlig återgivning av den uppståndnes undervisning till apostlarna. Framställningsformen är att apostlarna frågar och Jesus svarar. Innehållet i denna skrift är helt renlärigt. Annars var denna framställningsform en av gnostikernas älsklingsgenrer. I flera av de gnostiska evangelierna är det den uppståndne som meddelar lärjungarna den hemliga visdom som han inte kunde delge dem öppet före sin död då han undervisade offentligt.

Apostlaakter
Paulusakterna berättar om det som hände med Paulus efter den tid då Apostlagärningarnas berättelse nått sitt slut. Förutom om Paulus berättas mycket om en av hans kvinnliga lärjungar, Thekla. Boken är antagligen skriven kring år 150 e.Kr. Den blev senare mycket populär och det finns en Theklagrav och en Theklakult i Mindre Asien. Men den presbyter som blev avslöjad som akternas verklige författare blev avsatt från sitt ämbete, fastän han ursäktade sig med att han hade skrivit dem "av kärlek till aposteln". Innehållet i dessa berättelser är helt renlärigt, teologiskt sett. Detta visar att man i församlingarna under fornkyrkans tid inte var okritisk och godtog vad som helst som kanonisk skrift, bara det var uppbyggligt och i överensstämmelse med apostlarnas lära.

Petrusakterna berättar vad Petrus gjorde och upplevde efter att "han begav sig till en annan plats", som är det sista som står om honom i Apostlagärningarna (12:17). Vi får först höra hur Paulus grundar församlingen i Rom, sedan hur trollkarlen Simon för församlingen vilse och därefter hur Petrus reser till Rom och effektivt bekämpar Simon. Till slut följer berättelsen om Petrus martyrium i Rom, hur han blev korsfäst med huvudet neråt. Boken har en folklig berättarstil och är sannolikt skriven mellan 150 och 200 e.Kr. Också denna skrift har ett helt renlärigt innehåll.

Thomasakterna stammar från den syriska kyrkan och skrevs någon gång mellan 200 och 320 e.Kr. Den är starkt asketiskt präglad. Aposteln talar mot äktenskapet och för celibatet. Han kommer till Indien och dör där.

Andreasakterna är något senare och har en tydlig gnostisk prägel.

Det finns ytterligare apokryfiska skrifter, men ovan nämnda ger oss en tillräckligt klar bild av dessa skrifters karaktär. Det är uppenbart att den fromma fantasin har velat spekulera över och veta mer om det som Bibeln inte uppenbarar. De kanoniska nytestamentliga skrifterna intar en nykter hållning och berättar bara det som apostlarna har sett och hört och som Jesus har uppenbarat för dem. De tillåter sig inte att dikta fritt. Det gör däremot de apokryfiska skrifterna och det förklarar deras popularitet hos många nyfikna men också varför de inte accepterades som kanoniska skrifter.

Kort översikt över "De apostoliska fäderna"

Det finns en samling kristna skrifter från ca 90-150 e.Kr. som kallas "De apostoliska fäderna". Dessa skrifter är för det mesta i överensstämmelse med apostlarnas undervisning. Ändå blev de inte inkluderade i Bibeln. Huvudorsaken var att författarna inte var apostlar eller medarbetare till apostlarna. Detta kriterium var också en viktig orsak till att inget av de gnostiska evangelierna någon gång var aktuellt att ingå i Nya testamentet. Dessa innehöll dessutom läror om Gud, Jesus och människan som inte var apostoliska och de var skrivna alltför sent, ca 120 – 250 år efter det att Jesus levde.

De tolv apostlarnas lära (eller *Didaché*) skrevs enligt somliga mellan 70-90, enligt andra ca 100 e.Kr. I den östliga kyrkan var texten under de första århundradena en av de viktigaste handböckerna som reglerade de kyrkliga ordningarna.

Första Klemensbrevet är ett långt brev till församlingen i Korint. Det skrevs ca 95 e.Kr. av biskopen Klemens i Rom. Det är en av de utombibliska skrifter som åtnjöt störst anseende i fornkyrkan.

Andra Klemensbrevet är den äldsta bevarade predikan, troligen skriven omkring år 100 e.Kr. Trots brevets (predikans) namn är det sannolikt att det är någon annan än biskop Klemens som är författaren.

Ignatiusbreven består av sju brev, skrivna ca 110 e.Kr. av biskop Ignatius av Antiokia till olika församlingar. Benämningen Gud används direkt om Kristus. Samtidigt betonar Ignatius Kristi sanna mänsklighet och verkliga jordiska tillvaro i polemik mot gnostiker som menade att Kristus endast skenbart haft mänsklig gestalt och endast skenbart lidit och dött.

Polykarpusbrevet är skrivet ca 115 e.Kr. av biskop Polykarpus. Enligt kyrkofadern Irenaeus, som själv hade känt Polykarpus, ska denne ha mött flera av apostlarna. Han var lärjunge till Johannes och vän till Ignatius.

Barnabasbrevet är ett relativt långt, undervisande brev från ca 130 e.Kr., skrivet av en okänd författare.

Aristides apologi är den äldsta bevarade försvarsskriften av den kristna tron, skriven ca 120-140 e.Kr.

Hermas Herden från ca 150 e.Kr. är den längsta av de apostoliska fädernas skrifter. Den har en apokalyptisk form och stil men innehållet är främst undervisande och förmanande.

Polykarpus martyrium berättar hur biskop Polykarpus slutade sina dagar som martyr år 156 e.Kr. Skriften är troligen författad ca 160 e.Kr.

Diognetusbrevet skrevs någon gång mellan år 150-200 e.Kr., alltså under samma tid som de tidigaste gnostiska evangelierna. Författaren är okänd. Brevet har karakteriserats som en pärla och stilistiskt sett som det finaste av de tidiga kristna skrifterna.

Sammanfattning

Den Jesus som de gnostiska s.k. evangelierna talar om har mycket litet och ofta ingenting gemensamt med den Jesus som apostlarna vandrat tillsammans med och berättat om. Som Kristus och Frälsare blir Jesus ett andeväsen utan kött och blod. Att Guds evige Son verkligen har blivit människa förnekas. Som andeväsen kunde Kristus enligt gnostikerna bara ha en skenkropp och han led aldrig och dog inte på korset till försoning för alla människors synder. Frälsningen blir en självfrälsning med hjälp av den *gnosis* (kunskap om människans gudomliga inre) som Kristus förmedlar, och den består i befrielse från kroppens fängelse. Någon redogörelse för Jesu liv, lidande, död och uppståndelse presenterar inte gnostikerna.

Vissa ord av Jesus kan gnostikerna anknyta till och anpassa till sin kosmologi och människosyn. När Jesus t.ex. säger att han är "världens ljus", ser gnostikerna detta som ett bevis för deras eonlära, att Kristus är en ljuseon från den högsta ljusvärlden. När Jesus säger om den som älskar honom och håller fast vid hans ord att "vi (Jesus och hans Fader) ska komma till honom och ta vår boning hos honom" (Joh. 14:23), görs detta om till en utsaga om kristuseonens boende i människans inre.

Kristus kan visserligen inte enligt gnostikerna vara ett med Fadern, den onde skaparguden, men "kristusanden" bor enligt dem i människan redan före trons upptändande, den nya födelsen. Människan behöver bara göras medveten om vad hon redan är i sitt inre och befrias från kroppens bojor. Jesu ord att "inifrån, från människans hjärta, utgår onda tankar" (Mark. 7:21) passar inte in i gnostikernas system, inte heller att det är omöjligt för en människa att frälsa sig själv, att föda sig själv på nytt. "Vem kan då bli frälst?" invände redan människor runt Jesus (Mark. 10:26) och så invänder också gnostikerna. Jesu svar: "För människor är det omöjligt men inte för Gud" (Mark. 10:27) och att den nya födelsen är och måste vara helt och hållet Guds verk (Joh. 3:3ff) är en stötesten för alla som tror på en frälsning genom att gå in i sig själv och frigöra sitt eget inre.

Gnostikerna separerar Jesus från Gamla testamentet och dess löften om den kommande Messias. Jesu ord att Skriften inte kan göras om intet och att Fadern och hans ord (Skaparen och Gamla testamentet) vittnar om honom visar hur långt gnostikerna avlägsnat sig från apostlarnas Jesus. Både profeternas vittnesbörd (= GT) och apostlarnas (= NT) handlar om en helt annan Jesus än den som gnostikerna kan acceptera. Lika lätt som det är för oss att se skillnaden mellan apostlarnas vittnesbörd om Jesus och gnostikernas, var det för apostlarna och deras efterföljare att avslöja gnostikerna och deras skrifter som falska vittnesbörd om Jesus. Det var aldrig aktuellt att acceptera något enda gnostiskt "evangelium" som äkta och kanoniskt. Likväl fanns det många människor som attraherades av gnostikernas budskap och ville infiltrera de kristna församlingarna och reformera det kristna budskapet i gnostisk riktning. Det vittnar bl.a. aposteln Johannes skrifter om.

Kapitel 7

Jesus och Gamla testamentet

Som framgått av föregående kapitel vill inte gnostikerna kännas vid något samband mellan Jesus Kristus och Gamla testamentet. Jesus själv och hans apostlar däremot hänvisar enligt Nya testamentet ständigt till Gamla testamentet. Lukas skriver om Jesus: "Han började med Mose och alla profeterna och förklarade för dem vad som var sagt om honom i alla Skrifterna" (Luk. 24:27).

Jesus är uppfyllelsen av Gamla testamentets frälsningslöften: Han är den utlovade avkomlingen till Abraham och David som uppfyller löftet om att komma med välsignelse och frälsning för alla folk (1 Mos. 12:3; 22:18; Ps. 89:30, 36-37; 2 Sam. 7:16, 19, 28-29). Han är "telningen från Isais avhuggna stam" (Jes. 11:1). Han är Herrens lidande tjänare som genom sin ställföreträdande gottgörelse erbjuder alla syndare frid (Jes. 53). Han är den himmelske Människosonen (Dan. 7:13). Han är ljuset för dem som vandrar i mörkret (Jes. 9:2ff), ett ljus och en frälsning som når till jordens yttersta gräns (Jes. 49:6). Jesus bekräftar: "*Jag är* världens ljus. Den som följer mig ska inte vandra i mörkret utan ha livets ljus" (Joh. 8:12). Paulus skriver: "*Alla Guds löften* har i honom (Guds Son, Jesus Kristus) fått sitt ja. Därför får de också genom honom sitt amen, för att Gud ska bli ärad genom oss" (2 Kor. 1:20).

Genom Jesus slutes det nya förbund som HERREN lovat sluta med Israels hus och Juda hus (Jer. 31:31). När det gamla förbundet slöts sa Mose om de offrade djurens blod: "Se, detta är blodet i det förbund som HERREN har slutit med er i enlighet med alla dessa ord" (2 Mos. 24:8). När uppfyllelsen av förebilderna sker och det nya förbundet sluts genom Jesus och hans försoningsoffer, säger han om blodet: "Detta är mitt blod, förbundsblodet, som är utgjutet för många till syndernas förlåtelse" (Matt. 26:28). Hebreerbrevets författare förklarar: "Nu har Kristus kommit som överstepräst för det goda som vi äger. Genom det större och fullkomligare tabernakel som inte är gjort med händer, det vill säga som inte tillhör den här skapelsen, gick han en gång för alla in i det allra heligaste, *inte med bockars och kalvars blod utan med sitt eget blod*, och vann en evig återlösning... Därför är Kristus medlare för ett nytt förbund, för att de kallade skulle få det utlovade eviga arvet" (Hebr. 9:11-12, 15).

Den utlovade Frälsaren kallas Herrens "Smorde", på hebreiska *Mashíach*, på grekiserad arameiska *Messias* och på grekiska *Christós* (Kristus). Nya testamentets glada budskap (evangeliet) handlar om att den i Gamla testamentet utlovade Frälsaren har kommit, med andra ord att "Jesus är *Christós* (Messias), Guds Son" (Mark. 1:1). När den gamle Simeon ser det lilla Jesusbarnet och tar det i sin famn, säger han mot bakgrund av Gamla testamentets profetior: "Mina ögon har sett *din frälsning*, som du har berett till att skådas av alla folk, *ett ljus som ska uppenbaras för hedningarna och en härlighet för ditt folk Israel*" (Luk. 2:30-32).

Messias är enligt Gamla testamentet både Davids son och Davids Herre (Ps. 110:1). När Messias kommer är det HERREN själv som kommer: "Jag ska själv söka upp mina får och ta mig an dem" (Hes. 34:11). "Jag ska själv föra mina får i bet och låta dem vila sig, säger Herren HERREN. De förlorade ska jag söka upp, de som gått vilse ska jag föra tillbaka, de sårade ska jag förbinda, och de svaga ska jag stärka" (Hes. 34:15f). Han skulle födas i Betlehem (Mika 5:2) och "hans namn är: Under, Rådgivare, Mäktig Gud, Evig Fader, Fridsfurste" (Jes. 9:6).

Men synden och den andliga blindheten har drabbat människorna svårt. Bara en kvarleva av Israel kommer att ta emot Messias som "Mäktig Gud" (på hebr. *El gibbór*), profeterar Jesaja (9:6; 10:21f): "En kvarleva ska vända om, en kvarleva av Jakob, till *Gud den Mäktige (El gibbór)*. Ty om än ditt folk, Israel, vore som havets sand, så ska bara en kvarleva av det vända om." Johannes skriver om Jesus, *Ordet som blev kött* (Joh. 1:1, 14): "Han var i begynnelsen hos Gud. Genom honom har allt blivit till, och utan honom har inget blivit till, som är till... *Han kom till sitt eget, och hans egna tog inte emot honom*" (Joh.1:2-3, 11). Det var alltså förutsagt i Gamla testamentet att bara "en kvarleva av Jakob" skulle ta emot Messias som den han var: "Gud den Mäktige", dvs. ett med Fadern. Petrus påminner om det när han talar till sina landsmän om Jesus och vad som har hänt: "Nu vet jag, bröder, att varken ni eller era rådsherrar visste vad ni gjorde. Men Gud har på detta sätt låtit det gå i uppfyllelse som han har förutsagt genom alla sina profeter, att hans Messias skulle lida" (Apg. 3:17-18).

"*Jag är* den gode herden. Den gode herden ger sitt liv för fåren" (Joh. 10:11). Med dessa ord anknyter Jesus till profeten Hesekiels profetior. Med orden "Jag är" anger han att han både är den utlovade herden och Gud själv. Guds namn är ju "*Jag är*" (se 2 Mos. 3:13-14). Judarna blev mycket förargade när Jesus sa till dem: "Abraham, er fader, jublade över att få se min dag. Han såg den och blev glad." Judarna sa: "Du är inte femtio år än, och Abraham har du sett!" Jesus svarade: "Amen, amen, jag säger er: *Jag är*, redan innan Abraham blev till." Då tog de upp stenar för att kasta på honom (Joh. 8:56-59).

Jesus kritiserade aldrig Skriften (= Gamla testamentet) utan betraktade den som sin Faders ord som han kommit för att fullborda. "Tro inte att jag har kommit för att upphäva lagen eller profeterna. Jag har inte kommit för att upphäva utan *för att fullborda*. Amen, jag säger er: Innan himmel och jord förgår, ska inte en enda bokstav, inte en prick av lagen förgå, förrän allt har skett" (Matt. 5:17-18). Gång på gång hänvisade Jesus till Gamla testamentet. När han greps och en av hans lärjungar ville försvara honom med svärd, sa han: "Menar du att jag inte kan be min Fader att han nu sänder till min tjänst mer än tolv legioner änglar? Men hur skulle då Skriften uppfyllas, som säger att detta måste ske?" (Matt. 26:53-54). Om Johannes Döparen sa Jesus: "Han är ännu mer än en profet. Det är om honom det står skrivet: Se, jag sänder min budbärare framför dig, och han ska bereda vägen för dig" (Matt. 11:9-10. Se Mal. 3:1; Jes. 40:3). Profetiorna om att Elia ska komma som en vägröjare för Messias har redan gått i uppfyllelse, säger Jesus: "'Elia har redan kommit, och de kände inte igen honom utan gjorde med honom alldeles som de ville. På samma sätt ska också Människosonen få lida genom dem.' Då förstod lärjungarna att han hade talat till dem om Johannes Döparen" (Matt. 17:11-13). Om Judas Iskariot sa han: "Skriften ska fullbordas: 'Den som åt mitt bröd lyfte sin häl mot mig' (Ps.41:10)" (Joh. 13:18). Till judarna sa han: "Om ni trodde Mose, skulle ni tro på mig, ty om mig har han skrivit. Men tror ni inte hans skrifter, hur ska ni då kunna tro mina ord?" (Joh. 5:46-47). "Skriften kan inte göras om intet" (Joh. 10:35).

Också Jesu lärjungar hade svårt att förstå Gamla testamentets skrifter, att de i grunden handlade om Jesus. Den uppståndne Jesus förebrår dem: "Varför är ni så förskräckta och varför stiger det upp tvivel i era hjärtan? Se på mina händer och mina fötter att det verkligen är jag. Rör vid mig och se. En ande har inte kött och ben, som ni ser att jag har." "Och han sa till dem: 'Detta är vad jag sa till er, medan jag ännu var hos er: *Allt måste uppfyllas som är skrivet om mig i Mose lag, hos profeterna och i psalmerna.*' Sedan öppnade han deras sinnen, så att de förstod Skrifterna. Och han sa till dem: 'Det står skrivet att Messias ska lida och på tredje dagen uppstå från de döda, och att omvändelse och syndernas förlåtelse ska predikas i hans namn för alla folk, med början i Jerusalem'" (Luk. 24:38-39, 44-47).

En vanlig bild för Guds rike både i Gamla och Nya testamentet är *Herrens vingård*. När Jesus i liknelsen om de onda vingårdsarbetarna berättade, hur de misshandlade sin herres tjänare och till sist dödade hans egen son, reagerade judarnas ledare med ilska. Matteus berättar: "Översteprästerna och fariseerna hörde hans liknelser, och de förstod att det var om dem han talade. De ville gripa honom men fruktade för folket, eftersom man ansåg att han var en profet" (Matt. 21:45-46). Jesus hade sagt att han p.g.a. de onda vingårdsarbetarna skulle arrendera ut vingården till andra vingårdsarbetare. Därvid hänvisade han till Gamla testamentet: "Har ni aldrig läst i Skrifterna: *Den sten som byggnadsarbetarna kastade bort har blivit en hörnsten. Herren har gjort den till detta, och underbar är den i våra ögon*? Därför säger jag er att Guds rike ska tas ifrån er och ges åt ett folk som bär dess frukt" (Matt. 21:42-43).

På ett par ställen i Gamla testamentet förekommer bilden av Messias som *hörnstenen* i Guds byggnad, Guds tempel och Guds rike. I Psaltaren 118:22 står det: "Den sten som byggnadsarbetarna kastade bort har blivit en hörnsten. HERREN har gjort den till detta, underbart är det i våra ögon." I Jesaja 28:14-16 kan vi läsa: "Hör därför HERRENS ord, ni hånare, ni som härskar över folket här i Jerusalem. Ni säger: 'Vi har slutit förbund med döden, vi har ingått fördrag med dödsriket. När gisslet far fram som en översvämmande flod, ska det inte nå oss, ty vi har gjort lögnen till vår tillflykt, falskheten till vårt gömställe.' Därför säger Herren HERREN så: Se, jag har lagt en grundsten i Sion, *en beprövad sten, en dyrbar hörnsten, en fast grundval. Den som tror på den behöver inte fly.*" När Petrus och Johannes förhördes inför Stora rådet, anknöt Petrus till bibelorden om hörnstenen och sa: "*Jesus är stenen som ni byggnadsarbetare kastade bort, men som blev en hörnsten. Hos ingen annan finns frälsningen*" (Apg. 4:11f). Paulus skriver till församlingen i Efesus: "Ni är uppbyggda på apostlarnas och profeternas grund, där *hörnstenen är Kristus Jesus själv*. Genom honom fogas hela byggnaden samman och växer upp till *ett heligt tempel i Herren*" (Efes. 2:20-21). Petrus skriver i sitt första brev: "Kom till honom, *den levande stenen*, som visserligen är förkastad av människor men är utvald och dyrbar inför Gud. Och låt er själva *som levande stenar byggas upp till ett andligt hus*, ett heligt prästerskap" (2:4-5).

De troende är alltså enligt Petrus "levande stenar" i "ett andligt hus" där hörnstenen är Kristus. Under gamla förbundets tid var Gud närvarande mitt ibland sitt folk genom tabernaklet, Herrens tempel. "HERREN är i sitt heliga tempel, HERRENS tron är i himlen", skriver David (Ps. 11:4). Templet erbjöd förlåtelse och hopp och möjliggjorde den Heliges närvaro mitt ibland sitt folk tack vare de dagliga synd- och skuldoffren till soning av folkets orenhet och synd. De levitiska prästernas tempeltjänst har nu fått sin fullbordan i Kristus Jesus. Det som templet under gamla förbundets tid stod för har Jesus slutgiltigt sammanfattat i sin egen person och sitt försoningsverk.[82] När Johannes enligt Uppenbarelseboken fick se det sanna Jerusalem "som kom ner från himlen, från Gud, och som ägde Guds härlighet", säger han följande om templet: "Något tempel såg jag inte i staden, ty Herren Gud, den Allsmäktige, och Lammet är dess tempel" (Upp. 21:22).

När den kristna församlingen i Korint förblev i gemenskap med dem som försvarade synd, skrev Paulus: "Vad har ljus gemensamt med mörker? Hur kan Kristus och Beliar komma överens? Eller vad kan den som tror dela med den som inte tror? Vad kan ett Guds tempel ha för gemenskap med avgudarna? *Vi är den levande Gudens tempel*, ty Gud har sagt: Jag ska bo hos dem och vandra med dem, och jag ska vara deras Gud, och de ska vara mitt folk" (2 Kor. 6:16). "Vet ni inte att ni är ett Guds tempel och att Guds Ande bor i er? Om någon fördärvar Guds tempel, ska Gud fördärva honom. Ty Guds tempel är heligt, och det templet är ni" (1 Kor. 3:16-17).

---

[82] Detta betonar också Tom Wright i sin bok *Den historiske Jesus*, s. 89.

Av dessa ord om det sanna templet framgår det hur nära Kristus och de kristna hör samman. Denna nära gemenskap betonas också när den kristna församlingen kallas för "Kristi kropp" (se t.ex. Ef. 1:23; 1 Kor. 12:27). Paulus kan uttrycka de troendes gemenskap med Kristus så här: "Vet ni inte att vi alla som har blivit döpta till Kristus Jesus har blivit döpta till hans död? Vi är alltså genom dopet till döden begravda med honom, för att också vi ska leva det nya livet, liksom Kristus uppväcktes från de döda genom Faderns härlighet. Ty är vi *förenade med honom* genom en död som hans, ska vi också vara förenade med honom genom en uppståndelse som hans" (Rom. 6:3-5). I Gamla testamentet uttrycktes denna samhörighet med Messias så här: HERREN "ska om två dagar på nytt göra oss levande, ja, på tredje dagen ska han låta *oss* stå upp, så att *vi* får leva inför hans ansikte" (Hos. 6:2). Paulus skriver: "En har dött i allas ställe, och *därför har alla dött*. Och han dog för alla, för att de som lever inte längre ska leva för sig själva utan för honom som har dött och uppstått för dem" (2 Kor. 5:14-15).

Skillnaden mellan gamla och nya förbundet

"Lagen och profeterna (gamla förbundet) hade sin tid fram till Johannes", säger Jesus (Luk. 16:16). Hebreerbrevet behandlar utförligt vad det innebär att Jesus och det nya förbundet är fullbordan av det gamla förbundet och skillnaden mellan dem: "Så är också det förbund som Jesus har gått i borgen för mycket bättre. De andra prästerna måste bli fler och fler, därför att döden hindrade dem att stå kvar i tjänst. Men eftersom Jesus lever för evigt, har han ett prästämbete som varar för evigt. Därför kan han också helt och fullt frälsa dem som genom honom kommer till Gud, ty han lever alltid för att mana gott för dem" (Hebr. 7:22-25). "Nu har Kristus ett högre prästämbete, liksom det förbund han är medlare för är bättre, eftersom det är stadfäst med bättre löften. Ty om det första förbundet hade varit utan brist skulle det inte behövas plats för ett andra. Men Gud förebrår dem när han säger: 'Se, dagar ska komma, säger HERREN, då jag ska sluta ett nytt förbund med

Israels hus och Juda hus' (Jer. 31:31)" (Hebr. 8:6-8). "När han talar om ett nytt förbund, har han därmed förklarat att det förra är föråldrat" (Hebr. 8:13).

"Liksom när det gäller mat och dryck och olika slags reningar, så är det här (i gamla förbundet) fråga om yttre föreskrifter fram till tiden för en bättre ordning" (Hebr. 9:10). "Lagen (Torá) innehåller endast *en skugga av det goda som kommer och inte tingen i deras verkliga gestalt*" (Hebr. 10:1). "Låt därför ingen döma er för vad ni äter och dricker eller i fråga om högtid eller nymånad eller sabbat. Allt detta är bara *en skugga av det som skulle komma*, men verkligheten själv är Kristus" (Kol. 2:16-17). Som fullbordaren av gamla förbundet inklusive dess renhetslagar förklarade Jesus all mat för ren (Mark. 7:19) och tillade: "Det som går ut ur människan, det gör henne oren. Ty inifrån, från människans hjärta, utgår onda tankar, otukt, stöld, mord, äktenskapsbrott, girighet, ondska, svek, lösaktighet, avund, hädelse, högmod och dårskap. Allt detta onda kommer inifrån och gör människan oren" (Mark. 7:20-23). Lukas berättar att Petrus hade svårt att tillämpa nya förbundets frihet från gamla förbundets många renhets- och matlagar. "Jag har aldrig ätit något oheligt eller orent", betonar han. Då blir han kraftfullt tillrättavisad med orden: "Vad Gud har förklarat för rent ska inte du anse vara orent" (Apg. 10:13-16).

När Jesus sa: "Bryt ner detta tempel, så ska jag resa upp det på tre dagar" (Joh. 2:19), förstod inte judarna att Jesus menade att han var det sanna templet. När Jesus förhördes inför Stora rådet, framfördes följande anklagelse: "Han har sagt att han kan bryta ner Guds tempel och bygga upp det igen på tre dagar" (Matt. 26:61). Och när Jesus hängde fastspikad på korset, blev han smädad med följande ord av dem som gick förbi: "Du som bryter ner templet och bygger upp det på tre dagar, hjälp dig själv, om du är Guds Son, och stig ner från korset" (Matt. 27:40). Den sanna innebörden i Jesu ord blev tydlig för hans lärjungar efter Jesu uppståndelse. Johannes skriver: "Det tempel han talade om var hans kropp. När han hade uppstått från de döda, kom hans lärjungar ihåg att han hade sagt detta, och *de trodde på Skriften och ordet som Jesus hade sagt*" (Joh. 2:21-22).

Skriften, dvs. Gamla testamentet, ger bakgrund och förklaring till Jesu ord och gärningar, och Jesu ord och gärningar förklarar i sin tur profetiornas fulla och rätta innebörd. Utan Gamla testamentet hänger Nya testamentet i luften och utan Nya testamentet ser man inte klart profetiornas fulla innebörd och sanna uppfyllelse. Paulus betonar att man inte rätt kan förstå Gamla testamentet utan Kristus som dess kärna och stjärna. Avvisar man Kristus som den sanna fullbordan av gamla förbundet med dess skuggbilder och löften, har man en slöja över sitt ansikte och sitt hjärta, så att man inte kan se och förstå vad som verkligen står i gamla förbundets skrifter: "Än i dag finns samma slöja kvar när gamla förbundets skrifter föreläses, och den tas inte bort, *först i Kristus försvinner den*. Ja, än i dag ligger en slöja kvar över deras hjärtan när Mose föreläses. Men närhelst någon omvänder sig till Herren tas slöjan bort" (2 Kor. 3:15-16).

Professor Hugo Odeberg[83] är värd att citera i detta sammanhang: "Nya testamentet är beroende av Gamla testamentet, men detta beroende är helt annorlunda och går mycket djupare än vad man vanligen menar med en skrifts beroende av en annan." "I Kristus får Skrifterna sin fullbordan och sin utläggning... Man talar om vetenskaplig och religiös syn på Skriften. Med vetenskaplig tolkning bör man väl mena den verkliga innebörden, men denna ställer man ofta i motsättning till Jesu, Pauli, Luthers m. fl. 'tolkningar'. Men det är just den verkliga och sålunda den vetenskapliga tolkningen av Skrif-

---

[83] Hugo Odeberg (1898-1973), professor i Nya testamentets exegetik vid Lunds universitet, var en framstående svensk bibelteolog som förespråkade ett immanent studium av Bibeln, dvs. att man studerar bibeltexterna på deras egna villkor. Han utsågs till hedersordförande i Stiftelsen Biblicum.

ten Jesus vill ge. Någon blott 'religiös' tillämpning, som skulle strida mot Skriftens sanna och verkliga mening, gör Kristus icke."[84]

Beroendet av Gamla testamentet för en rätt förkunnelse av vem Jesus är och vad han har uträttat framgår tydligt av urkyrkans missionsarbete. Stefanus sista predikan är en lång genomgång av Guds handlande under gamla förbundets tid och folkets ständiga motstånd mot Herren, ett motstånd som nu kulminerat i förkastandet av den utlovade Messias (Apg. 7). När Paulus kom till Tessalonika, där judarna hade en synagoga, gick han till dem som han brukade, "och under tre sabbater samtalade han med dem utifrån Skrifterna och förklarade och visade att Messias måste lida och uppstå från de döda. Och han fortsatte: 'Denne Jesus som jag predikar för er, han är Messias'" (Apg. 17:2-3). Judarna i Berea "var mer öppna än de i Tessalonika. De tog emot ordet med all villighet och forskade dagligen i Skrifterna för att se om det kunde förhålla sig så" (Apg. 17:11). När Apollos kom till Akaja, blev han "till stor hjälp för dem som genom Guds nåd hade kommit till tro. Ty han motbevisade eftertryckligt judarna, när han utifrån Skrifterna offentligt bevisade att Jesus är Messias" (Apg. 18:27-28).

I sitt försvarstal inför kung Agrippa sa Paulus bl.a.: "Med Guds hjälp står jag ännu i dag som vittne inför både små och stora. Och jag säger ingenting annat än vad profeterna och Mose har sagt skulle ske: att Messias skulle lida och att han som den förste som uppstått från de döda skulle förkunna ljuset både för vårt folk och för hedningarna" (Apg. 26:22-23). När Paulus var i husarrest i Rom, ville judarna gärna höra hans åsikter. "Ty den här sekten blir motsagd överallt, det vet vi." "För dem förkunnade han Guds rike och vittnade om det, och han försökte övertyga dem om Jesus, både utifrån Mose lag och profeterna. Och det höll han på med från morgonen

---

[84] Hugo Odeberg, *Skriftens studium, inspiration och auktoritet* (1954), s. 113ff.

ända till kvällen. Somliga lät sig övertygas av hans ord, men andra ville inte tro" (Apg. 28:22-24).

När apostlarna bär fram sitt vittnesbörd om Jesus hänvisar de gång på gång till Gamla testamentet. Angående Jesu människoblivande genom jungfru Maria skriver Matteus t.ex.: "Allt detta skedde, *för att det skulle uppfyllas som Herren hade sagt genom profeten*: 'Se, jungfrun ska bli havande och föda en son, och man ska ge honom namnet Immanuel' (Jes. 7:14)" (Matt. 1:22f). När Matteus berättar att Jesus "drev ut de onda andarna med ett ord och botade alla sjuka", tillägger han: "*för att det skulle uppfyllas som var sagt genom profeten Jesaja*: 'Han tog på sig våra svagheter, och våra sjukdomar bar han' (Jes. 53:4)" (Matt. 8:16-17).

Betydelsen av Gamla testamentet för förståelsen

När det gäller korsfästelsen, brukade den som blev korsfäst få sina ben krossade, innan deras kroppar fördes bort. Johannes berättar om korsfästelsen på Golgata: "Soldaterna kom därför och krossade benen på dem som var korsfästa tillsammans med honom, först på den ene och sedan på den andre." Men vad hände med Jesu ben? Johannes fortsätter: "När de därefter kom till Jesus och *såg att han redan var död*, krossade de inte hans ben, men en av soldaterna stack upp hans sida med sitt spjut, och genast kom det ut blod och vatten. Den som har sett detta har vittnat för att också ni ska tro, och hans vittnesbörd är sant, och han vet att han talar sanning. *Ty detta skedde för att Skriften skulle uppfyllas*: 'Inget ben ska krossas på honom' (Ps. 34:21; 2 Mos. 12:46). Och ett annat skriftställe säger: 'De ska se upp till honom som de har genomborrat' (Sak. 12:10)" (Joh. 19:32-36).

Om man nu inte vill se det som hände med Jesus i ljuset av Gamla testamentets messianska profetior, kan flera detaljer i evangelisternas berättelser te sig märkliga. Lena Einhorn t.ex. finner följande märkligt: att Jesus dog bara efter sex timmar på korset, att hans ben inte krossades och han inte var helt kraftlös och döende strax före dödsögonblicket.[85] Det finns "mycket som är atypiskt i hur Jesus dör på korset", framhåller hon. "I allmänhet dröjde det minst tolv timmar, ofta två, tre eller till och med fyra dagar... I de flesta fall påskyndades dock döden till slut av att man slog sönder den korsfästes ben."[86] Jesu död på korset "sker alldeles för fort, och utan att benen krossats. Han är alldeles för stark precis före dödsögonblicket, och kapabel att både tala och ropa."[87]

Vad hände egentligen under och efter korsfästelsen av Jesus? Lena Einhorn ställer denna fråga och försöker besvara den genom att ta fasta på vissa av Nya testamentets uppgifter och se dem i ljuset av vad som kan vara rimligt. Nya testamentet besvarar frågan i ljuset av Gamla testamentets profetior om Messias och genom att hänvisa till vad ögonvittnen såg hända. En kort jämförelse mellan Bibelns vittnesbörd och Lena Einhorns teorier får belysa vilken roll olika utgångspunkter spelar:

Nya testamentet	*Einhorn*
tar sin utgångspunkt i apostlarnas vittnesbörd: att Jesus är den rätta uppfyllelsen av Gamla testamentets profetior om Messias. Han är Guds Son och ett med Fadern.	tar sin utgångspunkt i upplysningstidens rationalism, och då kan inte Jesus vara en gudomlig Messias. Hans ord och gärningar måste förstås inom ramen för vad som är mänskligt möjligt. Det gäller att hitta "rimliga förklaringar" till bibeltexternas uppgifter.

[85] Se *Vad hände på vägen till Damaskus?*, s. 141ff.
[86] Einhorn, s. 149, 143.
[87] Einhorn, s. 149.

Nya testamentet
Jesus dog inte av utmattning eller genom benkrossning som andra korsfästa. Han hade i förväg sagt: "Jag ger mitt liv för att sedan ta det tillbaka. Ingen tar det ifrån mig, utan jag ger det av fri vilja. Jag har makt att ge det, och jag har makt att ta det tillbaka" (Joh. 10:17-18). "Han böjde ner huvudet och gav upp andan", när han hade fullbordat vad som var förutsagt om hans ställföreträdande lidande (Joh. 19:28-30). Sex timmar efter korsfästelsen offrade han sitt liv frivilligt som ett skuldoffer till lösen för alla människor (Jes. 53:12; Matt. 20:28). Oskyldig och syndfri "gav han sig själv till lösen i allas ställe" och "vann en evig återlösning" (1 Tim. 2:6; Hebr. 9:12, 14; 1 Petr. 1:18-20).

Einhorn
Jesus kan inte ha dött på riktigt redan efter sex timmar. Han var ju inte som andra döende utmattad strax före sin död. "Att någon över huvud taget säger något med hög röst precis innan han ska dö på korset är remarkabelt" (s. 147). Han togs sannolikt ned levande från korset, kanske avsvimmad för att det skulle se ut som om han var död.

Nya testamentet
Judarna bad Pilatus "att de korsfästas ben skulle krossas", men Jesu ben krossades inte eftersom han redan var död. Blod och vatten kom ut från hans uppstungna sida (Joh. 19:31-33). "Detta skedde för att Skriften skulle uppfyllas" (v. 36).

Einhorn
"En teori som ofta framförs är att Jesus på något sätt kommit överens med romarna om att detta skulle bli en skenavrättning" (s. 147). Genom att Jesu ben inte krossades "var Jesu kropp på det sättet intakt när han togs ner från korset (och givetvis,

Om Messias, "den Rättfärdige", profeterar nämligen David: HERREN "bevarar alla hans ben, inte ett enda av dem ska krossas" (Ps. 34:21). Påskalammet och dess frälsande blod vid uttåget ur Egypten var en bild för den kommande Messias, "Guds lamm som tar bort världens synd" (Joh. 1:29). Om påskalammet var stadgat: "Ni får inte krossa något ben på det" (2 Mos. 12:46).

Nya testamentet

För att Skriftens förutsägelser i allt skulle uppfyllas (Ps. 69:22) sa Jesus strax innan han gav upp andan: "Jag törstar." "Där stod ett kärl fullt med ättikvin, och de fäste en svamp fylld med ättikvin runt en isopstjälk och förde den till hans mun" (Joh. 19:28-29). Därmed var allt som Skriften förutsagt fullbordat. "Han böjde ner huvudet och gav upp andan" (Joh. 19:30).

om han fortfarande levde, var han bättre i stånd att överleva)" (s. 149).

Einhorn

I enlighet med skendödsteorin kan det ha funnits "något i den vätska som Jesus drack precis innan han gav upp andan, något som fick honom att förlora medvetandet men inte livhanken" (s. 147). "Varför lät de (romarna) honom ge en signal om att han ville ha en dryck, och när han fick denna dryck låta honom ge upp andan? Varför markera att de som hängde runt honom fick sina ben brutna, medan Jesus slapp? ... Det är inte svårt att få intrycket att syftet med den process som Jesus genomgick var att han skulle överleva." "Vare sig Jesus har överlevt genom någon makthavares försorg, eller endast med hjälp av några nära införstådda – eller en kombination av båda – så måste han ju nu försvinna. Han måste förmodligen lämna landet" (s. 160). "Himmelsfärden, ja, det var förstås den utlandsflykt som romarna avkrävde Jesus i utbyte mot livhanken" (s. 162). "Jag vill framföra hypotesen att Jesus från Nasaret i själva verket var samma person som Paulus från Tarsos" (s. 208). I så fall fanns det "en massa människor som var invigda i denna plan – ifall det nu var en plan" (s. 212).

Sammanfattning

Det råder ingen tvekan om vem Jesus var enligt Nya testamentet och att apostlarna i sitt missionsarbete använder Gamla testamentet som bevis för att Jesus som de umgåtts med verkligen var den utlovade Messias. Lena Einhorn försöker presentera en Jesus som en rationalist kan acceptera som rimlig. Hon är medveten om att hennes hypotes att Jesus är identisk med Paulus vilar på bräcklig grund. "Det är en hypotes, inget annat. Men en hypotes som kanske är värd att beakta" (s. 221). Jesu uppståndelses avgörande betydelse finner hon problematisk för sin hypotes: "Det var ju uppståndelsen som bevisade att han verkligen var den han sade sig vara. Men det är svårt att förstå varför någon annan – som till exempel Paulus – skulle låta denna uppståndelse få en så absolut avgörande plats. Det är som om Paulus, liksom Jesus, försöker bevisa att Jesus verkligen är den han utger sig för att vara" (s. 218).

Einhorns inledning till sin hypotes kan få utgöra slutkläm till jämförelsen mellan Nya testamentets och Einhorns Jesus: "Hans liv och gärning har gett upphov till en av världens stora religioner, en religion som har som ett av sina fundament att Jesus – Guds son – dog på korset och sedan uppstod från de döda. Givetvis går det inte att utesluta att det var just så, och att Jesus verkligen var gudomlig" (s. 208).

Kapitel 8

Jesus och Guds rike

I sin bok "Den historiske Jesus" skriver Tom Wright: "Vad menade Jesus när han sa att Guds rike är nära? Eller för att ställa frågan på ett annat sätt, hur förstod en vanlig enkel byinvånare i Galileen det när en ung profet kom till byn och meddelade att Israels Gud nu till sist skulle bli kung? Det stora flertalet forskare har under årens lopp varit överens om att Guds rike är centralt i Jesu förkunnelse. Däremot har man aldrig kunnat enas om exakt vad det eller motsvarande begrepp faktiskt betyder" (s. 35).

Uttrycket "Guds rike" förekommer ett hundratal gånger i evangelierna som beteckning på innehållet i hela Jesu förkunnelse. Evangelisten Lukas berättar t.ex. att Jesus vandrade "från stad till stad och från by till by och predikade evangeliet om Guds rike" (Luk. 8:1). När folket på en ort ville hindra Jesus från att lämna dem, sa han: "Också för de andra städerna måste jag predika evangeliet om Guds rike" (Luk. 4:43). I Matteus 19:23-24 använder Jesus omväxlande uttrycket himmelriket och Guds rike om samma sak. Ibland används bara ordet "riket", t.ex. "ordet om riket" (Matt. 13:19) och "evangeliet om riket" (Matt. 4:23; 9:35). Petrus kallar riket "vår Herres och Frälsares, Jesu Kristi, eviga rike" (2 Petr. 1:11).

Men vad var det Jesus förkunnade, när han predikade "evangeliet om Guds rike"? För att besvara den frågan bör vi studera både vad Gamla testamentet har att säga om Guds rike och hur Nya testamentet tillämpar detta begrepp. Guds rike eller himmelriket, på arameiska *malkuta dishmajja*, betyder närmast "Guds herravälde", ett tillstånd då Gud är kung och regerar, ett tillstånd fritt från ondska och svek, ett tillstånd av frid i full gemenskap med Gud. Så var situationen på jorden efter Guds skapelse före syndafallet: "Gud såg på allt som han hade gjort, och se, det var mycket gott" (1 Mos. 1:31).

Men genom människans avfall från Gud (se 1 Mos. 3) blev följden att jorden uppfylldes av ondska och fiendskap mot Gud. "HERREN såg att människornas ondska var stor på jorden och att deras hjärtans alla tankar och avsikter ständigt var alltigenom onda." "Jorden blev mer och mer fördärvad inför Gud och full av våld" (1 Mos. 6:5, 11). "Alla har avfallit, alla är fördärvade. Ingen finns som gör det goda, inte en enda" (Ps. 14:3; 53:4). "Jorden har blivit orenad under sina invånare, ty de har överträtt Guds undervisning" (Jes. 24:5). "De går från illdåd till illdåd, mig vill de inte veta av, säger HERREN" (Jer. 9:3). "Hela världen är i den ondes våld", sammanfattar Johannes (1 Joh. 5:19).

Om den onde, som kallas för djävul (= förvrängare och förförare) och satan (= motståndare), säger Jesus: "Han har varit en mördare från början och har aldrig stått på sanningens sida, eftersom sanning inte finns i honom. När han talar lögn, talar han av sitt eget, ty han är en lögnare, ja, lögnens fader" (Joh. 8:44). Jesus klargör hur djupt djävulens ondska och orenhet har drabbat människan, när han betonar att det inte är det som går ner i magen som gör en människa oren utan det som går ut ur människans hjärta: "Inifrån, från människans hjärta, utgår onda tankar, otukt, stöld, mord, äktenskapsbrott, girighet, ondska, svek, lösaktighet, avund, hädelse, högmod och dårskap. *Allt detta kommer inifrån och gör människan oren"* (Mark. 7:21-23).

En längtan efter Guds rike blir liktydigt med en längtan efter att Gud ska gripa in och göra slut på all ondska, våld och orenhet. "Gör slut på de ogudaktigas ondska!" (Ps. 7:10). "Grip in och hjälp oss, friköp oss för din nåds skull" (Ps. 44:27). "Hur länge ska de ogudaktiga triumfera? Deras mun flödar över av fräckt tal. Alla ogärningsmän förhäver sig" (Ps. 94:3-4). "Gud, var inte tyst, tig inte och var inte stilla, Gud! Ty se, dina fiender larmar, och de som hatar dig lyfter huvudet" (Ps. 83:2-3). "O, att du lät himlen rämna och kom hit ner, så att bergen skakade inför dig" (Jes. 64:1). I varje morgongudstjänst i synagogan ber judarna att Gud snart ska gripa in: "Må han låta sitt rike komma till makt i edert liv och i edra dagar, och i hela huset Israels levnad, snart, i en nära framtid."[88] Och de kristna ber: "Låt ditt rike komma, låt din vilja ske på jorden så som den sker i himlen" (Matt. 6:10).

Guds rike skiljer sig från alla världsliga riken. I Guds rike finns ingen ondska, ingen orättfärdighet, inga tårar och ingen död. Där finns ingen synd, detta fördärv som leder till separation från Gud, lidande och död. I Guds rike är Gud ensam kung. Där finns ingen fiendskap mot Gud, där råder fullkomlig harmoni och glädje. Världsliga riken, hur mäktiga de än är, ska gå under, men Guds rike ska aldrig i evighet förstöras (Dan. 2 och 7). "Ditt rike är ett rike för alla evigheter, ditt herravälde varar från släkte till släkte" (Ps. 145:13a). De som tillhör Guds rike har evigt liv i en evig gemenskap med Gud.

Två frågor

Då infinner sig två frågor: 1) *Hur ska Guds rike kunna bli en verklighet i en värld som är i den ondes våld* och 2) *hur ska människor kunna bli medborgare i detta rike?*

1. Svaret på den första frågan är: *Den onde måste besegras*. Men hur? En rad messianska profetior i Gamla testamentet utvecklar svaret: *Genom en ättling till kung David som samtidigt är och måste vara Gud själv.* Ingen syndig människa kan besegra den onde, sona all skuld och uppfylla lagens krav på fullkomlig

---

88 Se *Siddur, bönbok för synagoga, hem och skola,* utgiven av Mosaiska församlingen i Malmö (1950), s. 31f.

godhet: hundraprocentig kärlek till Gud och medmänniskor (se Matt. 22:37-39). Gud ska bli människa genom ett under: "Se, jungfrun ska bli havande och föda en son och hon ska ge honom namnet Immanuel" (Jes. 7:14). "Ett barn blir oss fött, en son blir oss given. På hans axlar vilar herradömet, och hans namn är: Under, Rådgivare, Mäktig Gud, Evig Fader, Fridsfurste. Så ska herradömet bli stort och friden utan slut över Davids tron och hans kungarike" (Jes. 9:6-7). "Ett skott ska skjuta upp ur Isais avhuggna stam, en telning från hans rötter ska bära frukt" (Jes. 11:1). "På den dagen ska man säga: *Se, här är vår Gud!* Honom väntade vi på, han ska frälsa oss. Ja, här är HERREN som vi väntade på" (Jes. 25:9). "En röst ropar i öknen: *Bered väg för HERREN, bana en jämn väg i ödemarken för vår Gud*" (Jes. 40:3). "Se, jag ska sända min budbärare och han ska bereda vägen för mig", säger HERREN Sebaot (Mal. 3:1). "Se, dagar ska komma, säger HERREN, då jag ska låta en rättfärdig telning växa upp åt David. Han ska regera som kung och handla vist, han ska utöva rätt och rättfärdighet i landet" (Jer. 23:5).

HERREN själv ska alltså komma som en människa av Davids ätt, rättfärdig och segerrik, men som en ödmjuk tjänare utan yttre glans: "Se, *din konung* kommer till dig, rättfärdig och segerrik är han. Han kommer ödmjuk, ridande på en åsna, på en åsninnas föl" (Sak. 9:9). Jesaja beskriver hur han i en syn har sett den kommande Messias och hans yttre ringhet när han genomför sitt frälsningsverk: "Han var föraktad och övergiven av människor, en smärtornas man och förtrogen med lidande, lik en som man skyler ansiktet för, så föraktad att vi räknade honom för intet" (Jes. 53:3). David låter Messias själv vittna om sitt lidande i en av sina psalmer: "Jag är en mask och inte en människa, hånad av människor, föraktad av folket. Alla som ser mig hånar mig, de spärrar upp munnen, de skakar på huvudet" (Ps. 22:7-8).

2. *Hur ska då människor kunna bli medborgare i Guds rike?* Människans synd utestänger ju henne från Guds rike och ingen

människa kan skapa om sig själv till att bli en helt rättfärdig och syndfri människa. "Vem kan då bli frälst?" blir den naturliga frågan. Och svaret ges omgående: *"För människor är det omöjligt, men inte för Gud.* Ty för Gud är allting möjligt" (Mark. 10:26f). Eftersom synden och dess konsekvens döden är människans problem och människan själv måste betala sin syndaskuld och uppfylla kravet på syndfrihet, tycks människan för evigt vara förlorad, utestängd från Guds rike. Då kommer *"evangeliet om Guds rike"* in i bilden, Bibelns glada budskap *att Messias för alla människors räkning uppfyller allt som krävs*: Som sann människa utan synd, och samtidigt Herren själv, uppfyller den utlovade Davidssonen löftet om att "Gud är vår frälsning", att "hos HERREN Herren finns räddning från döden" (Ps. 68:20f). Som gudamänniska betalar Messias alla människors syndaskuld. Det såg Jesaja klart och tydligt i sin syn: "Han var genomborrad för våra överträdelsers skull, slagen för våra missgärningars skull. Straffet var lagt på honom för att vi skulle få frid, och genom hans sår är vi helade" (Jes. 53:5). Som gudamänniska är Messias "vår rättfärdighet". Han uppfyller lagens krav på fullkomlig kärlek för alla människors räkning. "Detta är det namn man ska ge honom: *HERREN vår rättfärdighet*" (Jer. 23:6). Därför hör Guds rike och Messias ihop. Messias ankomst betyder Guds rikes ankomst. Det glada budskapet om Messias är samtidigt "det glada budskapet om riket".

Fariseerna lärde att Guds rike skulle komma som lön för att Israel troget hållit lagen. "Om bara Israel en enda gång fullständigt hållit sabbaten helig, skulle det strax förlossas."[89] Men med hjälp av egna meriter kan ingen komma in i Guds rike. *Guds rike är en gåva* (Luk. 12:32) och *"den som inte tar emot Guds rike som ett barn kommer aldrig dit in"*, säger Jesus (Mark. 10:15). Ett barn är svagt och i behov av hjälp och omvårdnad. Det måste matas, kläs, bäras, tröstas etc. Det kan inte bidra till att det får liv och hålls vid liv. På samma sätt ges Guds rike

---

89 Hedegård-Saarisalo, *Biblisk Uppslagsbok*, 4 uppl. 1972, col. 388.

åt människor som en gåva åt dem som bildligt talat behöver matas, kläs och bäras. Att bli befriad från "mörkrets välde" och förd in i Guds rike är helt och hållet Guds verk, framhåller Paulus: "Han har frälst oss från mörkrets välde och fört oss in i sin älskade Sons rike. I honom är vi friköpta och har fått förlåtelse för våra synder" (Kol. 1:13-14). "Av naturen var vi vredens barn, vi liksom de andra. Men Gud som är rik på barmhärtighet har älskat oss med så stor kärlek, också när vi ännu var döda genom våra överträdelser, att han har gjort oss levande tillsammans med Kristus. Av nåd är ni frälsta. Ja, han har uppväckt oss med honom och *satt oss med honom i den himmelska världen, i Kristus Jesus*... Av nåden är ni frälsta genom tron, inte av er själva, Guds gåva är det" (Ef. 2:3-8). "Gläd er inte så mycket över att andarna lyder er, som över att *era namn är skrivna i himlen*", uppmanar Jesus sina lärjungar (Luk. 10:20). Till den judiske rådsmedlemmen Nikodemus sa han: "Den som inte blir född ovanifrån (eller på nytt) kan inte *se Guds rike*." "Den som inte blir född av vatten och Ande kan inte *komma in i Guds rike*. Det som är fött av köttet är kött, och det som är fött av Anden är ande" (Joh. 3:3, 5-6).

Som synonym till Guds rike använder Jesus termen "evigt liv". Med tanke på en ung man som frågat Jesus: "Mästare, vad ska jag göra för gott för att *få evigt liv*?", talar Jesus om hur svårt det är för en rik att *"komma in i himmelriket"* (Matt. 19:16, 23). Den som inte är behövande och svag utan rik och stark i sig själv, tycker sig inte behöva ta emot Guds rike eller evigt liv som en fri och helt oförtjänt gåva. Därför säger Jesus i bergspredikan: "Saliga är de som är fattiga i anden, dem tillhör himmelriket" (Matt. 5:3).

I Johannesevangeliet används termen "evigt liv" oftare än "Guds rike": *"Den som tror på Sonen har evigt liv*. Den som inte lyder Sonen ska inte se livet, utan Guds vrede blir kvar över honom" (Joh. 3:36). Endast otron, att avvisa och vägra ta emot Guds oförtjänta benådning, fördömer (Mark. 16:16). "Den som tror på honom blir inte dömd, men den som inte tror är redan dömd, eftersom han inte tror på Guds enfödde Sons namn" (Joh. 3:18). "Den som hör mitt ord och tror på honom som har sänt mig, han har evigt liv och kommer inte under domen utan har övergått från döden till livet" (Joh. 5:24). "Mina får lyssnar till min röst, och jag känner dem, och de följer mig. Jag ger dem evigt liv, och de ska aldrig någonsin gå förlorade, och ingen ska rycka dem ur min hand" (Joh. 10:27-28). "Jag är uppståndelsen och livet. Den som tror på mig ska leva om han än dör, och var och en som lever och tror på mig ska aldrig någonsin dö" (Joh. 11:25-26). "Den som bevarar mitt ord ska aldrig någonsin se döden" (Joh. 8:51). Detta bekräftas av vad som uppenbarades för Johannes enligt Uppenbarelseboken: Han såg hur de troende, som hade halshuggits "därför att de hade vittnat om Jesus och förkunnat Guds ord", *"levde* och regerade med Kristus i tusen år" (Upp. 20:4).[90] "Detta är evigt liv att de känner dig, den ende sanne Guden, och den som du har sänt, Jesus Kristus" (Joh. 17:3). I anslutning till denna undervisning från Jesus skriver Johannes i sitt första brev: *"Gud har skänkt oss evigt liv,* och det livet är i hans Son." "Jesus Kristus, han är den sanne Guden och det eviga livet" (1 Joh. 5:11, 20).

Jesus föredrog att använda termen "Människosonen" om sig själv i anslutning till Daniels syn enligt Daniels sjunde kapitel. När Daniel i sin syn om natten såg "en som liknade en människoson" komma från himlen, kom med honom ett evigt rike (v. 13-14, 27). Professor Odeberg kommenterar Jesus som Människosonen så här: "Han kommer från Gudsriket, förkunnar Gudsriket och ger Gudsriket."[91] Jesus sa: "Ni är nerifrån,

[90] Den korrekta översättningen är "levde" och inte "fick liv igen", som Bibel 2000 felaktigt översätter. Kontexten visar klart att verbets aoristform är konstativ och inte ingressiv. Subjektet är de halshuggnas "själar". De levde ju redan, eftersom de enligt Joh. 5:25 övergått från andlig död till andligt liv när tron på Kristus upptändes (benämns "den första uppståndelsen" i Upp. 20:5). *Kroppens* uppståndelse på den yttersta dagen, "då *alla* som är i gravarna ska höra hans röst" (Joh. 5:28), är följaktligen den andra uppståndelsen.

jag är ovanifrån. Ni är av den här världen, jag är inte av den här världen" (Joh. 8:23). "Den som kommer ovanifrån är över alla. Den som kommer från jorden är av jorden, och av jorden talar han. Den som kommer från himlen är över alla. Vad han har sett och hört vittnar han om" (Joh. 3:31f).

Guds rike är alltså ett himmelskt rike. Det kommer till jorden ovanifrån precis som dess konung, Människosonen Jesus. När Jesus klargjorde för Pilatus: "Mitt rike är inte av den här världen", sa denne: "Du är alltså en kung?" (Joh. 18:36f). Och han lät skriva på anslaget över den korsfäste Jesus: "Jesus från Nasaret, judarnas konung." Men judarnas överstepräster ville få Pilatus att ändra ordalydelsen: "Skriv inte judarnas konung, utan skriv att han har sagt sig vara judarnas konung" (Joh. 19:19ff). Han "säger att han är Messias, en konung", men det är lögn menade judarnas ledare (Luk. 23:2). Översteprästerna och de skriftlärda "gjorde narr av honom och sa: 'Andra har han hjälpt, sig själv kan han inte hjälpa. *Messias, Israels konung,* han borde nu stiga ner från korset, så att vi får se det och tro!'" (Mark. 15:31-32). De kunde inte förstå att "Messias, Israels konung" just genom att inte stiga ner från korset utan lida och dö för alla människors synder skulle vinna den största och viktigaste av alla segrar, segern över döden och djävulen, en nödvändig seger för att människor skulle kunna erbjudas evigt liv i hans rike.

När Jesus säger om sig själv: "Människosonen har kommit för att uppsöka och frälsa det som var förlorat" (Luk. 19:10), anknyter han till följande messianska frälsningsprofetia: "*Jag ska själv* föra mina får i bet och låta dem vila sig, säger Herren HERREN. De förlorade ska jag söka upp, de som gått vilse ska jag föra tillbaka, de sårade ska jag förbinda, och de svaga ska jag stärka" (Hes. 34:15-16). När Jesus säger: "Så har inte heller Människosonen kommit för att bli tjänad utan för att tjäna och ge sitt liv till lösen för många", anknyter han till Jesajas profe-

[91] *Skriftens studium, inspiration och auktoritet*, s. 100.

tior om att Messias som "tjänaren" ska offra sitt liv till soning för människornas synder (Jes. 53). Därför kallas Guds rikes invånare ofta i profetiorna för "de återlösta", "HERRENS friköpta" (t.ex. i Jes. 35:9,10) och HERREN för "Israels konung och hans Återlösare" (Jes. 44:6).

Frälsningen: både dom och befrielse

"Ett mycket viktigt inslag i det gammaltestamentliga Israels hopp inför framtiden var övertygelsen att någon gång i framtiden (av profeterna ofta benämnt 'på den dagen' eller 'i de dagarna') skulle Jahve Gud själv komma och ingripa med både frälsning och dom", skriver Chris Wright.[92] Som uppfyllelsen av detta hopp innebar Jesu frälsningsgärning *både dom och frälsning*: dom över Satan, syndens och dödens upphovsman, vilket betyder "frihet för de fångna och befrielse för de bundna" (Jes. 61:1). "Han ska för alltid göra döden om intet" (Jes. 25:8) och därför måste upphovsmannen till synd och död besegras. Messias frälsningsgärning kallas därför i Jesaja 61 både "ett nådens år från HERREN och en hämndens dag från vår Gud" (v. 2). I Jesaja 63:4 binds också hämnd och återlösning ihop: "Hämndens dag var i mitt hjärta, året för min återlösning hade kommit", och i Jesaja 35:4f står det: "Säg till de försagda: 'Var starka, frukta inte!' Se, er Gud kommer med hämnd, vedergällning kommer från Gud. Han kommer själv och frälser er." Med anledning av orden i 5 Mosebok: "Min är hämnden" (32:35) förmanar Paulus: "Hämnas inte, mina älskade, utan lämna rum för vredesdomen. Ty det står skrivet: *Min är hämnden, jag ska utkräva den,* säger Herren" (Rom. 12:19). "Både dom och frälsning, både fall och upprättelse, förknippade också den gamle Simeon med Messias. När han tog emot Jesusbarnet som "Herrens Smorde" (= Messias) och "Israels tröst", sa han till Maria: "Se, denne är satt *till fall och upprättelse* för många i Israel och till ett tecken som blir motsagt" (Luk. 2:34).

---

92 *Den enda vägen?*, s. 120.

När Jesus i Nasarets synagoga hade läst den messianska profetian i Jesaja 61, sa han till dem: "I dag har detta skriftställe gått i uppfyllelse inför er som lyssnar" (ordagrant: "inför era öron"), dvs. i dag har det skriftställe som ni nu lyssnade till blivit uppfyllt. Löftet om att Herren skulle komma till Israel med frihet för de fångna och syn för de blinda gick nu i uppfyllelse (Luk. 4:16-21). Vid ett annat tillfälle sa Jesus: *"Tiden är fullbordad* och Guds rike är nu här. Omvänd er och tro evangelium!" (Mark. 1:15). Vilken stor och livsavgörande händelse det var som nu ägde rum inför lärjungarnas ögon och öron framgår av följande verser: "När de var ensamma, vände sig Jesus till lärjungarna och sa: *Saliga är de ögon som ser det ni ser.* Ty jag säger er: *Många profeter och kungar ville se vad ni ser,* men fick inte se det, och höra det ni hör, men fick inte höra det" (Luk. 10:23-24).

Att Guds rikes ankomst förutsätter Jesu makt och seger över Satan framgår av följande avsnitt hos Matteus:

> Sedan förde man till Jesus en besatt som var blind och stum, och han botade honom, så att den stumme talade och såg. Och allt *folket blev utom sig av häpnad och sa: "Kanske är han Davids son?"* När fariseerna hörde det, sa de: "Det är bara med hjälp av Beelsebul, de onda andarnas furste, som han driver ut de onda andarna." Men Jesus visste vad de tänkte och sa till dem: "Ett rike som är splittrat blir ödelagt, och en stad eller en familj som är splittrad kommer inte att bestå. *Om Satan driver ut Satan, har han kommit i strid med sig själv. Hur kan då hans rike bestå?* Och om jag driver ut de onda andarna med hjälp av Beelsebul, med vems hjälp driver då era söner ut dem? De kommer därför att vara era domare. Men *om det är med Guds Ande jag driver ut de onda andarna, då har Guds rike kommit till er.* Eller hur kan någon gå in i den starkes hus och plundra honom på vad han äger utan att först ha bundit den starke? Sedan kan han plundra hans hus" (Matt. 12:22-29).

"Kanske är han Davids son?", sa folket när de såg Jesus göra det som den utlovade Messias skulle göra. Men då fick de fariseerna emot sig. Dessa kunde inte acceptera att Jesu undergärningar bevisade att Jesus var den utlovade Davidssonen och att Gudsriket därmed hade kommit till dem. De påstår i stället att Jesus är i förbund med den onde och driver ut de onda andarna med hjälp av de onda andarnas furste! Jesus avslöjar denna omöjliga och falska slutsats: Om Satan stred mot sig själv och drev ut sig själv, skulle ju hans rike inte längre existera! Men det gör det - också enligt fariseerna. Jesus klargör att Satan bara kan besegras av någon som är starkare än han, dvs. HERREN själv. Satan är en stark fiende, enligt Petrus lik ett rytande lejon som söker efter vem han ska sluka (1 Petr. 5:8). Jesus kallar honom "den starke" och "den nuvarande onda tidsåldern" (Gal. 1:4) för "den starkes hus". Jesus anknyter uppenbarligen till profeten Jesajas löftesord: *"Kan man ta ifrån den starke hans byte? ... Ja, så säger HERREN: 'Nu ska den starkes fångar tas ifrån honom, bytet ryckas ur tyrannens hand. Jag ska själv strida mot dina motståndare, jag ska själv rädda dina barn'"* (Jes. 49:24-25). Jesus tar ifrån Satan hans byte genom att bryta sig in i den starkes hus efter att först ha bundit honom. Bindandet av Satan är en metafor (bild) för att Jesus begränsar Satans utrymme att skada och ta till fånga (förekommer också i Upp. 20:2). Att plundra Satan på "vad han äger" betyder att befria människor från den ondes våld.

Vid ett annat tillfälle sa Jesus: "Jag såg Satan falla ner från himlen som en blixt" (Luk. 10:18). Att Satan fallit ner från himlen betyder att Satan i och med Messias ankomst och gärningar har förlorat sin maktposition. Både Satans "bindande" och hans "nedfallande från himlen" är metaforer som beskriver samma sak: Guds rikes seger över Satan.

När den fängslade Johannes döparen fick höra talas om "Kristi gärningar", sände han sina lärjungar till Jesus med frågan: "Är du den som skulle komma, eller ska vi vänta på någon annan?" (Matt. 11:3). Jesus svarade med att hänvisa till profetian i Jesaja 35: "Gå och berätta för Johannes vad ni hör och ser: Blinda får sin syn, lama går, spetälska blir rena, döva hör, döda uppstår och för fattiga predikas glädjens budskap" (Matt. 11:4-5). Dvs. *just de gärningar som bara Gud kan utföra och som enligt Jesaja Gud själv ska komma och utföra, utför nu Jesus.* Den messianska frälsningens välsignelser var närvarande i Jesu person och gärningar. Profetian blev verklighet.

Guds rike är den övernaturliga verklighet som kommit in i världen i Jesu person. Därför finns det åtskilliga ställen i evangelierna där riket jämställs med Jesu person. När Jesus red in i Jerusalem (sannolikt den 2 april år 30), ropade de som gick före och de som följde efter honom: "Hosianna! (det betyder "fräls oss, befria oss!) Välsignad är han som kommer i Herrens namn. *Välsignat är vår fader Davids rike som kommer.* Hosianna i höjden!" (Mark. 11:9-10). Lukas berättar: "Då han närmade sig sluttningen av Oljeberget, började hela skaran av lärjungar i sin glädje prisa Gud med hög röst för alla de kraftgärningar som de hade sett: *Välsignad är han som kommer, konungen i Herrens namn! Frid i himlen och ära i höjden!"* Jämför detta med profetians ord om Messias ankomst: "Så ska herradömet bli stort och friden utan slut över Davids tron och hans kungarike" (Jes. 9:7). Vi ser således att *när Messias kommer, konungen i Herrens namn, är det liktydigt med att vår fader Davids rike kommer med glädje och frid utan slut.* Denna sanning uttryckte Origenes[93] med ordet *autobasileía* = han är själv riket.[94] Om detta sjunger Sakarias i sin lovsång: *"Välsignad är Herren, Israels Gud, som har besökt och återlöst sitt folk.* Han har upprättat åt oss ett frälsningens horn i sin tjänare Davids släkt (ordagrant: hus), *så som han för länge sedan hade lovat genom sina heliga profeters mun.* Han har frälst oss från våra fiender och från deras

---

[93] Origenes föddes i Alexandria år 185 av kristna föräldrar. Han flyttade så småningom till Caesarea i Palestina där han grundade en kateketskola. Hans produktivitet som teologisk författare var enorm. Han dog ca 254.

[94] Påpekat av Hedegård-Saarisalo i *Biblisk Uppslagsbok*, col. 387. "Riket finns sålunda i och med att 'Ordet blev kött', Joh. 1:14."

hand som hatar oss" (Luk. 1:68-71). Löftet om att HERREN ska besöka sitt folk, återlösa det och besegra dess fiender infrias i och med Jesu ankomst.

När profeterna i Gamla testamentet beskriver vad som ska ske när Messias kommer med seger över fienderna synden, döden och djävulen, använder de en rad metaforer eller bilder för att beskriva den välsignelse som blir följden av Guds ingripande. Dessa metaforer har sin bakgrund i det elände som ondska och avfall från Gud fört med sig: ödeläggelse, ruiner, ödemark, missväxt, fiender som härjar, ofrid, förtryck, fångenskap etc. Guds rike, som under gamla förbundets tid är liktydigt med Guds *land*, löfteslandet Kanaan, har genom folkets synd blivit en ödemark. Profeten Sakarja summerar: "De gjorde sina hjärtan hårda som diamant så att de inte hörde den undervisning och de ord som HERREN Sebaot genom sin Ande hade sänt genom gångna tiders profeter... Så har nu landet blivit öde efter dem, ingen kommer eller går, ty *de gjorde det ljuvliga landet till en ödemark*" (Sak. 7:12,14). Jesaja anger syndens följd på samma sätt: "Ert land är en ödemark, era städer är uppbrända i eld, era åkrar förtärs i er åsyn av främlingar" (Jes. 1:7).

När Messias kommer besegras upphovsmannen till avfallet från Gud och allt elände det fört med sig. Med Messias kommer motsatsen till död, orättfärdighet, förtryck, ofrid, fångenskap etc. Därför säger Jesaja i kapitel 35 inte bara att "de blindas ögon ska öppnas och de dövas öron upplåtas" (v. 5) när Herren kommer, utan också att "öknen och ödemarken ska glädja sig" (v. 1), "vatten ska bryta fram i öknen" (v. 6) och "rovdjur ska inte komma dit" (v. 9). Allt detta är metaforer för det som hör samman med Messias och hans rike, nämligen *glädje och frid, liv och välsignelse i överflöd* . Om "de återlösta", "HERRENS friköpta" heter det i profetians slutord: "Evig glädje ska kröna deras huvuden. Fröjd och glädje ska de få, sorg och suckan ska fly bort" (v. 10). Frälsningen och Frälsaren kallas för "den heliga vägen" som är en gåva till orena syndare och innebär att orena förklaras rena: "Ingen oren ska färdas på den, men den är till för dem" (v. 8). Det betyder: de som färdas på den, dvs. tar emot Messias och hans ställföreträdande gottgörelse, räknas som rena. Sannolikt anknyter Jesus till detta profetord när han säger: "Jag är vägen, sanningen och livet" (Joh. 14:6). Och i Hebreerbrevet 10:19-20 heter det: "Bröder, i kraft av Jesu blod kan vi nu frimodigt gå in i det allra heligaste på *den nya och levande väg som han har öppnat för oss genom förlåten, det vill säga sitt kött."*

Det messianska gudsriket kontrasteras mot de syndiga förhållandena i "landet" under gamla förbundets tid: "Ingen ska göra något ont eller förstöra något på hela mitt heliga berg, ty landet ska vara fullt av HERRENS kunskap, liksom vattnet täcker havet" (Jes. 11:9). "Med glädje ska ni dra ut, i frid ska ni föras fram. Bergen och höjderna ska brista ut i jubel inför er, alla markens träd ska klappa i händerna. Där törnsnår finns ska cypresser växa upp, där nässlor står ska myrten växa upp" (Jes. 55:12-13). "Man ska inte mer höra talas om våld i ditt land eller ödeläggelse och förstörelse inom dina gränser, utan du ska kalla dina murar för frälsning och dina portar för lovsång. Solen ska inte mer vara ditt ljus om dagen, månen ska inte mer lysa dig med sitt sken. HERREN ska vara ditt eviga ljus, din Gud ska vara din härlighet" (Jes. 60:18-19). Här framgår det tydligt att *det messianska gudsriket eller himmelriket är av ett helt annat slag än denna världens riken.*

Metaforerna för Messias rike tar sin utgångspunkt i jordiska förhållanden: "Du ska vara lik en vattenrik trädgård och likna ett källsprång, vars vatten aldrig tryter" (Jes. 58:11). "Du ska inte mer kallas 'den övergivna', ditt land ska inte mer kallas 'ödemark', utan du ska heta 'min käraste' och ditt land 'den äkta hustrun'. Ty HERREN har sin glädje i dig, *ditt land har fått sin äkta man"* (Jes. 62:4). "Du arma, som har blivit så hemsökt av stormar utan att få någon tröst, med blyglans ska jag nu mura dina stenar och ge dig grundvalar av safirer. Jag ska göra dina tinnar av rubiner, dina portar av karbunklar och hela din ringmur av ädla stenar. Dina barn ska alla bli HERRENS lärjungar, och deras frid ska vara stor" (Jes. 54:11-13). "Folket som bor där har fått sin synd förlåten" (Jes. 33:24, jfr Jer. 31:34 och Sak. 13:1).

En *bröllopsfest* med den mest utsökta festmåltid är en metafor, också inom judendomen, för vad Herren inbjuder till när Messias kommer med sin frälsning. "HERREN Sebaot ska på detta berg göra en festmåltid för alla folk, en festmåltid med utsökta rätter och gamla viner, ja, med bästa vin, väl klarat" (Jes. 25:6). Jesus anknyter till denna metafor och säger: "Himmelriket är likt en kung som höll bröllop för sin son" (Matt. 22:1). När man frågade Jesus: "Varför fastar Johannes lärjungar och fariseernas, men inte dina lärjungar?", svarade han: "*Inte kan väl bröllopsgästerna fasta medan brudgummen är hos dem?* Så länge brudgummen är hos dem kan de inte fasta" (Mark. 2:19). När lärjungarna är tillsammans med Jesus är de alltså i realiteten, fastän det inte syns, bröllopsgäster och deltar i en bröllopsmåltid tillsammans med brudgummen. I Uppenbarelseboken 19:9 heter det: "Saliga är de som är bjudna till Lammets bröllopsmåltid", och enligt Uppenbarelseboken 3:20 säger den uppstående Jesus: "Se, jag står vid dörren och klappar på. Om någon hör min röst och öppnar dörren, ska jag gå in till honom och *hålla måltid med honom och han med mig.*" När Jesus i samband med en måltid hos en farisé sa: "När du ska hålla fest, bjud fattiga och krymplingar, lama och blinda", tycks en av gästerna ha förstått poängen, att bröllopsfesten i Guds rike inte är en belöning utan ett nådeserbjudande. Han sa till Jesus: "*Salig är den som får bli bordsgäst i Guds rike*" (Luk. 14:15). Lägg också märke till Johannes Döparens ord: "Ingen människa kan ta emot något utan att det ges henne från himlen... Brudgum är den som har bruden. Men brudgummens vän, som står där och hör honom, gläder sig innerligt över brudgummens röst. Den glädjen har jag nu helt och fullt" (Joh. 3:27-29).

Uppfyllelsen av Gamla testamentets löften om Messias ankomst och upprättande av Guds eviga rike innebär inte upprättandet av ett jordiskt kungarike, en världslig teokrati lydig Gud i allt som Israel skulle vara under gamla förbundets tid. Abraham visste att det utlovade landet Kanaan endast var *en skuggbild av Guds eviga rike*. "Lagen innehåller *endast en skugga av det goda som kommer och inte tingen i deras verkliga gestalt*", betonar Hebreerbrevets författare (Hebr. 10:1). "I tron levde han (Abraham) som *främling i det utlovade landet*. Han bodde i tält tillsammans med Isak och Jakob, som var medarvingar till samma löfte. Ty han *väntade på staden med de fasta grundvalarna, den som Gud har format och skapat*... I tron dog alla dessa (Abraham och hans ättlingar) *utan att ha fått det som var utlovat. Men de såg det i fjärran och hälsade det och bekände sig vara gäster och främlingar på jorden*. De som talar så visar därmed att de söker ett hemland. Om de hade menat det land som de gått ut ifrån, hade de tillfälle att vända tillbaka dit. Men *nu längtade de till ett bättre land, det himmelska*" (Hebr. 11:9-16).

Städerna i Kanaans land kunde läggas i ruiner, inklusive Jerusalem. Folkets synd drog olycka också över Guds stad Jerusalem: "De har övergivit mig och tänt offereld åt andra gudar och väckt min vrede genom alla sina händers verk, därför ska min vrede utgjutas över denna plats och ska inte utsläckas" (2 Krön. 34:25). Om det jordiska Kanaan säger Hesekiel: "Landet är fullt av blodsutgjutelse och staden är full av våld" (Hes. 7:23). Jordiska städer och riken är obeständiga. *"Här har vi inte någon stad som består, men vi söker den stad som ska komma"* (Hebr. 13:14). Därför utlovar Gud redan i Gamla testamentet *ett nytt förbund* (Jer. 31:31ff) "för att de kallade skulle få *det utlovade eviga arvet*" (Hebr. 9:15). "När han talar om ett nytt förbund, har han därmed förklarat att *det förra är föråldrat*" (Hebr. 8:13).

Uppfyllelsen av gamla förbundets skuggbilder handlar om "ett bättre land, det himmelska". Paulus skriver: "Det nuvarande Jerusalem ... lever i slaveri med sina barn. Men det himmelska Jerusalem är fritt, och det är vår moder" (Gal. 4:25-26). Det Sion eller Jerusalem som är uppfyllelsen av profetiornas löften är enligt Hebreerbrevet "den levande Gudens stad, det himmelska Jerusalem", "en församling av förstfödda som har sina namn skrivna i himlen" (12:22f). Detta sanna Sion kan liknas vid ett berg som inte kan skaka och försvinna. Jesaja profeterar om detta berg som "fast grundat" och "högst bland bergen" (Jes. 2:2). När profeten Haggai skriver: "Så säger HERREN Sebaot: Inom kort ska jag *än en gång* komma himlen och jorden, havet och det torra att skaka" (Hagg. 2:7), kommenterar Hebreerbrevet: "Orden *än en gång* visar att *det som skakar ska försvinna, eftersom det är skapat, för att det som inte kan skaka ska bestå.* Då vi alltså får *ett rike som inte kan skaka,* låt oss vara tacksamma och tjäna Gud efter hans vilja, med vördnad och fruktan" (Hebr. 12:27-28). Paulus skriver: "Vi riktar inte blicken mot det synliga utan mot det osynliga. Ty *det synliga är förgängligt, men det osynliga är evigt*" (2 Kor. 4:18). När Paulus skriver till Timoteus om hur Herren har hjälpt honom och gett honom kraft, tillägger han: "Herren ska också rädda mig från alla onda anslag och *frälsa mig till sitt himmelska rike*" (2 Tim. 4:18).

Guds folk liknas i Rom. 11:17 vid ett olivträd. De judar som förkastar Jesus som Guds utlovade Messias liknas vid grenar som brutits bort "för sin otros skull" (v. 20), och de hedningar som tror på Jesus liknas vid grenar som har inympats i "det äkta olivträdet". Alla som tror på Jesus Kristus, av judisk eller av hednisk härkomst, tillhör alltså ett och samma rike, tillhör Guds sanna familj, Guds sanna folk, är sanna "judar". Paulus skriver: "*Israel är inte alla som kommer från Israel,* och inte heller är alla Abrahams efterkommande hans barn. Nej, Isaks efterkommande ska räknas som dina barn. Det vill säga: Guds barn är inte de som är barn genom naturlig härkomst, men *löftets barn räknas som hans efterkommande*" (Rom. 9:6-8). De som tror löftet om Messias och att Jesus Kristus är dess sanna uppfyllelse, är Guds sanna folk. "Så säger Gud genom Hosea: '*Det folk som inte var mitt ska jag kalla mitt folk,* och henne som jag inte älskade ska jag kalla min älskade. *Och på den plats där det sades till dem: Ni är inte mitt folk, där ska de kallas den levande Gudens barn.*' Men om Israel utropar Jesaja: 'Om än Israels barn vore talrika som havets sand, ska bara en rest bli frälst'" (Rom. 9:25-27; jfr 1 Petr. 2:9-10). "*Den är inte jude som är det till det yttre,* och omskärelse är inte något som sker utvärtes på kroppen. Den är jude som är det i sitt inre, och hjärtats omskärelse sker genom Anden och inte genom bokstaven. En sådan får sitt beröm, inte av människor utan av Gud" (Rom. 2:28-29). Ni som är hednakristna: utan Kristus var ni "utestängda från *medborgarskapet i Israel*... Men nu har *ni som är i Kristus Jesus* och som en gång var långt borta, kommit nära genom Kristi blod. Ty *han är vår frid, han som gjorde de två* (troende judar och troende hedningar) *till ett och rev ner skiljemuren*... Genom honom har vi båda i en och samme Ande tillträde till Fadern. *Alltså är ni inte längre gäster och främlingar utan medborgare tillsammans med de heliga och tillhör Guds familj*" (Ef. 2:12-19).

Den politiska Messiasdrömmen

På Jesu tid och under århundradena dessförinnan tvinnade många judar samman religiösa och politiska förhoppningar. Man drömde om en Messias som skulle vara både en andlig och en världslig ledare. Den väntade profeten eller Messias skulle som militär ledare föra judafolket till seger över alla dess fiender och upprätta gudsstaten Israel som Guds teokrati på jorden. Eftersom Messias av många judar uppfattades på detta sätt, föredrog Jesus att kalla sig själv "Människosonen" i anslutning till profetian i Dan. 7:13ff. Som "Israels konung" fick han värja sig emot att bli uppfattad som en världslig kung för ett jordiskt Gudsrike. "Mitt rike är inte av denna världen", betonade han. "Om mitt rike vore av den här världen, hade mina tjänare kämpat för att jag inte skulle bli överlämnad åt judarna. Men nu är mitt rike inte av den här världen" (Joh. 18:36). "När Petrus drog sitt svärd för att försvara Jesus, stoppade denne honom. Varför skulle Petrus kämpa med svärd, när Jesus inte kallade på sina 'tjänare', 'mer än tolv legioner änglar'?"[95]

Gärtner har på ett förtjänstfullt sätt sammanfattat hur politiska Messiasdrömmar tog sig uttryck alltifrån mackabeernas frihetskamp på 160-talet f.Kr.[96] Denna från början religiösa frihetskamp blev mer och mer en politisk kamp för självständighet. Sammankopplingen mellan andligt och världsligt tog sig 152 f.Kr. uttryck i att Jonathan gjorde sig både till militär ledare och överstepräst. Hans efterträdare Simon utropades 140 f.Kr. till överstepräst, överbefälhavare och furste. Drömmen om den kommande profeten eller Messiaskonungen förstärktes under denna tid. Förväntningarna på Guds ingripande för att upprätta sitt rike var starka. Ibland kallade man den väntade för Messias, ibland Profeten, ibland Davidskonungen. Gemensamt för dessa förväntningar var att religion och politik var sammanvävda.[97]

"Enligt allmän uppfattning på Jesu tid hade profeterna dött ut i Israel. Ingen profet skulle uppstå förrän den siste store Profeten kom. Det var denne man väntade på. Han skulle inleda tidens slutskede och skulle vara både världslig och andlig ledare för folket... Jesus passade inte alls in i deras bild av Profeten eller Messias."[98] "En fraktion av fariseerna som var särskilt fanatisk i sin religionskamp" kallades seloter. "I början hade de stöd hos många fariseer, men när deras religiösa nitälskan drev dem till alltför mycket våld och upproriskhet, kom de på kant med de ledande inom fariseernas 'parti'. Seloterna ville inte i stillhet invänta, att Gud skulle besegra fienderna och upprätta sitt rike. De ville omedelbart och med svärd i hand starta befrielsekriget, Guds krig."[99] En av Jesu tolv lärjungar tycks av namnet att döma ha haft ett förflutet i

---

95 B. Gärtner, *Vid den tiden ... En bok om den historiske Jesus* (1981), s. 99.

96 *Vid den tiden*, s. 11ff.

97 "Så är det alltjämt med Israel. Man kan inte skilja religion och politik åt. Och så är det också i hela Mellanöstern i dag", skriver Gärtner (s. 14).

98 Gärtner, s. 77f.

99 Gärtner, s. 32.

denna fraktion (Simon *ivraren*, ordagrant "seloten", Luk. 6:15; Apg. 1:13).

När Johannes döparen proklamerade: "Omvänd er, för himmelriket är nära" (Matt. 3:2), innebar det att nu kommer den utlovade Messias och hans rike. Den efterfrågade gudomliga interventionen är omedelbart förestående, ja, Messias är redan här med dom och frälsning. Fastän det inte ser ut som ni har väntat er, är Guds rike mitt ibland er. "Guds rike kommer inte så att man kan se det med ögonen. Inte heller ska man kunna säga: Se, här är det, eller: Där är det. Ty se, Guds rike är mitt ibland er" (Luk.17:20-21). Där Jesus är, där är Guds rike. "Där två eller tre är samlade i mitt namn, där är jag mitt ibland dem" (Matt. 18:20). Att tro att man är rikets barn och kan komma undan den kommande vredesdomen samtidigt som man vänder Guds ord ryggen och förkastar Jesus som den utlovade Messias, HERREN själv - det är en falsk tro. "*Redan* är yxan satt till roten på träden... Han (Messias) har sin kastskovel i handen och ska rensa sin tröskplats och samla sitt vete i logen, men agnarna ska han bränna upp i en eld som aldrig släcks" (Matt. 3:10-12)."Tro inte att ni kan säga till er själva: Vi har Abraham till fader. Jag säger er att Gud av dessa stenar kan uppväcka barn åt Abraham", sa Johannes döparen till "många fariseer och sadduceer" som kom för att bli döpta av honom (Matt. 3:9). Och Jesus sa med anledning av en hednisk officers ödmjuka och förebildliga förtröstan på honom och hans ord: "Jag säger er: Många ska komma från öster och väster och ligga till bords med Abraham och Isak och Jakob i himmelriket. Men rikets barn ska kastas ut i mörkret utanför. Där ska man gråta och skära tänder" (Matt. 8:11-12).

Judendomen hade svårt att tänka sig att Guds rike kom in i historien i och med Jesu ankomst och hans gärningar. Den förkastade att Jesus är Guds evige Son "som utgav sig själv genom att anta en tjänares gestalt då han blev människa... och ödmjukade sig och blev lydig ända till döden – döden på korset" (Fil. 2:7-8) för att ge världen liv. "Överhuvudtaget var en korsfäst Messias utanför judiskt teologiskt tänkande."[100] Det var och är helt främmande för att gamla förbundet har fått sin fullbordan i det nya förbundet, att Jesu seger över synden, döden och djävulen innebär att de verkliga fienderna har besegrats och att löftet om landet Kanaan och staden Jerusalem har fått sin fullbordan i ett land och en stad som är "ett bättre land" än det jordiska Kanaan och det jordiska Jerusalem, ett himmelskt rike och ett himmelskt Jerusalem (Hebr. 11:16). Man lever kvar i det gamla förbundet och tänker sig uppfyllelsen av profeternas messianska löften inom ramen för detta förbund med *en jordisk stat och ett jordiskt tempel.* Precis som gamla förbundets Israel var *ett jordiskt teokratiskt rike* tänker man sig Guds rikes seger som en jordisk teokratisk seger med en Messias som är både en andlig och en världslig kung. Att Messias skulle lida och dö för alla människors synder och som den rättfärdige försonaren uppstå till liv igen på den tredje dagen som bevis på sin seger över synden, döden och djävulen är en främmande tanke för de flesta judar.

Evangeliet om riket

I Nya testamentet sägs gång på gång, som vi tidigare nämnt, att Jesus "predikade evangeliet om riket" (t.ex. Matt. 4:23; 9:35). Uttrycket "evangeliet om riket" blir en benämning på kristendomens huvudbudskap: att Jesus är Messias som infriar löftet om Guds ingripande till frälsning. När Jesus fick frågan: "Vad blir tecknet på din återkomst och den här tidsålderns slut?", svarade han bl.a.: "Detta evangelium om riket ska predikas i hela världen till ett vittnesbörd för alla folk, och sedan ska slutet komma" (Matt. 24:3,14).

Apostlagärningarna berättar hur Jesu lärjungar tog sig an denna uppgift att sprida evangeliet om riket. Mot bakgrund av den tolkning av profetiorna om Messias och Guds rike som var vanlig bland judarna (se ovan), är det inte underligt att lärjungarnas förkunnelse möttes av motstånd och missför-

---

100 Gärtner, s. 108.

stånd. I Tessalonika t.ex. gick Paulus som han brukade till judarnas synagoga "och under tre sabbater samtalade han med dem utifrån Skrifterna och *förklarade och visade att Messias måste lida och uppstå från de döda.* Och han fortsatte: 'Denne Jesus som jag predikar för er, han är Messias.' Några av dem blev övertygade" (Apg. 17:2-4), men andra "ställde till upplopp och oroligheter i staden" och skrek: "Nu är de här också, de som har vänt upp och ner på hela världen, och Jason har tagit emot dem. De handlar alla mot kejsarens påbud och *säger att en annan, en som heter Jesus, är kung*" (17:5-7). Också i Efesus gick Paulus till synagogan "och under tre månader predikade han frimodigt. Han samtalade med dem och *försökte övertyga dem* om *det som hör till Guds rike.* Men där fanns några som förhärdade sig och inte ville tro utan talade illa om 'den vägen',[101] så att alla hörde det. Då lämnade han dem och tog lärjungarna med sig, och varje dag höll han samtal i Tyrannus hörsal" (Apg. 19:8-9).

När Paulus som fånge kom till Rom, "kallade han till sig de ledande bland judarna". *"För dem förkunnade han Guds rike och vittnade om det, och han försökte övertyga dem om Jesus, både utifrån Mose lag och profeterna.* Och det höll han på med från morgonen ända till kvällen. Somliga lät sig övertygas av hans ord, men andra ville inte tro" (Apg. 28:17, 23-24). Lukas avslutar Apostlagärningarna med orden: "I två hela år bodde Paulus i den bostad som han hade hyrt, och han tog emot alla som kom till honom. *Han predikade Guds rike och undervisade med stor frimodighet om Herren Jesus Kristus utan att bli hindrad*" (28:30-31). I sitt avskedstal till de äldste i Efesus hade han sagt: "Jag anser inte att mitt liv har något värde för mig själv. Jag vill endast fullborda mitt lopp och *den uppgift som jag har fått av Herren Jesus: att vittna om Guds nåderika evangelium.* Och se, jag vet nu att ni inte mer kommer att se mitt ansikte, alla ni som jag har gått omkring hos och *predikat riket* för" (Apg. 20:24-25).

---

[101] Jämför sid. 191f ovan om uttrycket "den heliga vägen" i Jes. 35:8.

Det framgår alltså tydligt att "evangeliet om riket" handlar om Jesus Kristus. Apostlarna förkunnade att Guds rike hade kommit i och med Jesus och hans frälsningsgärning. Det gamla förbundets gudsrike med dess många betungande ceremoniallagar har nu fått sin fullbordan i "Jesu Kristi eviga rike", "det himmelska Jerusalem", som är ett fritt nåderike. "Ty Guds rike består inte i mat och dryck utan i rättfärdighet och frid och glädje i den helige Ande" (Rom. 14:17), skriver Paulus. I synagogan i Antiokia i Pisidien sa han till judarna: "Nu förkunnar vi för er det glada budskapet att *det löfte som gavs till våra fäder, det har Gud uppfyllt åt oss, deras barn, genom att låta Jesus träda fram*, så som det är skrivet i andra psalmen: 'Du är min son, jag har i dag fött dig.' Och att han har uppväckt honom från de döda, så att han inte mer kommer att vända tillbaka till graven, det har han sagt med dessa ord: 'Jag vill ge er de heliga och fasta nådelöften som David fick.' Därför säger han också på ett annat ställe: 'Du ska inte låta din Helige se förgängelsen.'... Därför ska ni veta, mina bröder, att det är genom honom som syndernas förlåtelse predikas för er, och att *var och en som tror förklaras rättfärdig i honom och fri från allt som ni inte kunde frias från genom Mose lag*" (Apg. 13:32-39).

"Guds rike kommer inte så att man kan se det med ögonen", sa Jesus (Luk. 17:20). Att tro evangeliet om riket är att lita på Jesus och hans ord, att ta emot gåvan "syndernas förlåtelse" fastän den inte kan ses med ögonen. Gåvan är så ofattbart stor att den ovärdige syndaren bävar och säger: "Jag tror, hjälp min otro!" (Mark. 9:24). Jesus möter syndarens ängslan med orden: "Var inte rädd, du lilla hjord, ty *er Fader har beslutat att ge er riket*" (Luk. 12:32). Först på den yttersta dagen, "när Människosonen kommer i sin härlighet och alla änglar med honom" (Matt. 25:31), ska Guds rike framträda i sin synliga härlighet. "Då ska konungen säga till dem som står på hans högra sida: Kom, ni min Faders välsignade, och ta i besittning det rike som *stått färdigt åt er från världens begynnelse*" (Matt. 25:31, 34). Och "den Högstes heliga ska ta emot riket och behålla det för evig tid, ja, i evigheters evighet" (Dan. 7:18).

Kapitel 9
Jesus som tjänare

Fastän Jesus är den himmelske Människosonen, kommer han inte i en härskares glans för att bli betjänad utan som en ringa tjänare. Han är annorlunda än folkens ledare och stormän. *"Människosonen har inte kommit för att bli betjänad utan för att tjäna och ge sitt liv till lösen för många"*, säger han till sina lärjungar (Mark. 10:45). "Vem är störst: den som ligger till bords eller den som tjänar? Är det inte den som ligger till bords? Och ändå är jag här mitt ibland er som en tjänare" (Luk. 22:27). "Fastän han var till i Gudsgestalt, räknade han inte tillvaron som Gud såsom ett segerbyte", kommenterar Paulus (Fil. 2:6).

När Jesus kallar sig själv för "tjänare" anknyter han till de profetior i Gamla testamentet där Messias kallas för Herrens *tjänare*. Hans tjänaruppdrag var enligt Matteus 12:11-21 en uppfyllelse av profetian i Jesaja 42:1ff. När fariseerna inte kunde acceptera att Jesus utförde sitt uppdrag som tjänare också på sabbaten, sa han: "Vem av er skulle inte gripa tag i sitt får och dra upp det om det faller i en grop, och det också på sabbaten? Hur mycket mer är inte en människa värd än ett får! Alltså är det tillåtet att göra gott på sabbaten. Sedan sa han till mannen: 'Räck ut din hand.' Han räckte ut den, och den var nu lika frisk som den andra. Fariseerna gick då ut och överlade om att döda honom. När Jesus fick veta det, drog han sig undan. Många följde honom, och han botade dem alla. Han förbjöd dem strängt att avslöja vem han var, för att det skulle uppfyllas som var sagt genom profeten Jesaja: *'Se min tjänare, som jag har utvalt, min älskade, i vilken min själ har sin glädje. Jag ska låta min Ande komma över honom, och han ska förkunna rätten för folken. Han ska inte tvista eller skrika. Hans röst ska ingen höra på gatorna. Ett brutet strå ska han inte krossa, och en rykande veke ska han inte släcka, förrän han har fört rätten till seger. Och till hans namn ska folken sätta sitt hopp'* (Jes. 42:1ff)."

Lukas återger i Apostlagärningarna hur urförsamlingen i en tacksägelsebön till Gud kallar Jesus för *"din helige tjänare"* (Apg. 4:27, 30), detta i uppenbar anslutning till Jesajaprofetiorna. Och Paulus skriver till församlingen i Rom: "Vad jag vill säga är att Kristus har blivit *de omskurnas tjänare för att visa att Gud är sannfärdig och bekräfta löftena till fäderna"* (Rom. 15:8). Låt oss då se vad "löftena till fäderna" innehåller när det gäller Messias som Herrens tjänare.

Israel skulle vara Herrens tjänare som troget förmedlar Guds uppenbarelse till Israel och vidare till alla folk. Men Israel har blivit en otrogen tjänare och övergivit Herren, klagar Jesaja: "Ve dig, du syndiga släkte, du skuldbelastade folk, ni ogärningsmäns avkomma, ni vanartiga barn, som har övergivit HERREN, föraktat Israels Helige och vikit bort ifrån honom" (Jes. 1:4). *"Vem är så blind som min förtrogne, så blind som Herrens tjänare?* Du har sett mycket men inte tagit vara på det, fastän öronen är öppna lyssnar ingen" (Jes. 42:19-20).

Som kontrast till den otrogne tjänaren profeterar Jesaja om Messias, Herrens trogne tjänare: *"Han ska i trofasthet utbreda rätten*... Jag, HERREN, har kallat dig i rättfärdighet, jag ska hålla dig i handen. Jag ska bevara dig och göra dig *till ett förbund för folket, till ett ljus för hednafolken, för att du ska öppna blinda ögon och föra fångar ut ur fängelset, ur fångenskapen dem som sitter i mörker"* (Jes. 42:3, 6-7). "Det är för lite för dig, då du är min tjänare, att endast upprätta Jakobs stammar och föra tillbaka de bevarade av Israel. *Jag ska sätta dig till ett ljus för hednafolken, för att du ska bli min frälsning intill jordens yttersta gräns"* (Jes. 49:6). "Se, min tjänare ska handla vist. Han ska bli hög och upphöjd, ja, mycket hög... Han ska bestänka (rena) många folk. Inför honom kommer kungar att förstummas, ty de får se sådant som aldrig har berättats för dem och lära känna vad de aldrig har hört: ...

> Som en späd planta sköt han upp inför honom,
> som ett rotskott ur torr jord.
> Han hade varken skönhet eller majestät.
> När vi såg honom var hans utseende inte tilldragande.
> Han var föraktad och övergiven av människor,
> en smärtornas man och förtrogen med lidande,
> lik en för vilken man skyler sitt ansikte,
> så föraktad att vi räknade honom för intet.
> Men det var våra sjukdomar han bar,
> våra smärtor tog han på sig,
> medan vi höll honom för att vara hemsökt,
> slagen av Gud och pinad.
> Han var genomborrad för våra överträdelsers skull,
> slagen för våra missgärningars skull.
> Straffet var lagt på honom för att vi skulle få frid,
> och genom hans sår är vi helade...
> Han blev misshandlad,
> men han ödmjukade sig och öppnade inte sin mun...
> *Han utgav sitt liv i döden*
> *och blev räknad bland förbrytare,*
> *han som bar de mångas synd*
> *och trädde in i överträdarnas ställe"*
> (Jes. 52:13, 15; 53:2-5, 7, 12).

Återigen kan vi konstatera att Jesu gärningar och apostlarnas vittnesbörd om honom måste ses i ljuset av Gamla testamentets "löften till fäderna". Som Herrens tjänare har Jesus ett unikt frälsningsuppdrag att utföra. Paulus anknyter till profetian i Jesaja 53 när han skriver om detta uppdrag: "Han utgav sig själv genom att anta en tjänares gestalt då han blev människa... Han ödmjukade sig och blev lydig ända till döden – döden på korset" (Fil. 2:7-8).

Den hjälp och frälsning Herrens sanne tjänare kommer med är inte begränsad till vissa människor och till en temporär eller jordisk förbättring. Tjänaruppdraget gäller nödens och lidandets yttersta orsaker: synden, döden och djävulen. Dessa fiender till det sanna, eviga livet, måste besegras för att den ogrumlade gemenskapen och friden med Gud ska kunna upprättas. Herrens tjänare är Guds utsände Son som fått uppdraget att ställföreträdande sona människornas synder. Som den gode herden måste han ge sitt liv för fåren (Joh. 10:11). I allt underordnar sig Sonen sin Faders vilja. "Fadern älskar mig därför att jag ger mitt liv för att sedan ta det tillbaka" (Joh. 10:17). Genom att fullkomligt fullborda sitt tjänaruppdrag är Jesus "försoningen för våra synder, och inte bara för våra utan också *för hela världens*", skriver Johannes (1 Joh. 2:2).

Men många förstod inte arten och vidden av Jesu tjänaruppdrag. När de såg hans stora bespisningsunder ville de göra honom till en *jordisk* kung. Johannes berättar: "När folket såg vilket tecken han hade gjort, sa de: 'Visst är detta Profeten som skulle komma till världen.' Då Jesus förstod att de tänkte komma för att med våld göra honom till kung, drog han sig undan upp till berget, helt ensam" (Joh. 6:14-15). Jesus avvisar att hans tjänaruppdrag innebär att han ska vara en jordisk kung och återupprätta Israel som en jordisk teokrati, en jordisk gudsstat. "Mitt rike är inte av den här världen" (Joh. 18:36). I en av sina liknelser (Luk. 13:24-30) jämför Jesus den här världen med en åker. I liknelsen vänder sig tjänarna till åkerns ägare och frågar angående ogräset: "Vill du att vi ska gå och samla ihop det? Nej, svarade han, om ni rensar bort ogräset, kan ni på samma gång rycka upp vetet. *Låt båda växa tillsammans fram till skörden*" (v. 28-30). "Den som sår den goda säden är Människosonen. Åkern är världen. *Den goda säden är rikets barn, ogräset är den ondes barn*. Ovännen som sådde det är djävulen. Skördetiden är tidsålderns slut" (Luk. 13:37-39). "Rikets barn", dvs. de troende, lever i den här världen tillsammans med "den ondes barn" fram till domedagen, "tidsålderns slut". Den här världen ska inte göras till en gudsstat där alla olydiga rensas bort. De troende lever *i* en värld som är "i den ondes våld" (1 Joh. 5:19), men de är inte *av* världen. I sin översteprästerliga förbön ber Jesus för sina lärjungar och säger: "Jag ber inte att du ska ta dem ut ur världen utan att du ska bevara dem för det onda. De är inte av världen, liksom inte heller jag är av världen. Helga dem i sanningen, ditt ord är sanning" (Joh. 17:15-17).

Så här beskriver Paulus Jesu tjänaruppdrag i ett av sina brev: "När tiden var fullbordad sände Gud sin Son, född av kvinna och ställd under lagen, för att *han skulle friköpa dem som stod under lagen, så att vi skulle få söners rätt*" (Gal. 4:4-5). De krav som Guds lag ställer på fullkomlig godhet och kärlek måste uppfyllas för att människor ska få frid med Gud och evigt liv, men ingen syndare kan uppfylla dessa krav. Därför sände Gud sin Son i världen till människornas räddning. Den evige Sonen måste bli en människa som vi, men utan synd, annars skulle alla människor vara evigt förlorade. Som Gud och människa i en person skulle Herrens sanne tjänare uppfylla lagens krav i alla människors ställe och betala alla människors syndaskuld med sitt eget blod. Paulus skriver: "Vi är övertygade om att en har dött i allas ställe, och därför har alla dött." "Den som inte visste av synd, honom har Gud i vårt ställe gjort till synd, för att vi i honom skulle stå rättfärdiga inför Gud" (2 Kor. 5:14, 21). "Kristus friköpte oss från lagens förbannelse, när han blev en förbannelse i vårt ställe" (Gal. 3:13). Därför säger Jesus: "Var och en som tror på Människosonen ska ha evigt liv. Ty så älskade Gud världen att han utgav sin enfödde Son, för att den som tror på honom inte ska gå förlorad utan ha evigt liv" (Joh. 3:15-16).

Som Herrens trogne tjänare älskade och ärade Jesus sin himmelske Fader över allting. Också under sitt svåra och ställföreträdande försoningslidande, när hans själ var "djupt bedrövad, ända till döds", bad han: "Min Fader, om det är möjligt, låt denna kalk gå ifrån mig. Men *inte som jag vill utan som du vill*" (Matt. 26:38-39). När Petrus ville försvara Jesus med svärd, sa Jesus till honom: "Stick ditt svärd i skidan! Skulle jag inte dricka den kalk som Fadern har gett mig?" (Matt. 18:11). Jesu fiender smädade honom grovt genom att hävda att han hade en ond ande. Jesus svarade: "Jag har ingen ond ande. *Jag ärar min Fader, och ni vanärar mig. Jag söker inte min egen ära"* (Joh. 8:49-50). Han var ett med sin himmelske Fader. "Den som ser mig, han ser honom som har sänt mig" (Joh. 12:45). "De ord som jag talar till er, talar jag inte av mig själv. Fadern förblir i mig och gärningarna är hans verk" (Joh. 14:10).

Lagen kräver också fullkomlig kärlek till våra medmänniskor. Jesus visade en sådan kärlek till människorna, också till sina fiender. När han hånad och bespottad hängde på korset, bad han: "*Fader, förlåt dem,* för de vet inte vad de gör" (Luk. 23:34). Jesus hade lärt sina lärjungar: "Älska era ovänner och be för dem som förföljer er. Då är ni er himmelske Faders barn" (Matt. 5:44-45). "Älska era fiender och gör gott mot dem som hatar er. Välsigna dem som förbannar er och be för dem som förorättar er" (Luk. 6:27-28). Med Kristus som förebild skriver Petrus: "Om ni håller ut när ni får lida fast ni handlar rätt, då är det nåd från Gud. Detta har ni blivit kallade till. Kristus led ju i ert ställe och efterlämnade ett exempel åt er, för att ni skulle följa i hans fotspår. Han hade inte begått någon synd, och svek fanns inte i hans mun. När han blev smädad, smädade han inte igen, och när han led, hotade han inte, utan överlämnade sin sak åt honom som dömer rättvist" (1 Petr. 2:20-23).

Jesu bespottare förstod inte att han enligt sitt tjänaruppdrag måste lida och dö i syndares ställe. De bemötte hans kärlek till dem med hån: "Andra har han hjälpt. Sig själv kan han inte hjälpa" (Matt. 27:42). Också Paulus hade varit en fiende till Jesus och betraktat hans kärlek och korsdöd på samma sätt. Men efter sin omvändelse skriver han i glädje och tacksamhet över Jesu försoningsdöd och uppståndelse: "Medan vi var Guds fiender blev vi försonade med Gud genom hans Sons död" (Rom. 5:10). "Den som har fått litet förlåtet älskar litet", hade Jesus sagt (Luk. 7:47). Paulus hade fått mycket förlåtet.

"Vi älskar", skriver Johannes, "därför att han först har älskat oss" (1 Joh. 4:19). "Lev i kärlek, så som Kristus har älskat oss och utlämnat sig själv för oss som offergåva", skriver Paulus (Efes. 5:2). "Så som jag har älskat er ska också ni älska varandra", sa Jesus dagen före sin korsdöd efter att ha tvättat sina lärjungars fötter (Joh. 13:34). Faderns och Sonens kärlek är ett föredöme för Jesu lärjungar: "Jag har gjort ditt namn känt för dem, och jag ska göra det känt, för att den kärlek som du har älskat mig med ska vara i dem och jag i dem" (Joh. 17:20). "Kärleken består inte i att vi har älskat Gud utan i att han har älskat oss och sänt sin Son till försoning för våra synder" (1 Joh. 4:10). Paulus skriver: "Var inte självupptagna och stolta. Var i stället ödmjuka och sätt andra högre än er själva. Se inte på ert eget bästa utan tänk på andras. Var så till sinnes som Kristus Jesus var" (Fil. 2:3-5). "Den som vill vara störst bland er ska vara de andras tjänare", hade Jesus sagt (Matt. 20:26).

Jesu stora omtanke om människor i nöd kommer fram i flera texter. Här några exempel: Jesus sa till sina lärjungar: "Det gör mig ont om dessa människor. De har redan varit hos mig i tre dagar och har inget att äta. Jag vill inte låta dem ge sig i väg hungriga. De kan duka under på vägen" (Matt. 15:32). Därefter ger han dem rikligt med mat genom ett under. Ständigt sökte sig folk från alla håll till Jesus. "Man förde till honom alla som led av olika slags sjukdomar och plågor, besatta, månadssjuka och lama, och han botade dem" (Matt. 4:24). "Jesus gick omkring i alla städer och byar, och han undervisade i deras synagogor och predikade evangeliet om riket och botade alla slags sjukdomar och krämpor. När han såg folkskarorna, förbarmade han sig över dem, eftersom de var rivna och slagna, som får utan herde" (Matt. 9:35-36). "Han botade så många att alla som led av någon plåga trängde sig inpå för att få röra vid honom" (Mark. 3:10). Jesus fick sällan vara i fred.

Markus berättar: "Tidigt på morgonen, medan det var mörkt, steg Jesus upp och gick till en enslig plats och bad där. Simon och de som var med honom skyndade efter, och när de fann Jesus sa de till honom: 'Alla söker efter dig'" (Mark. 1:35-37).

Vid några tillfällen berättar evangelisterna om att Jesus av sorg och medömkan grät. När Jesus strax före sitt sista lidande (palmsöndagen år 30) närmade sig Jerusalem "och såg staden, brast han i gråt över den och sa: 'Tänk om du i dag hade förstått, också du, vad som ger dig verklig frid. Men nu är det dolt för dina ögon" (Luk. 19:42). "Jerusalem, Jerusalem, du som mördar profeterna och stenar dem som är sända till dig. *Hur ofta har jag inte velat samla dina barn, så som hönan samlar sina kycklingar under vingarna, men ni ville inte*" (Matt. 23:37). Jesu ord påminner om Herrens ord enligt Jesaja: "Hela dagen har jag räckt ut mina händer mot ett trotsigt folk, som vandrar på den väg som inte är god, som följer sina egna tankar" (Jes. 65:2).

Sammanfattning

Messias, den himmelske Människosonen, skulle inte komma som en politisk befriare och i gudomlig glans utan som en fattig tjänare. Hans uppdrag karakteriseras både i Gamla och Nya testamentet som ett tjänaruppdrag. Som den utlovade Messias är Jesus Herrens trogne tjänare, som "blev lydig ända till döden – döden på korset". Hans motbild är gamla förbundets Israel som hade utvalts att vara Herrens tjänare men som gång på gång avföll från sin Herre och blev en otrogen tjänare.

I centrum för Messias tjänaruppdrag står hans ställföreträdande försoningsdöd: "Han var genomborrad för våra överträdelsers skull, slagen för våra missgärningars skull. Straffet var lagt på honom för att vi skulle få frid, och genom hans sår är vi helade", hade Jesaja profeterat. Som Herrens tjänare tar sig Jesus an de svaga och nödställda, samtidigt som han avslöjar hycklare och självrättfärdiga. "Det är inte de friska som behöver läkare utan de sjuka", sa Jesus när han blev angripen av fariseer för att han tog sig an "publikaner och syndare". Hans tjänaruppdrag gällde nödens och lidandets yttersta orsaker: synden, döden och djävulen, inte en temporär socialtjänst och upprättandet av ett jordiskt lyckorike, en jordisk gudsstat.

För att rädda syndare in i sitt himmelska rike måste Jesus som Herrens ödmjuke tjänare med sitt fullkomliga och oskyldiga liv betala alla människors syndaskuld. Han vill inte att någon syndare ska gå förlorad utan att de ska ta emot den frälsning och det eviga liv som han kärleksfullt erbjuder dem. "Ett brutet strå ska han inte krossa, och en rykande veke ska han inte släcka", hade Jesaja profeterat. Jesus ber för sina fiender: "Fader, förlåt dem, ty de vet inte vad de gör." Endast otron, avvisandet av Messias och hans nådeserbjudande, utestänger en människa från Guds rike och den eviga saligheten.

"När han såg folkskarorna, förbarmade han sig över dem, eftersom de var rivna och slagna, som får utan herde", skriver före detta publikanen Matteus om Jesus. Som troende såg han att tjänaren Jesus var uppfyllelsen av profetiorna om den gode Herden som ger sitt liv för fåren. Som sådan är Jesus också ett föredöme för sina lärjungar. De upplivas och får kraft av hans oförtjänta kärlek: "Vi älskar därför att han först har älskat oss", skriver Johannes. "Se inte på ert eget bästa utan tänk på andras", påminner Paulus de kristna i Filippi och fortsätter: "Var så till sinnes som Kristus Jesus var." Dagen före sin försoningsdöd på korset sa Jesus till sina lärjungar: "Så som jag har älskat er ska också ni älska varandra."

Kapitel 10

Jesu relation till Fadern och Anden

Som Guds Son betonar Jesus sin nära relation till, ja sin enhet med sin himmelske Fader. "Allt har min Fader överlämnat åt mig. Och *ingen känner Sonen utom Fadern. Inte heller känner någon Fadern utom Sonen och den som Sonen vill uppenbara honom för"* (Matt. 11:27). "Sonen kan inte göra något av sig själv, utan endast det han ser Fadern göra. Ty *vad Fadern gör, det gör Sonen.* Fadern älskar Sonen och visar honom allt vad han själv gör... Liksom Fadern uppväcker de döda och ger dem liv, så ger Sonen liv åt vilka han vill. Inte heller dömer Fadern någon utan hela domen har han överlämnat åt Sonen, för att *alla ska ära Sonen liksom de ärar Fadern.* Den som inte ärar Sonen ärar inte heller Fadern som har sänt honom" (Joh. 5:19-23). *"Jag och Fadern är ett"* (Joh. 10:30). *"Fadern är i mig och jag i Fadern"* (Joh. 10:38). "Den som ser mig, han ser honom som har sänt mig" (Joh. 12:45). "Så länge har jag varit hos er, och du har inte lärt känna mig, Filippus. Den som har sett mig har sett Fadern. Hur kan du då säga: Låt oss se Fadern? Tror du inte att jag är i Fadern och att Fadern är i mig? De ord som jag talar till er, talar jag inte av mig själv. *Fadern förblir i mig och gärningarna är hans verk. Tro mig: jag är i Fadern och Fadern är i mig.* Om ni inte kan tro det, så tro för gärningarnas skull" (Joh. 14:9-11).

Jesus är som Messias och Guds Son *både en särskild person, sänd av Fadern, och HERREN själv.* Detta borde inte vara överraskande med tanke på vad Gamla testamentet säger om HERRENS särskilde "utsände" eller "budbärare". Redan under gamla förbundets tid sände Gud en särskild person till Israel som samtidigt var HERREN själv. Han kallas på hebreiska *mal'ak JHWH*, som kan översättas "HERRENS ängel/budbärare/utsände". Enligt 1 Mosebok 22:11, 15 ropade denne "HERRENS ängel" till Abraham från himlen." "Men i samma mening övergår han obehindrat till att tala om sig själv som Gud. Detta mönster upprepas varje gång denna gestalt uppenbarar sig."[102] Enligt 2 Mos. 3:3 uppenbarade sig "HERRENS ängel" för Mose "i en eldslåga som slog upp ur en buske". Enligt v. 4-5 är denne ängel Gud, "Abrahams Gud, Isaks Gud och Jakobs Gud", och hans namn är "Jag Är" (v. 14). Enligt Dom. 8 uppenbarade sig HERRENS ängel för Gideon (6:11ff). Denne "ängel/utsände" identifieras i verserna 14, 16ff med HERREN själv. När HERRENS ängel gör ett under med Gideons offergåva och sedan försvinner ur hans åsyn, och Gideon därmed förstår att det inte var vilken budbärare som helst utan HERRENS specielle ängel, sa han: "Ve mig, Herre HERRE, jag har sett HERRENS ängel ansikte mot ansikte!" Och texten fortsätter: "Men HERREN sa till honom: 'Frid vare med dig! Frukta inte, du ska inte dö" (v. 21-23). Enligt Dom. 13 uppenbarade sig "HERRENS ängel" för Manoa och hans hustru, Simsons föräldrar. "Manoa förstod inte att det var HERRENS ängel" (v. 16). Men när "HERRENS ängel for upp i lågan från altaret" (v . 20) "förstod Manoa att det var HERRENS ängel", och han sa till sin hustru: "Nu måste vi dö, eftersom *vi har sett Gud*" (v. 21-22).

HERRENS specielle utsände, Guds evige Son, uppenbarade sig alltså flera gånger redan innan han i tidens fullbordan upptog i sin gudomliga person också mänsklig natur och blev gudamänniskan, Människosonen. Paulus skriver: "När tiden var fullbordad sände Gud sin Son, född av kvinna och ställd under lagen" (Gal. 4:4). Det nyfödda Jesusbarnet är "Messias, HERREN" säger ängeln till herdarna (Luk. 2:11). Johannes kallar honom för Ordet och skriver: "Ordet var hos Gud, och Ordet var Gud... *Och Ordet blev kött och bodde bland oss*... Ing-

[102] Robert W. Jensen, "Bibeln och treenigheten", *Keryx* 4, 2005, s. 17.

en har någonsin sett Gud. *Den Enfödde, som själv är Gud* och är hos Fadern, har gjort honom känd" (Joh. 1:1, 14, 18).

När Jesus gång på gång betonar att han inte har kommit av sig själv utan är *Faderns utsände*, anknyter han till Gamla testamentets vittnesbörd om "HERRENS ängel/utsände". "Fadern som *har sänt mig* har vittnat om mig. Hans röst har ni aldrig hört och hans gestalt har ni aldrig sett, och hans ord har inte förblivit i er, eftersom ni inte tror på *den som han har sänt*" (Joh. 5:37-38). "Jag har inte kommit av mig själv, utan det finns en som *har sänt mig*, en som är trovärdig, och honom känner ni inte. Jag känner honom, eftersom *jag är av honom och han har sänt mig*" (Joh. 7:28-29). "Jag har inte talat av mig själv, utan Fadern som *har sänt mig* har befallt mig vad jag ska säga och tala" (Joh. 12:49).

Jesus anknyter också till Guds namn "Jag Är" (2 Mos. 3:14) och använder detta namn om sig själv: "*Jag Är* livets bröd" (Joh. 6:35). "*Jag Är*, redan innan Abraham blev till" (Joh. 8:58). "*Jag Är* dörren. Den som går in genom mig ska bli frälst" (Joh.10:9). "*Jag Är* vägen, sanningen och livet. Ingen kommer till Fadern utom genom mig" (Joh. 14:6). När Jesus säger: "*Jag Är* den gode herden. Den gode herden ger sitt liv för fåren" (Joh. 10:11), anknyter han dessutom till profeten Hesekiels löftesord: "Jag ska *själv* föra mina får i bet och låta dem vila sig, säger Herren HERREN... Jag ska låta *en herde* uppstå, gemensam för dem alla, nämligen min tjänare David. Han ska föra dem i bet och vara deras herde" (Hes. 34:15, 23).

Jesus hänvisar vid flera tillfällen till Danielsbokens ord om den himmelske Människosonen (7:13ff). När han ställdes till svars inför Stora rådet, sa översteprästen till honom: "Jag besvär dig vid den levande Guden, att du säger oss om du är Messias, Guds Son." Jesus sa då: "Du själv sa det. Men jag säger er: Härefter ska ni se Människosonen sitta på Maktens högra sida och komma på himlens skyar." Då rev översteprästen sönder sina kläder och sa: ″Han har hädat. Behöver vi några fler vittnen? Se, ni har nu hört hädelsen″ (Matt. 26:63-65).

Jesu motståndare kunde inte acceptera att en människa som Jesus samtidigt var ett med Fadern. ″Det är inte för någon god gärning vi vill stena dig, utan därför att du hädar och *gör dig själv till Gud, du som är en människa*″ (Joh. 10:33). ″Vi har en lag och enligt den lagen måste han dö, eftersom han *har gjort sig till Guds Son*″ (Joh. 19:7). Men problemet var att Jesu gärningar var svåra att förklara bort och de styrkte hans gudomliga anspråk. Själv sa Jesus: ″Om jag inte gör *min Faders gärningar*, så tro mig inte. Men om jag gör dem, så tro på gärningarna, om ni inte kan tro på mig. Då ska ni inse och förstå att Fadern är i mig och jag i Fadern″ (Joh. 10:37-38).

Jesus hör också intimt samman med den helige Ande. Hans gärningar är inte bara Faderns gärningar utan också Andens (Matt. 12:28). Som den sanne hjälparen hånades Jesus med orden: ″Andra har han hjälpt. Sig själv kan han inte hjälpa″ (Matt. 27:42). Jesus kallar den helige Ande ″en annan Hjälpare″: ″Jag ska be Fadern och han ska ge er *en annan Hjälpare*, som alltid ska vara hos er, sanningens Ande, som världen inte kan ta emot″ (Joh. 14:16-17). Faderns och Sonens gemenskap framgår av att *Fadern* ska sända Hjälparen och *Sonen* ska sända Hjälparen: *Fadern* ska sända Hjälparen ″i mitt namn″ (Joh.14:26). ″*Jag* ska sända honom till er″ (Joh. 16:7). *Denne Hjälpare är sålunda både en särskild person, sänd av Fadern och Sonen, och HERREN själv.* Anden kallas därför omväxlande för ″Jesu Ande″ (Apg. 16:7; Fil. 1:19), ″Guds Ande″ (Matt. 3:16; Fil. 3:3) och ″HERREN″ (2 Kor. 3:17-18).

Om dem som tror på Jesus Kristus skriver Paulus: ″Ni däremot lever inte efter köttet utan efter Anden, eftersom *Guds Ande* bor i er. Den som inte har *Kristi Ande* tillhör inte honom. Men om *Kristus bor i er*, är visserligen kroppen död för syndens skull men Anden är liv för rättfärdighetens skull″ (Rom. 8:9-10). ″Ni är ju födda på nytt, inte av en förgänglig säd, utan genom en oförgänglig, genom Guds levande ord som består", skriver Petrus (1 Petr. 1:23). "Vet ni inte", skriver Paulus, "att ni är ett Guds tempel och att *Guds Ande bor i er*?" (1 Kor. 3:16). Jesus hade ju sagt: "Om någon älskar mig, håller han fast vid mitt ord, och min Fader ska älska honom, och *vi ska komma till honom och ta vår boning hos honom*" (Joh. 14:23). När den sanne Guden tar sin boning hos en människa är det sålunda liktydigt med att Fadern, Sonen och Anden tar sin boning där. Johannes skriver: "Vi vet att vi förblir i honom och *han i oss*, därför att han har gett oss sin Ande. Vi har sett och vittnar om att Fadern har sänt sin Son som världens Frälsare. Den som bekänner att Jesus är Guds Son, *i honom förblir Gud* och han själv förblir i Gud" (1 Joh. 4:13-15).

Precis som Sonen inte talar av sig själv ("Vad jag talar, det talar jag så som Fadern har sagt mig", Joh. 12:50), ska inte heller Anden tala av sig själv, säger Jesus, "utan allt det han hör ska han tala... Han ska förhärliga mig, ty av det som är mitt ska han ta och förkunna för er. *Allt vad Fadern har är mitt*. Därför sa jag att han ska ta av det som är mitt och förkunna för er" (Joh. 16:13-15). *Faderns ord är sålunda Sonens ord och Andens ord. Enheten mellan Fadern, Sonen och Anden kan inte uttryckas tydligare.* Det är fråga om en enda Gud och samtidigt tre särskilda personer i fullkomlig harmoni. *Genom Guds ord*, som kallas både Faderns ord, Sonens ord och Andens ord, *uppenbarar och förhärligar Anden Sonen som är enda vägen till Fadern.* "Det är Anden som ger liv... De ord som jag talar till er är Ande och liv" (Joh. 6:63).

Den nya födelsen eller tron på Jesus som Messias, Guds Son, är helt och hållet Guds verk (Efes. 2:1, 4-5). "Den som inte är född ovanifrån kan inte se Guds rike" (Joh. 3:3), säger Jesus till Nikodemus. När Petrus bekände om Jesus: "Du är Messias, den levande Gudens Son" (Matt. 16:16), kom denna insikt inte från "kött och blod" utan från "min Fader som är i himlen", framhåller Jesus för Petrus (Matt. 16:17). "Ingen kan säga *Jesus är HERREN* annat än i kraft av den helige Ande", betonar Paulus (1 Kor. 12:3). Guds ord är "levande och verksamt", säger Hebreerbrevets författare (Hebr. 4:12), och Paulus skriver: "När *Guds*, vår Frälsares, godhet och kärlek till människorna uppenbarades, frälste han oss, inte för rättfärdiga gärningar som vi hade gjort, utan på grund av sin barmhärtighet, genom ett bad till ny födelse och förnyelse i *den helige Ande*, som han rikligt utgöt över oss genom *Jesus Kristus*, vår Frälsare" (Tit. 3:4-6). "Gå därför ut och gör alla folk till lärjungar! Döp dem i *Faderns och Sonens och den helige Andes namn* och lär dem att hålla allt vad jag har befallt er. Och se, jag är med er alla dagar intill tidens slut" (Matt. 28:19-20). Dopet till gemenskap med den ende sanne Guden uttrycks så här: det är ett dop "till Kristus" (Gal. 3:27), "till Kristus Jesus" (Rom. 6:3), "i Jesu Kristi namn" (Apg. 2:38), "i HERREN Jesu namn" (Apg. 8:16), "i *en* Ande" (1 Kor. 12:13),"i (till) Faderns och Sonens och den helige Andes namn" (Matt. 28:19), "ett bad till ny födelse och förnyelse i den helige Ande" (Tit. 3:5).

Den ende sanne Guden är en enda: "Hör, Israel! HERREN, vår Gud, HERREN är *en*" (5 Mos. 6:4). Det hebreiska ordet för "en" betyder också "den ende" och "unik". Den Gud som har uppenbarat sig i Israels historia och genom Jesus Kristus är *den ende* sanne Guden och *unik.* Han saknar paralleller och kan och får aldrig tänkas ut eller avbildas av människor. Varje sådant försök leder till en människoskapelse, en avgud. "Ni ska inte göra er några avgudar och inte resa upp åt er någon avbild eller stod" (3 Mos. 26:1). "Sedan Gud i forna tider många gånger och på många sätt hade talat till fäderna genom profeterna, har han nu i den sista tiden talat till oss genom sin Son" (Hebr. 1:1-2). Hans gudomliga väsen övergår allt mänskligt förstånd. I Gud finns tre personer, ett "vi" (se Joh. 14:23; 1 Mos. 1:26; 3:22), Fadern, Sonen och Anden. Mellan dessa tre råder en fullkomlig gemenskap. Därför kan Jesus säga: Jag och Fadern är ett, jag är i Fadern och Fadern är i mig, jag är "Jag Är", den som har sett mig har sett Fadern, mina ord är Andens ord och Faderns ord, Anden är min Ande och Faderns Ande, allt vad Fadern har är mitt etc.

Johannes skriver: "Den som förnekar *Sonen* har inte heller *Fadern*. Den som bekänner *Sonen* har också *Fadern*" (1 Joh. 2:23). "*Gud* har skänkt oss evigt liv, och det livet är i *hans Son*" (1 Joh. 5:10). "Den som tror på Sonen har evigt liv" (Joh. 3:36), evig gemenskap med den ende sanne och levande Guden: Fadern, Sonen och den helige Ande. Ett passande ord för Guds sanna väsen, sådan han uppenbarar sig i Bibeln, är "treenig": *tre* personer i en *enig* gemenskap i *en* Gud. Paulus anspelar på denna treenighet när han tillönskar församlingen i Korint Guds välsignelse: "Vår Herre *Jesu Kristi* nåd, *Guds* kärlek och *den helige Andes* gemenskap vare med er alla" (2 Kor. 13:13).

Kapitel 11

Olika syn på Jesus – varför?

Det är inte bara i modern tid och i utombiblisk litteratur som Bibelns Jesus möter misstro och rekonstrueras till en helt annan person. Också av Nya testamentet framgår att många betvivlade att Jesus var Guds evige Son som hade blivit människa. Jesu egna landsmän, i synnerhet fariseerna, fann det otänkbart att en människa samtidigt kunde vara Gud. De kände inte igen Messias när han kom: "Han kom till sitt eget, och hans egna tog inte emot honom" (Joh. 1:11). "Fastän han hade gjort så många tecken inför dem, trodde de inte på honom" (Joh. 12:37). Det var inte unikt för judarna att inte tro på honom. Johannes skriver: "Han var i världen och världen hade blivit till genom honom, men *världen* kände honom inte" (Joh. 1:10).

Vem var han då? Var han Messias, Guds Son, och därmed den himmelske Människosonen (Dan. 7), något han själv bekräftade inför översteprästen när han förhördes inför Stora rådet? (Matt. 26:63-64). Om Jesus och Nya testamentets vittnesbörd avvisas, *måste* han ha varit en bedragare, en hädare, en villolärare, en ond ande eller sinnesförvirrad, och det är just några av de alternativ som Jesu motståndare väljer utan att kunna enas (se nedan). "Några fariseer sa: 'Den mannen kan inte vara från Gud, då han inte håller sabbaten.' Andra sa: 'Hur kan en syndig människa göra sådana tecken?' De var alltså oeniga" (Joh. 9:16).

"Jesus väcker känslor, på ett sätt som Moses aldrig gjort", skriver Lena Einhorn. "Kanske är det på grund av de tvåtusenåriga religiösa spänningar som har sitt ursprung i tron, eller avvisandet av tron, på Jesus som Messias och Guds son."[103] Det är uppenbart av såväl Nya testamentet som modern Jesuslitteratur att *den springande punkten är just: Vem är den verklige Jesus från Nasaret? Är han Messias, Guds Son, eller är han det inte?* Enligt översteprästens tro var han det inte och då blev slutsatsen: "'Han har hädat. Behöver vi några fler vittnen? Se, ni har nu hört hädelsen. Vad anser ni?' De svarade: 'Han är skyldig till döden.' Och de spottade honom i ansiktet och slog honom med knytnävarna. Andra gav honom piskrapp" (Joh. 26:65-67).

Enligt Johannes sa Jesus som förklaring till att han botade sjuka också på sabbaten: "Min Fader verkar ännu i denna stund. Så verkar även jag." "Då blev judarna ännu ivrigare att döda honom, eftersom han *inte bara upphävde sabbaten utan också sa att Gud var hans Fader och gjorde sig själv lik Gud*" (Joh. 5:17-18). "De skriftlärda och fariseerna iakttog Jesus noga för att se, om han skulle bota någon på sabbaten. De ville få något att anklaga honom för. Men han visste vad de tänkte och sa till mannen med den förtvinade handen: 'Stig upp och kom hit.' Då reste han sig och gick fram. Jesus sa till dem: 'Jag frågar er: Är det på sabbaten mera tillåtet att göra gott än att göra ont, att rädda liv än att döda?' Och han såg sig omkring på dem alla och sa till mannen: 'Räck ut din hand.' Mannen gjorde det och hans hand var nu frisk. Men de blev fullständigt ursinniga och började diskutera med varandra vad de kunde göra med Jesus" (Luk. 6:7-11). När Jesus botade en man som var blind och stum, "så att den stumme talade och såg", blev allt folket utom sig av häpnad och sa: "Kanske är han Davids son?" När fariseerna hörde det, sa de: "Det är bara med hjälp av Beelsebul, de onda andarnas furste, som han driver ut de onda andarna" (Matt. 12:22-24).

---

[103] *Vad hände på vägen till Damaskus?*, s. 8.

"Judarna var mycket förargade över att han hade sagt: 'Jag är det bröd som har kommit ner från himlen'" (Joh. 6:41). Och när Jesus sa: "Den som bevarar mitt ord ska aldrig någonsin se döden", sa judarna: "Nu förstår vi att du har en ond ande. Abraham dog, och likaså profeterna, och du säger: Den som bevarar mitt ord ska aldrig någonsin smaka döden. Är *du* större än vår fader Abraham? Han dog, och profeterna är döda. *Vem ger du dig ut för att vara?*" (Joh. 8:51-53). Jesus sa: "Abraham, er fader, jublade över att få se min dag. Han såg den och blev glad." Då sa judarna: "Du är inte femtio år än, och Abraham har du sett!" Jesus svarade: "Amen, amen, jag säger er: *Jag Är*, redan innan Abraham blev till." "Då tog de upp stenar för att kasta på honom, men Jesus drog sig undan och lämnade tempelplatsen" (Joh. 8:56-59).

Men "bland folket kom många till tro på honom, och de sa: 'Ska Messias när han kommer göra fler tecken än den här mannen har gjort?' Fariseerna hörde att folk sa detta om honom. Då skickade översteprästerna och fariseerna ut tempelvakten för att gripa honom" (Joh. 7:31-32). "Tempelvakterna kom tillbaka till översteprästerna och fariseerna, som frågade dem: 'Varför har ni inte fört hit honom?' De svarade: 'Aldrig har någon människa talat som han.' Då sa fariseerna till dem: 'Har ni också blivit vilseledda?'" (Joh. 7:45-47). "Ändå var det många, även bland medlemmarna i Stora rådet, som trodde på honom. Men för fariseernas skull ville de inte bekänna det, för att de inte skulle bli uteslutna ur synagogan" (Joh. 12:42).

Judarna sa: "Vi vet att Gud har talat till Mose, men varifrån den här mannen kommer, det vet vi inte." Han som var född blind svarade: "Ja, det är det som är så märkligt. Ni vet inte varifrån han är, och han har öppnat mina ögon!" (Joh. 9:29-30). Många av dem sa: "Han har en ond ande och är från sina sinnen. Varför hör ni på honom?" Andra sa: "Sådana ord kommer inte från en som är besatt. Inte kan en ond ande öppna ögonen på blinda" (Joh. 10:20-21).

När Jesus gick omkring i Salomos pelarhall vid tempelinvigningsfesten (december år 29), samlades judarna omkring honom och frågade: "Hur länge vill du hålla oss i ovisshet? Om du är Messias, så säg det öppet till oss!" Jesus svarade: "Jag har sagt er det, och ni tror det inte. Gärningarna som jag gör i min Faders namn vittnar om mig" (Joh. 10:22-25). "Många goda gärningar från Fadern har jag låtit er se. För vilken av dem vill ni stena mig?" Judarna svarade: "Det är inte för någon god gärning vi vill stena dig, utan därför att *du hädar och gör dig själv till Gud, du som är en människa*" (Joh. 10:31-33). Jesus sa: "*Om jag inte gör min Faders gärningar, så tro mig inte.* Men om jag gör dem, så tro på gärningarna, om ni inte kan tro på mig. Då ska ni inse och förstå att Fadern är i mig och jag i Fadern." Då försökte de gripa honom igen, "men han drog sig undan och gick bort från dem" (Joh. 10:37-39).

Också för sin lärjunge Filippus betonade Jesus att *hans gärningar* tydligt vittnade om vem han var, att han var ett med Fadern. "Tror du inte att jag är i Fadern och att Fadern är i mig? De ord som jag talar till er, talar jag inte av mig själv. Fadern förblir i mig och gärningarna är hans verk. Tro mig: jag är i Fadern och Fadern är i mig. *Om ni inte kan tro det, så tro för gärningarnas skull*" (Joh. 14:10-11). Jesu ord kunde de betvivla, men hans gärningar var ofrånkomliga. Gärningar som ingen människa utan bara Gud kan göra hade ju vid upprepade tillfällen setts av många vittnen. Det var det stora problemet för översteprästerna och fariseerna. De kallade samman Stora rådet och sa: "*Vad gör vi? Den här mannen gör många tecken*" (Joh. 11:47).

Tidigt på morgonen (fredagen den 7 april år 30) förde judarna Jesus till den romerske prefekten Pilatus för att få honom dömd till döden. På Pilatus fråga: "Vad anklagar ni den här mannen för?", svarade de: "Om han inte vore en förbrytare, hade vi inte överlämnat honom åt dig" (Joh. 18:30). Efter att ha förhört Jesus sa Pilatus till judarna: "Jag finner honom inte skyldig till något brott" (Joh. 18:38). Ändå lät han svårt gissla

Jesus och soldaterna flätade en krona av törne och satte på hans huvud, hånade och slog honom i ansiktet (Joh. 19:1-3). Sedan lät Pilatus föra ut Jesus till judarna och sa till dem: "Se, jag för ut honom till er, för att ni ska förstå att jag inte finner något brottsligt hos honom." När översteprästerna och deras tjänare fick se honom, skrek de: "Korsfäst! Korsfäst!" Då sa Pilatus till dem: "Ta ni och korsfäst honom! Jag finner honom inte skyldig." Judarna svarade: "Vi har en lag och enligt den lagen måste han dö, eftersom *han har gjort sig till Guds Son"* (Joh. 19:4-7).

Den avgörande frågan är alltså: Har Jesus *gjort sig* till Guds Son eller *är han* i verkligheten Guds Son? "Tron, eller avvisandet av tron, på Jesus som Messias och Guds son" (Einhorns formulering) blir avgörande för vilken Jesus man presenterar som den verklige Jesus från Nasaret. Väljer man alternativet "avvisandet av tron på Jesus som Messias och Guds son", väljer man samtidigt bort vad en mängd vittnen säger sig ha sett och hört. I stället för att söka den verklige Jesus från Nasaret i de åsyna vittnenas utsagor, återstår då att försöka finna "verkligheten *bakom* (min kurs.) texten", "sanningen bakom berättelsen".[104] Detta leder till en mängd olika spekulationer, som går emot en bibeltext som vittnar om det för förnuftet omöjliga: att Jesus både är sann Gud och sann människa. Att försöka sig på rekonstruktioner utifrån vad man menar sig finna *bakom* texten är självklart vanskligt och leder till olika subjektiva hypoteser. Dessa hypoteser har i regel det gemensamt, att de utgår ifrån att Jesus bara var en människa. Här följer tre exempel från nyare tid:

1. Lena Einhorn hävdar i sin 2006 utgivna bok (*Vad hände på vägen till Damaskus?*) att man måste utgå ifrån att Jesus som historisk person inte var gudomlig, även om "ingen med säkerhet kan säga någonting om de krafter som styr oss" och

[104] Einhorn, s. 8.

det inte går att utesluta "att Jesus verkligen var gudomlig".[105] Utgår man ifrån att det i vår värld inte finns plats för Gud och det övernaturliga, blir följden att de flesta uppgifter i Nya testamentet om Jesus måste avvisas eller omtolkas.

Vem var då Jesus? Einhorn menar att det kan vara sant att Josef inte var far till Jesus. Men att han föddes av en jungfru måste avvisas. Han bör ha haft en jordisk far och gissningen att Jesu far var en romersk soldat vid namn Pantera finner hon vara ett rimligt antagande. Jesus kan inte heller ha dött och sedan uppstått på tredje dagen. Skendödsteorin finner Einhorn tilltalande. Om Jesu far var romersk medborgare, var det kanske detta som underlättade för Jesus att i samförstånd med romarna arrangera sin egen skendöd när han korsfästes (s. 141). "En teori som ofta framförs är att Jesus på något sätt kommit överens med romarna om att detta skulle bli en skenavrättning – därav den sympatiske officeren – en annan att det var några av Jesus närmaste, kanske i samspråk med den omnämnda officeren, som arrangerade det hela" (s. 147). Jesu himmelsfärd kan också få "sin rationella förklaring: himmelsfärden, ja, det var förstås den utlandsflykt som romarna avkrävde Jesus i utbyte mot livhanken" (s. 162).

Men, frågar sig Einhorn, vad hände sedan? "En person som hade så starka visioner som Jesus; en person som tycks ha planerat för, och synbarligen lyckats med, att överleva trots en dödsdom; en person som drevs så starkt av att vilja sprida sin lära över hela världen. Han kan ju inte bara försvinna efter detta" (s. 162). Einhorns svar är följande: "Jag vill framföra hypotesen att Jesus från Nasaret i själva verket var samma person som Paulus från Tarsos" (s. 208).

Det blir inte lätt, för att inte säga omöjligt, för Einhorn att finna stöd i Nya testamentet för sin hypotes. Men hon menar sig

---

[105] Einhorn, s. 208.

finna visst stöd för sin hypotes genom att läsa *mellan* raderna och gå *bakom* texten. Om Jesu lärjungar försökte få folket att tro att Jesus hade uppstått från de döda och uppstigit till himlen, borde han undvika Jerusalem. Det gjorde också Paulus, betonar Einhorn. Visserligen besökte han Jerusalem och träffade bl.a. Petrus, Jesu bror Jakob och Johannes som kände Jesus mycket väl och borde ha känt igen honom, om han var identisk med Paulus. Men dessa var nog invigda i planen och Paulus var ju också mån om att hålla sig väl med dessa ledare. Einhorn skriver: "Det är anmärkningsvärt att Paulus ägnar så mycket möda åt att samla in pengar till Jerusalem, och synbarligen till ledningen för församlingen (varför annars kalla dem för 'de heliga')" (s. 184). Detta citat visar hur texter kan missförstås när man läser mellan raderna i stället för på raderna. Einhorn tycks tro att "de heliga" betyder "ledningen"!! Den som studerar Paulus brev kan annars lätt konstatera att Paulus använder termen "de heliga" för *alla* troende. De har ju genom tron på Jesus Kristus tillräknats hans helighet.

Som stöd för sin hypotes nämner Einhorn också följande: "När Paulus till slut, efter ett antal år och ett antal varningar, åter beträder templet gör han det med rakat huvud. Något är Paulus uppenbarligen rädd för" (s. 218). Paulus skulle alltså undvika Jerusalem i det längsta för att man inte skulle upptäcka att han var Jesus, och när han till sist kom försökte han dölja sin identitet genom att raka sitt huvud.

Man kan fråga sig: kan man åberopa en källa som stöd, när man inte bryr sig om vad källan säger? Enligt bibeltexten försökte inte Paulus dölja sin identitet eller undvika Jerusalem. Hans missionsverksamhet utanför Jerusalem och hans hårklippning efter fullbordade missionsresor hade helt andra orsaker, nämligen Jesu uppdrag till honom och ett nasirlöfte.

När Paulus skriver: "Inte korsfästes väl Paulus för er?" (1 Kor. 1:13), skulle han alltså vara en fräck bedragare. Han hade ju korsfästs för dem, för han var ju enligt Einhorns hypotes identisk med Jesus som hade korsfästs! När Paulus skriver "att Kristus dog för våra synder enligt Skrifterna, att han blev begravd, att han uppstod på tredje dagen enligt Skrifterna" (1 Kor. 15:3-4), skulle han alltså låtsas att något var sant och livsavgörande som han visste var lögn alltigenom. Och han skulle uppmuntra människor att leva och dö på denna lögn! Han skriver: "Om Kristus inte har uppstått, då är er tro meningslös och ni är ännu kvar i era synder" (1 Kor. 15:17). Jesus skulle alltså i själva verket och i samförstånd med romarna ha genomfört ett av de största bedrägerierna i historien!

2. Författaren Lena Andersson var sommarvärd för programmet *Sommar i P 1, 9 juli 2005*. Som rubrik för sitt sommarprat hade hon satt "En ateists predikan om och med Jesus". "Jesu handlingar ska undersökas ur ett moraliskt och existentiellt perspektiv." Eftersom en ateist inte kan acceptera att Gud finns och ännu mindre att människan Jesus är "den levande Gudens Son", ja, HERREN själv som blivit människa, är det lätt att förutsäga resultatet av hennes undersökning. Var Jesus bara en människa hade han storhetsvansinne. Att säga: "Mig är given all makt i himlen och på jorden" blir ett groteskt yttrande. Att mena sig vara enda vägen till himlen, "vägen, sanningen och livet", vittnar om en självcentrering och självöverskattning som är obehaglig. Anderssons dom över Jesus vilar på samma grund som de judar byggde på som hävdade att Jesus var en hädare och en bedragare. De hade naturligtvis rätt och Andersson har rätt, *om* Jesus bara var en vanlig människa. Men då måste också alla de många ögonvittnena till Jesu gärningar ha varit bedragare. För bara Gud kan göra sådana gärningar som Jesus enligt ögonvittnena bevisligen gjorde.

Om nu ögonvittnena är otillförlitliga och bedragare, varför bygger då Andersson på delar av deras vittnesbörd, delar som hon tolkar oberoende av vad samma text säger om Jesu unika person, ställning och uppdrag? Liksom en vanlig människas yttranden hör samman med just den människans ställning, förmåga och uppdrag, så hör Jesu ord samman med hans uppdrag och vem han är. Låt oss se på några yttranden av Jesus som Andersson tolkar i ljuset av vad som utmärker högst bristfälliga och osympatiska människor, inte den gudamänniska som bibeltexten berättar om. "Jag behandlar honom som en litterär figur som utövar härskartekniker, ställer kuggfrågor, är nyckfull och motsägelsefull, auktoritär, snarstucken och godtycklig."[106]

- "Var och en som har ska få, och det i överflöd, men den som inget har, från honom ska tas också det han har" (Matt. 25:29). Vittnar detta om god moral och kärleksfullhet, frågar sig Andersson. Nej, isolerat från sitt sammanhang kommer detta yttrande i strid mot Jesu stora omsorg om de små och fattiga. Men här är bakgrunden en liknelse som vill klargöra att det som Jesus erbjuder människorna (nåd, förlåtelse, frid med Gud, daglig omsorg) är en rikedom som överflödar och blir än större när den tas emot och används enligt givarens önskemål. Men den som gräver ner Guds nådegåvor i stället för att bruka dem, "från honom ska tas också det han har".

- När en lärjunge vid ett tillfälle sa: "Herre, låt mig först gå och begrava min far", svarade Jesus: "Följ mig och låt de döda begrava sina döda" (Matt. 8:21-22). Detta vittnar om brist på respekt och hårdhet från Jesu sida, menar Andersson. Ja, så kan det ytligt sett se ut. Men Jesus ställer sig helt bakom sin Faders budord "Hedra din fader och din moder" (se Matt. 15:4; 19:19). I Matt. 8:21 är nyckelordet "först": "Herre, låt mig *först* ..." Han som enligt bibeltexten är världens Frälsare och enda hopp inför evigheten måste påpeka för jordbundna människor, här i drastiska ordalag, att *det finns något som är viktigare än våra jordiska bekymmer och bestyr*. "Sök *först* Guds rike och hans rättfärdighet, så ska

[106] Anderssons egna ord i *Svenska Dagbladet den 14 juli 2005.*

ni få allt det andra också" (Matt. 6:33). Gud vill hjälpa människan också i hennes timliga omsorger. Men det jordiska vill ständigt skymma det viktigaste och människan glömmer då: "Vem av er kan med sitt bekymmer lägga en enda aln till sin livslängd?" (Matt. 6:27). Att lyssna till Guds ord och gratis och oförtjänt ta emot Guds rike, förlåtelsen, rättfärdigheten från Gud, det är viktigare än jordiska bestyr och bör komma i första hand. Till Marta sa Jesus: "Du gör dig bekymmer och oroar dig för så mycket. Men *bara ett är nödvändigt*. Maria har valt den goda delen (nämligen att sitta vid Herrens fötter och lyssna till hans ord), och den ska inte tas ifrån henne" (Luk. 10:39, 41-24). "För vad hjälper det en människa, om hon vinner hela världen men tar skada till sin själ?" (Matt. 16:26). På grund av andlig blindhet åsidosätter människan ständigt själens andliga behov: en återupprättad frid med Gud. Jesus vill väcka andligt döda till andligt liv genom det glada budskapet om frälsning och förlåtelse genom honom. Han bryr sig om människans eviga väl. Men Andersson tror att Jesus inte bryr sig om människornas bästa utan i stället är elak, självupptagen och ärelysten.

- Enligt Andersson är Jesus motsägelsefull när han å ena sidan kritiserar fariseerna för att inte lyda budordet: "Hedra din far och din mor" (Matt. 15:4) och å andra sidan säger: "Den som älskar sin far eller sin mor *mer än mig* är mig inte värdig" (Matt. 10:37). Men här är sammanhanget att bekänna eller förneka Jesus (Matt. 10:32-33). Om en far eller en mor eller någon annan familjemedlem förbjuder någon i familjen att bekänna Jesus som Messias, Guds Son och världens Frälsare, måste ett sådant förbud trotsas. På Jesu tid uteslöts judar ur både familjegemenskapen och synagogan om de bekände att Jesus var Messias, Guds Son. När Petrus och apostlarna förbjöds av Stora rådet att predika Jesus som HERREN (JHWH) och Guds Son, svarade de: "Man måste lyda Gud mer än människor" (Apg. 5:29). De var "glada över att de hade ansetts värdiga att lida smälek *för Namnets skull*. Varje dag undervisade de i templet och hemma i husen och predikade det glada budskapet att Jesus är Messias" (Apg. 5:41-42).

Budskapet om Jesus som världens ende Frälsare ("Hos ingen annan finns frälsningen", Apg. 4:12) väcker splittring och strid. Redan den gamle Simeon hade profeterat för Jesu mor Maria: "Se, denne är satt till fall och upprättelse för många i Israel och till ett tecken som blir motsagt" (Luk. 2:34). Jesus påminner om att hans person och undervisning skapar motstånd och söndring: "Tro inte att jag har kommit för att skapa fred på jorden. Jag har inte kommit med fred utan med svärd. Jag har kommit för att skilja en son från sin far, en dotter från sin mor och en sonhustru från sin svärmor, och en man får sina egna till fiender" (Matt. 10:34-36). Dessa ord är enligt Andersson fruktansvärda – och det är de, om de vore sagda av en vanlig människa. Det vore fråga om självöverskattning, maktfullkomlighet, diktaturfasoner. Men här handlar det inte om mänsklig självöverskattning utan om att ta emot eller förkasta den största av alla gåvor: evigt liv och evig lycka tack vare Frälsaren Messias, Guds Son!

Eftersom Jesus enligt Andersson inte kan vara Guds Son och världens ende Frälsare, måste han ha varit en kärlekslös, maktfullkomlig och självcentrerad falsk Messias. "1900-talets diktatorer ler i sina urnor. Det här känner dom igen." "Här uppmanas man begå äktenskapsbrott för att följa Jesus. Det kan vara svårt för en enkel syndare att begripa. Och det är meningen. En enkel syndare ska alltid känna sig lite dum inför Kristi makt. Jesus använder gärna sådana tekniker i umgänget med folk som ska få dem att känna sig dumma." "Människosonens paradgren är att skapa ambivalens hos dom som dyrkar honom. Ett mycket vanligt drag hos dom som har och vill ha makt."

- Makt och sex är populära ingredienser när författare skapar sina romanfigurer. Därför är det inte helt förvånande att Andersson ersätter Bibelns Jesus med en hänsynslös maktmänniska som utnyttjar kvinnor sexuellt. Finns det stöd för en sådan tolkning i Nya testamentet? Inte det minsta. Men Andersson utbroderar och diktar om berättelsen om hur en kvinna smörjer Jesu fötter med dyrbar nardusolja på följande sätt (jämför med vad Bibeln berättar enligt Joh. 12:1-8): "Jesus åtrår kvinnan med balsamet. Och hon honom. Förspelet har hon redan inlett med hårmassage... När kättjan sätter in kan Jesus ändå inte tänka på dom fattiga. Och som sagt dom finns ju kvar. Dom två går in i ett angränsande rum och lärjungarna ligger kvar till bords och känner sig avsnoppade. Än en gång har han fått dom att känna att dom sagt fel sak, tänkt fel tanke, föreslagit fel handling. Och som vanligt bara för att något annat råkade passa Jesus syften bättre. Men inte bara därför utan för att manipulering av folks psyken är Jesus andra natur. Det är så han utövar och behåller sin makt… Det är här Judas Iskariot känner att han fått nog. Det är här Judas Iskariot bestämmer att nu räcker det med kryperi för den här förbannade frälsaren som alltid vet bäst." Så lyder en ateists syn på Jesus. Ett ögonvittne som personligen kände Jesus och under flera år umgicks med honom har en annan syn: "Vi vet att vi tillhör Gud och att hela världen är i den ondes våld. Vi vet att Guds Son har kommit och gett oss förstånd, så att vi känner den Sanne, och vi är i den Sanne, i hans Son Jesus Kristus. Han är den sanne Guden och det eviga livet" (1 Joh. 5:20).

En ateist kan självklart inte acceptera Bibelns vittnesbörd: att Jesus är sann Gud och sann människa i en person, en person som olik alla andra människor är utan synd och som genom Guds ofattbara kärlek (Joh. 3:16) har kommit till världen för att frälsa syndare. Kvinnan i den text Andersson anspelar på har däremot kommit till tro på denne Frälsare. Hon ville betyga honom sin tacksamhet genom att ära honom med det dyraste och finaste hon hade. Hon visste att Jesus skulle offra sitt liv för hennes och alla människors synder. "I förväg har hon smort min kropp till begravningen", säger Jesus (Mark. 14:8). Den händelse Andersson syftar på ägde rum i Simon den spetälskes hus i Betania i samband med en måltid en vecka före Jesu korsfästelse. "Marta passade upp, och Lasarus var en av dem som låg till bords med honom. Då tog Maria en flaska dyrbar äkta nardusolja och smorde Jesu fötter och torkade dem med sitt hår, och huset fylldes av doften från oljan. Men Judas Iskariot, en av hans lärjungar, den som skulle förråda honom, invände: 'Varför sålde man inte den här oljan för trehundra denarer och gav åt de fattiga?' Det sa han inte därför att han brydde sig om de fattiga, utan därför att han var en tjuv och brukade ta av det som lades i kassan, som han hade hand om. Jesus sa då: 'Låt henne vara, hon har sparat denna olja för min begravningsdag'" (Joh. 12:2-7).

3. Dan Brown utgår i boken *Da Vinci-koden* (2004) ifrån att Nya testamentet har manipulerat fakta om vem Jesus i verkligheten är.[107] Vem är då Jesus enligt Brown? "En stor och betydelsefull man, men likväl bara en *människa*. En vanlig dödlig en."[108] Jesus var gift med Maria Magdalena och hon "var gravid då Jesus korsfästes. För att skydda Kristi ofödda barn var hon tvungen att fly från det Heliga landet. Med hjälp av

---

[107] En närmare granskning av sanningshalten i Browns många påståenden om Bibeln och Jesus föreligger i min bok *Gardells Gud, Da Vinci-koden och Bibeln* (2005).

[108] Brown, s. 265.

en betrodd farbror till Jesus, Josef från Arimataia, reste Maria Magdalena i hemlighet till Frankrike, som på den tiden kallades Gallien. Här fick hon skydd i den judiska kolonin. Det var här i Frankrike hon födde sin dotter. Hon fick namnet Sara."[109] Enligt Brown har kyrkan försökt dölja att Jesus gett upphov till en ättelinje som ännu finns kvar och att Jesus bara var en dödlig profet. Dessutom skulle Maria Magdalena enligt Jesu önskan grunda och leda kyrkan.[110]

Också för Brown är utgångspunkten att Jesus inte kan vara en gudomlig person. Han tvingas därför avfärda de bibliska ögonvittnenas samstämmiga vittnesbörd som påhitt och betona att det finns historiska belägg för hans påståenden. I själva verket har Browns syn på Jesus ingen historisk grund och är ytterligare ett exempel på en fri omdiktning av historien. Grundvalen för denna omdiktning är att det för förnuftet är orimligt att Jesus skulle vara den han säger sig vara och med sina gärningar visar sig vara: sann Gud och sann människa i en person.

Sammanfattning

Vi har i detta kapitel sett att Jesus alltifrån sitt offentliga framträdande möttes av både tro och otro. Så är det än idag. Misstron mot honom har genomgående sin grund i antagandet att ingen människa samtidigt kan vara Gud. Jesus kan inte vara unik, Guds unike, enfödde Son. Därför *gör sig* Jesus till Gud, han kan inte *vara* Gud. Men det stora problemet för förnuftet är att Jesus enligt en rad samstämmiga ögonvittnen gjorde gärningar som bara Gud kan göra. Att avfärda dessa ögonvittnen är långt ifrån problemfritt.

Förnekarna av Jesus som Guds Son fick enligt Nya testamentet stora problem med Jesu gärningar. Antingen måste de förneka, för att ta ett par exempel, att Jesus verkligen gjorde

---

109 Brown, s. 288.
110 Brown, s. 287.

en blindfödd seende eller en död som redan luktade levande igen. Kanske den blindfödde inte var blind och den döde bara skendöd? Eller också, när sådana försök till invändningar inte visade sig hålla, kunde man tänka sig att Jesus utövade svartkonst och med hjälp av de onda andarnas furste utförde sina mirakler. Som en sista utväg var man inte främmande för att genom mord undanröja bevis för Jesu gudomlighet: När många judar kom "för att se Lasarus som han hade uppväckt från de döda", "beslöt översteprästerna att döda också Lasarus, ty för hans skull lämnade många judar dem och trodde på Jesus" (Joh. 12:9-10).

Varför finns det olika syn på Jesus? Svaret är inte att ögonvittnena till Jesu verksamhet kommer med olika vittnesbörd. Det har man ibland försökt hävda, men det håller inte. Vi har i kapitel två sammanställt deras vittnesmål och sett att de är helt samstämmiga. Svaret är att förnuftet gör motstånd mot det bibliska vittnesbördet att en människa samtidigt är Gud i en person och att denna gudamänniska är "vägen, sanningen och livet", människans enda hopp inför döden och den stora räkenskapsdagen. Det övergår mänskligt förnuft och därför kan det inte eller får det inte vara sant. Det nytestamentliga vittnesbördet måste på något sätt kunna ifrågasättas. De olika svaren på frågan: "Vem är den verklige Jesus av Nasaret?" avgörs alltså av tilltron till de enda ögonvittnen vi har till Jesu ord och gärningar. Och förkastandet av dessa vittnesmål grundar sig inte på andra och mera trovärdiga vittnesmål utan på den filosofiska ståndpunkten att övernaturliga ting inte kan vara historiskt sanna. Övernaturliga ting hör bara hemma i sagor och människotankar, inte i den historiska verkligheten. Ändå måste många medge att "Jesus väcker känslor" och att det är svårt att komma förbi både hans ord och hans gärningar: "Aldrig har någon människa talat som han", sa de tempelvakter som sänts ut för att gripa honom. Folket i Kapernaums synagoga "kände sig träffade av hans undervisning, eftersom han talade med makt och myndighet" (Luk. 4:32). Andra undrade: "Hur kan en syndig människa göra sådana tecken?" och åter andra: ”När Messias kommer, ska väl han göra fler tecken än den här mannen har gjort?”

”Inte vill väl också ni gå bort?” sa Jesus till de tolv, när många tog anstöt av hans undervisning och vände honom ryggen. Han hade bl.a. sagt: ”Jag är det bröd som ger liv, det bröd som har kommit ner från himlen” och ”Mitt kött är verklig mat och mitt blod är verklig dryck” (Joh. 6:51ff). Då svarade Petrus: ”Herre, till vem skulle vi gå? *Du har det eviga livets ord, och vi tror och förstår att du är Guds Helige*” (v. 68f). Jesu ord och gärningar både stöter bort och har makt att upptända tro på honom som den utlovade Messias och enda vägen till himlen och det eviga livet.

Kapitel 12

Den verklige Jesus från Nasaret – en sammanfattning

Det är vanligt i en rad böcker och artiklar om Jesus att man vill skilja mellan den verklige Jesus från Nasaret och Jesus *Kristus*, dvs. den utlovade gudomlige Messias. Att den historiske Jesus skulle vara Gud och människa i en person är för förnuftet en omöjlighet, och det ansåg som vi sett också många av Jesu samtida. Därför anklagade de Jesus för hädelse, när han bekräftade att han var Messias, Guds Son och den himmelske Människosonen. Men det stora problemet var hans gärningar. De hade skett inför många vittnen. Hur de än försökte hitta naturliga förklaringar, gick det inte att komma ifrån att det omöjliga hade skett. Vad skulle man ta sig till med Jesus och med dem som var levande vittnen till att verkliga under hade skett? De måste skaffas undan på något sätt, menade flera av judarnas ledare.

Försöker man rekonstruera en Jesus från Nasaret, som inte är den gudomlige Messias och inte har gjort vad bara Gud kan göra, har man inga historiska källor att ösa ur. Den enda grundvalen för en sådan rekonstruktion blir då egna tankar utifrån en naturalistisk utgångspunkt. Resultaten varierar från person till person, eftersom man på olika sätt frångår de källor som finns och subjektivt bygger på *egna bedömningar av vad som kan vara rimligt och mänskligt möjligt*. När man avvisar de källor som finns har några t.o.m. hävdat att Jesus aldrig har funnits, men en sådan uppfattning är sällsynt bland seriösa forskare.

I denna bok har det rika källmaterialet i Nya testamentet utförligt fått komma till tals. Vad en rad ögonvittnen har sett och hört och samstämmigt beskriver måste i alla sammanhang tas på allvar, också när det gäller Jesus. Många avfärdar enligt min mening Jesus från Nasaret som Guds Son alltför lättvindigt och utan att ha satt sig in i vad källorna säger. Det är min förhoppning att den som sakligt tar del av de vittnesmål om Jesus som sammanställts i denna bok får en klar uppfattning om *vem Jesus från Nasaret är enligt Nya testamentet* och att den som betvivlar denne Jesus och hans gärningar vet vad han eller hon inte tror på.

När det gäller Nya testamentets presentation av den historiske Jesus klargörs från början att här är det inte fråga om en vanlig människa. Presentationen av hans liv och undervisning kan bara förstås mot bakgrund av hans eviga och himmelska ursprung. Johannes inleder sitt evangelium med att Jesus existerade redan före världens skapelse (Joh. 1:1-2) och att allt har blivit till genom honom (Joh. 1:3; jfr Kol. 1:16-17). Matteus och Lukas ger detaljer om hur och när Guds evige Son blev människa och att hans ankomst och uppdrag var förutsagt i Gamla testamentet. "Han är Messias, HERREN" (Luk. 2:11), ett ljus som ska uppenbaras för hedningarna och en härlighet för Israel (Luk. 2:32). Hans namn ska vara Jesus, "ty han ska frälsa sitt folk från deras synder" (Matt. 1:21). Lukas är noga med att ange när i historien denna världshistoriskt viktiga födelse ägde rum, dvs. att gudamänniskan Jesus är en historisk person.

Evangelisterna berättar ingenting om Jesu uppväxttid i Nasaret med undantag för hans besök i Jerusalem vid tolv års ålder (Luk. 2:41ff). Jesu offentliga frälsningsuppdrag tar nämligen sin början först när han är ca 30 år, då han döps av den utlovade förelöparen och vägröjaren Johannes Döparen. Jesu verksamhet pågick i ca tre och ett halvt år, en tid som synoptikerna presenterar som "ett nådens år" i anslutning till profetian i Jesaja 61:2. Den helt överskuggande och dominerande delen av evangelisternas presentation av Jesu liv utgörs av hans lidande, korsdöd och segerrika uppståndelse.

Vägröjaren till Messias proklamerar att Jesus är "Guds lamm som tar bort världens synd" och att det efterlängtade Guds rike har kommit i och med honom. Därför uppstår en konfrontation med andliga makter, motståndare till Guds sanna rike, och den pågår under hela Jesu offentliga verksamhet. Omedelbart efter sitt dop frestades han under 40 dagar av djävulen, som tillbakavisades med Skriftens ord. När han senare undervisade i Kapernaums synagoga, skrek en oren ande: "Vad har vi med dig att göra, Jesus från Nasaret? *Har du kommit för att fördärva oss?* Jag vet vem du är, *du Guds Helige"* (Mark. 1:24). Vid ett annat tillfälle kom två besatta mot honom och skrek: *"Vad har vi med dig att göra, du Guds Son? Har du kommit hit för att plåga oss i förtid?"* (Matt. 8:29). Jesu läkedomsunder och utdrivande av onda andar pekade fram emot den utlovade tidpunkt då den gamle ormens huvud skulle krossas (jfr 1 Mos. 3:15) och döden besegras genom Jesu oskyldiga lidande och död och hans segerrika uppståndelse. Då skedde det största av alla under. Nu hade konflikten mellan mörkrets makter och "världens ljus" nått sin kulmen. När Jesus lät sig gripas och fördes bort för att dömas och korsfästas, sa han: "Detta är er stund och nu råder mörkrets makt" (Luk. 22:53). Men i och med Jesu uppståndelse var det bevisat att Jesus hade besegrat mörkrets välde. Paulus sammanfattar: "Han har frälst oss från mörkrets välde och fört oss in i sin älskade Sons rike" (Kol. 1:13).

Jesus använde ofta liknelser i sin undervisning och anknöt till jordiska förhållanden för att undervisa om djupa, andliga sanningar. När han t.ex. samtalade med den samaritiska kvinnan vid Jakobs brunn i Sykar, anknöt han till hennes fysiska törst och behov av vatten för att lära henne att hennes verkliga behov var det levande vatten som han erbjöd som en fri gåva. "Den som dricker av det vatten jag ger ska aldrig någonsin törsta" (Joh. 4:14). Detta samtal ledde till att många samariter från den staden kom till tro på honom som "världens Frälsare" (Joh. 4:39- 42).

Som Messias skulle Jesus bl.a. uppfylla följande profetia: "De förlorade ska jag söka upp, de som gått vilse ska jag föra tillbaka, de sårade ska jag förbinda och de svaga ska jag stärka. Men de feta och de starka ska jag förgöra" (Hes. 34:16). Många hade svårt att förstå detta: Den samaritiska kvinnan var mycket förvånad över att Jesus talade med henne: "Hur kan du som är jude be mig, en samaritisk kvinna, om något att dricka?" (Joh. 4:9). Fariseerna kunde inte förstå att Jesus tog sig an publikaner och syndare: "Varför äter er mästare med publikaner och syndare?" När Jesus hörde det, sa han: "Det är inte de friska som behöver läkare utan de sjuka... Jag har inte kommit för att kalla rättfärdiga utan syndare" (Matt. 9:11-13). De självrättfärdiga ansåg sig inte behöva syndernas förlåtelse och evigt liv som en fri gåva. Därför blir domen hård: "Ve er, skriftlärda och fariseer, ni hycklare! Ni stänger himmelriket för människor. Själva kommer ni inte in, och dem som försöker komma dit hindrar ni att komma in." "Utanpå ser ni ut att vara rättfärdiga, men inuti är ni fulla av hyckleri och ondska" (Matt. 23:13, 28).

När Jesus började förklara för sina lärjungar "att han måste gå till Jerusalem och lida mycket genom de äldste och översteprästerna och de skriftlärda och att han måste dödas och på tredje dagen uppväckas", fick han inget stöd av dem. I stället började Petrus motsäga honom och sa: "Detta ska aldrig hända dig." Då sa Jesus till Petrus: "Gå bort ifrån mig, Satan! Du vill få mig på fall. Vad du tänker är inte Guds tankar utan människotankar" (Matt. 16:21-23). När Jesus dagen före sin korsdöd sa: "Denna natt ska ni alla överge mig", svarade Petrus: "Även om alla andra överger dig, så ska jag inte göra det." "Om jag än måste dö med dig, ska jag aldrig förneka dig." "Så sa också alla de andra lärjungarna" (Matt. 26:31-35). Men när Jesus sent samma kväll greps, "övergav alla lärjungarna honom och flydde" (Matt. 26:56), fastän Jesus flera gånger dessförinnan hade förutsagt vad som skulle ske: "Människosonen går bort, som det står skrivet om honom" (Matt. 26:24), "de ska döda honom, men på tredje dagen ska han uppstå" (Matt. 17:23). De förstod inte då att Jesu ställföreträdande död och seger över döden och mörkrets makter var nödvändig för människornas frälsning. "Vad menar han med att säga till oss: En kort tid och ni ser mig inte längre, och ännu en kort tid och ni kommer att se mig, och med att säga: Jag går till Fadern?" (Joh. 16:17). Jesus hade sagt: "Jag går bort, och jag kommer till er igen. Om ni älskade mig, skulle ni *glädjas* över att jag går till Fadern" (Joh. 14:28). "Eftersom jag har sagt er detta, är era hjärtan *fyllda av sorg*. Men jag säger er sanningen: Det är bäst för er att jag går bort" (Joh. 16:6-7).

Eftersom Jesus visste vad som skulle ske, sa han till sin Fader redan före sin korsdöd: "Detta är evigt liv att de känner dig, den ende sanne Guden, och den som du har sänt, Jesus Kristus. *Jag har förhärligat dig på jorden genom att fullborda det verk som du har gett mig att utföra*" (Joh. 17:3-4). Kulmen på Jesu verksamhet är hans ord på korset "Det är fullbordat" (Joh. 19:30), att han nu enligt profetian offrar sitt liv som soningsoffer för alla människor och att han på tredje dagen uppstår från de döda, beviset på att Guds Sons frälsningsuppdrag är fullbordat till Faderns fulla belåtenhet. Nu kunde han sända ut sina lärjungar i världen med försoningens ord. Lukas skriver: "Han visade sig för dem efter sitt lidande och gav dem många bevis på att han levde, då han under fyrtio dagar lät sig ses av dem och talade med dem om Guds rike" (Apg. 1:3). Matteus skriver att Jesus talade till dem och sa: "Jag har fått all makt i himlen och på jorden. Gå därför ut och gör alla folk till lärjungar! Döp dem i Faderns och Sonens och den helige Andes namn och lär dem att hålla allt vad jag har befallt er. Och se, jag är med er alla dagar intill tidens slut" (Matt. 28:18-20). Enligt Johannes sa Jesus till sina lärjungar: "Om ni förlåter någon hans synder så är de förlåtna, och om ni binder någon i hans synder så är han bunden" (Joh. 20:23). Paulus summerar: "Gud var i Kristus och försonade världen med sig själv.

Han tillräknade inte människorna deras överträdelser, och han har anförtrott åt oss försoningens ord. Vi är alltså sändebud för Kristus. Det är Gud som förmanar genom oss. Vi ber å Kristi vägnar: låt försona er med Gud. Den som inte visste av synd, honom har Gud i vårt ställe gjort till synd, för att vi i honom skulle stå rättfärdiga inför Gud" (2 Kor. 5:19-21).

Jesus hade flera gånger talat med sina lärjungar om världens framtid och att han efter sitt fullbordade uppdrag och sin himmelsfärd skulle komma tillbaka, men då "i sin Faders härlighet med sina änglar" (Matt. 16:27). "Då ska Människosonens tecken synas på himlen, och jordens alla folk ska jämra sig, när de ser Människosonen komma på himlens moln med stor makt och härlighet. Med starkt basunljud ska han sända ut sina änglar, och de ska samla hans utvalda från de fyra väderstrecken, från himlens ena ända till den andra" (Matt. 24:30-31). "Som det var i Noas dagar, så ska det vara vid Människosonens återkomst... De visste ingenting förrän floden kom och ryckte bort dem alla – så ska Människosonens ankomst vara... Var därför vaksamma. Ty ni vet inte vilken dag er Herre kommer... I en stund när ni inte väntar det kommer Människosonen" (Matt. 24:37-44). "Då ska han sätta sig på sin härlighets tron. Och alla folk ska samlas inför honom, och han ska skilja dem från varandra, som en herde skiljer fåren från getterna" (Matt. 25:31-32).

Hur blir då tiden för Jesu lärjungar före hans återkomst i härlighet och den här tidsålderns slut? Jesus har utförligt talat också om detta (se Matt. 24:3ff): "Ni kommer att höra stridslarm och rykten om krig. Se då till att ni inte blir skrämda. Ty detta måste hända, men därmed har slutet ännu inte kommit. Folk ska resa sig mot folk och rike mot rike, och det ska bli hungersnöd och jordbävningar på den ena platsen efter den andra" (v. 6-7). "Många falska profeter ska träda fram och bedra många. Och eftersom laglösheten tilltar, kommer kärleken att svalna hos de flesta. Men den som håller ut intill slutet ska bli frälst. Och detta evangelium om riket ska predikas i hela världen till ett vittnesbörd för alla folk, och sedan ska slutet komma" (v. 11-14). "Himmel och jord ska förgå, men mina ord ska aldrig förgå" (v. 35).

Domedagen är enligt Jesus ingen skräckens dag för Jesu lärjungar. "Lyft upp era huvuden, ty då närmar sig er förlossning" (Luk. 21:28). "Den som hör mitt ord och tror på honom som har sänt mig, han har evigt liv och kommer inte under domen utan har övergått från döden till livet" (Joh. 5:24). "Jag är uppståndelsen och livet. Den som tror på mig ska leva om han än dör" (Joh. 11:25). "Den som tror Sonen har evigt liv. Den som inte lyder Sonen ska inte se livet, utan Guds vrede blir kvar över honom" (Joh. 3:36). Paulus slutsats blir: "Så finns nu ingen fördömelse för dem som är i Kristus Jesus" (Rom. 8:1).

Detta avslutningskapitel vill ge ett sammanfattande porträtt av vem Jesus är enligt Nya testamentet. Det har inte manipulerats och befriats från det som förnuftet finner anstötligt, svårbegripligt eller omöjligt. Det är som redan sagts vanligt att ändra bilden av Jesus så att den kan accepteras av förnuftet. Man tror då att man kommer närmare "den verklige Jesus från Nasaret".[111] Men den bild man då skapar existerar inte i några källor. Den ende verklige Jesus från Nasaret är den som de nytestamentliga ögonvittnena porträtterar. Denne Jesus kan man tro på eller förkasta, och så var det redan då han vandrade omkring i Israels land.

Jesus från Nasaret och hans uppdrag är enligt Nya testamentet anstötligt för många. Jesaja säger om den kommande Messias som han skådat i en syn: "Vem trodde vår predikan, för vem var HERRENS arm uppenbarad?" "Han var föraktad

[111] Jämför undertiteln på Lena Einhorns bok: "På spaning efter den verklige Jesus från Nasaret."

och övergiven av människor" (Jes. 53:1, 3). Messias är en dyrbar hörnsten i Guds byggnad, men han skulle också bli en stötesten och en klippa till fall och förkastas av byggnadsarbetarna. "För er som tror", skriver Petrus, "är den alltså dyrbar, men för dem som inte tror har den sten som byggnadsarbetarna kastade bort blivit en hörnsten, en stötesten och en klippa till fall. De stöter emot den därför att de inte lyder ordet" (1 Petr. 2:7-8).

"Salig är den som inte tar anstöt av mig", sa Jesus efter att ha räknat upp en rad underverk (Matt. 11:6). När lärjungarna tog anstöt av Jesu ord om sig själv som "det bröd som kommit ner från himlen" och att "den som äter detta bröd ska leva i evighet", sa Jesus till dem: "Vad ska ni då säga, när ni får se Människosonen stiga upp dit där han redan var?" (Joh. 6:58-62). Paulus skriver om dem som "tänkte sig kunna vinna rättfärdigheten genom gärningar. De har snubblat på stötestenen, så som det står skrivet: *Se, jag lägger i Sion en stötesten och en klippa till fall. Men den som tror på honom ska inte stå där med skam*" (Rom. 9:32-33). "Judarna begär tecken och grekerna söker visdom. Men vi predikar Kristus som korsfäst, för judarna en stötesten och för hedningarna en dårskap. Men för de kallade, både judar och greker, predikar vi Kristus som Guds kraft och Guds vishet. Ty Guds dårskap är visare än människor, och Guds svaghet är starkare än människor" (1 Kor.1:22-25).

Personregister

Albinus 99
Alexander den store 149
Andersson, Lena 225ff
Apollos 172
Arkelaus 12
Augustus 13, 14, 117
Beda 19, 21
Bergman, Staffan 149
Brodribb, William Jackson 94
Brown, Dan 230f
Bruce, F. F. 128
Bultmann, Rudolf 101f
Chemnitz, Martin 147
Church, Alfred John 94
Claudius 97
Diocletianus 20
Dionysius Exiguus 10, 20f
Ederheim, Alfred 12
Einhorn, Lena 7f, 97f, 173ff, 219, 222ff, 240
Ekenberg, Anders 116
Ellegård, Alvar 115f
Engnell, Ivan 124
Erlandsson, Seth 156, 230
Eusebius 131
Festus 99
Fornberg, Tord 117
Funk, Robert W. 103
Gamaliel 68
Gerhard, Johann 148
Gerhardsson, Birger 101
Gärtner, Bertil 154, 196ff
Hedegård, David 183, 190
Herodes Antipas 22, 47
Herodes den store 10ff, 14

Hillerdal, Gunnar 108
Holmberg, Bengt 93, 102ff, 115f, 121
Hägglund, Bengt 125, 131, 153
Ignatius av Antiokia 160
Irenaeus 147, 151f, 155, 160
Jellinek, Adolf 12
Jensen, Robert W. 212
Jonathan 197
Josefus, Flavius 10, 13, 92f, 99
Justinus Martyren 147
Kerdo 151
Kerinth 136
Klemens av Alexandria 131
Klemens, biskop i Rom 160
Kvirinius 13
Käsemann, Ernst 102
Lagerström, Ingemar 97
Longinus 157
Marcion 151f
Mattson, Axel 96
Neill, Stephen 115
Nero 93f
Odeberg, Hugo 171f, 185
Origenes 190
Pantera 223
Pilatus 14, 17, 33f, 50, 64, 92, 94, 99, 103, 119, 124, 133, 221f
Plinius d.y. 94f, 118
Polykarpus 160, 161
Pylocarpus Leyser 148
Rahner, Karl 121
Regino av Prüm 21
Reicke, Bo 12
Reimarus, Herman Samuel 100
Riesenfeld, Harald 120, 124
Saarisalo, Aapeli 183, 190
Scaer, David 118f

Seleukos Nikator 19
Simon 197
Sjöberg, Anders 93, 105f
Sjöberg, Erik 115, 120, 124
Skarsaune, Oskar 153
Stefanus 68
Strobel, Lee 93, 94
Suetonius 96f
Tacitus 13, 93f, 118f
Tatianus 147
Teofilus av Antiokia 147
Thekla 158
Theodius 19
Tiberius 14, 93f, 117ff
Timaios 19
Trajanus 94f, 118
Valentinus 151f
Varro, Marcus Terentius 20
Varus 14
Viklund, Roger 115ff
Wright, Chris 187
Wright, Tom 104ff, 121, 168, 179
Yamauchi, Edwin 93, 94
Ylvisaker, Joh. 128, 146

Sakregister

Apokryfer 156ff
Bindandet av Satan 188f
Bröllopsfest 193
Chagiga 144f
Collega imperii och Tiberius regeringstid 14
De apostoliska fäderna 159ff
Demiurgen 149f
Den dionysiska (kristna) tideräkningen 20f
Den första uppståndelsen 185
Den politiska Messiasdrömmen 196f
Den stora frågan 21f, 32f, 37f, 100ff
Doketister 137
En ateists syn på Jesus 225ff
En ohistorisk person 115ff
Eoner 149
Ett enda evangelium, fyrfaldigt formulerat 127ff, 147f
Evangeliernas olika karaktär 128ff
Evangeliet om riket 199ff
Formhistorisk metod 101
Frälsningen som både dom och befrielse 187ff
Gnosticismens ideologi 149ff
Grekiskans verb för att se 138f
Guds rike och evigt liv 184ff
Gudsnamnet 57ff, 125f, 213
Herrens ängel 212ff
Historisk-kritisk bibelforskning 100ff
Hörnstenen 167ff
Jesu namn och titlar 124ff
Jesu självförståelse 120ff
Jesu uppståndelse som historisk verklighet 105ff
Judasevangeliet 155f
Judisk pedagogik 101f
Klippan 28ff
Kritisk prövning 113f

Messias som Herrens tjänare 202ff
Metaforer för Messias rike 192ff
Misstro och motstånd 218ff
Motsägelser 141ff
Myt 115ff
Nag Hammadi-texterna 153ff
Olikhetskriteriet 103
Olivträdet 195f
Plinius den yngres brev 95f
Religiösa behov 119
Skendödsteorin 174ff
Skillnaden mellan gamla och nya förbundet 169ff
Sociologiska orsaker 118f
Stjärnkonjugationen år 7 f.Kr. 12f
Talmud 97f
Testimonium Flavium 92f
The Jesus Seminar 103
Thomasevangeliet 154
Tiden för skattskrivningen 13
Tideräkning 19ff
Tidpunkten för Jesu påskalammsmåltid och död 143ff
Vidskepelse 111ff
Vittnesmål och vittnens betydelse 6ff, 106ff

Fler böcker av Seth Erlandsson

Seth Erlandsson

Hur skall Bibeln översättas?

En inträngande och aktuell jämförelse mellan två bibelöversättningar. Ger aha-upplevelser och kastar nytt ljus över bibelsynens betydelse.

Pocket 85 sid

Ca-pris 80:-

Best.nr 135

Seth Erlandsson

Guds Ord och bibelkritiken

– En granskning av teologin bakom Bibel 2000

En av de mest vederhäftiga uppgörelserna med svensk bibelkritik som publicerats på länge.

Inb 115 sid

Ca-pris 149:-

Best.nr 137

Seth Erlandsson
Gardells Gud, Da Vinci-koden och Bibeln
Seth Erlandsson, bibelforskare och docent i GTs exegetik, bemöter med skärpa missförstånden och sakfelen i de två ovan nämnda böckerna. Boken avslutas med ett klargörande om vetenskaplig bibelforskning och kristen tro.

Pocket 120 sid

Ca-pris 119:-

Best.nr 138

Böckerna kan beställas på XP Medias webbplats

www.xpmedia.org

eller på telefon **08-74 1 26 01.**